海上丝绸之路综论

中国海外交通史研究会
福建省泉州海外交通史博物馆 编

海洋出版社

2017年·北京

图书在版编目（CIP）数据

海上丝绸之路综论/中国海外交通史研究会，福建省泉州海外交通史博物馆编．
—北京：海洋出版社，2017.12
（中国海交史研究丛书）
ISBN 978-7-5027-9992-2

Ⅰ.①海…　Ⅱ.①中…②福…　Ⅲ.①海上运输-丝绸之路-历史-研究-中国
Ⅳ.①K203

中国版本图书馆 CIP 数据核字（2017）第 306133 号

责任编辑：张　荣
责任印制：赵麟苏

海洋出版社　出版发行

http：//www.oceanpress.com.cn
北京市海淀区大慧寺路 8 号　邮编：100081
北京朝阳印刷厂有限责任公司印刷　新华书店经销
2017 年 12 月第 1 版　2017 年 12 月第 1 次印刷
开本：787 mm×1092 mm　1/16　印张：14.75
字数：280 千字　定价：96.00 元
发行部：62147016　邮购部：68038093　总编室：62114335
海洋版图书印、装错误可随时退换

总　序

陈高华

　　中国人的祖先很早就开始了海上活动，在很长的一段历史时期内，中国是一个海上强国，为人类征服海洋的活动做出了许多重要的贡献，从而在世界文明史上写下了光辉的篇章。海外交通的开辟和发展，是人类征服海洋活动的主要方面。

　　先秦时期，居住在我国沿海地区的百越、东夷，以船为车，以楫为马，积极从事海上活动。沿海交通日趋频繁，对海外未知世界的探索亦已开始。公元前 3 世纪徐福出海寻求海外仙药，一般认为这是见于记载的中日交往的开端。实际上，中国大陆与日本列岛的海上交通，应比徐福出海事件更早。公元前 2 世纪至前 1 世纪，西汉王朝的使节已在南海航行，有可能已抵达印度洋区域。公元 2 世纪，东汉与大秦（罗马帝国）通过海道开始发生联系。公元 3 世纪上半叶，孙权派遣朱应、康泰出使南海，这是中国海外交通史上的一件大事，促进了中国与南海地区的联系。公元 5 世纪，法显的经历和见闻说明印度洋地区和中国之间的海上交通已相当频繁。南北朝时期，中国与东南亚以及印度洋地区有着密切的海上联系，众多僧人往来于中国与印度洋之间，弘扬佛法。

　　8 世纪，唐朝贾耽记载了通往海外的两条航路，一条是"广州通海夷道"。自广州海行，经东南亚和印度半岛，直抵波斯湾头及阿拉伯半岛。一条是"登州海行入高丽渤海道"。自登州发船，沿渤海湾至鸭绿江口，再沿朝鲜半岛西岸南下，便到高丽，向前延长可到日本。特别是前一条航线，是我国也是世界文献中关于这条横贯东西漫长航路的首次详细的记录。

　　宋元两朝是我国古代海上交通发展的巅峰时期，航海技术的发展，造船工艺的进步，对于海外交通事业的开展，起了巨大的推动作用。同一时期阿拉伯帝国的崛兴及其海上事业的活跃，对于中国的海外交通产生了明显的刺激。发生联系的海外国家和地区较以前有明显的增多，出现了关于东北非、阿拉伯半岛、菲律宾诸岛的比较准确的记录，关于南海其他国家和地区的记载也更为明晰。

　　明代我国的海外交通由盛转衰。明初郑和下西洋，乃是中国海外交通史上最伟大的壮举，其规模之大，延续时间之长，所到地区之广，无论在中国历史上或是世界航海历史上都是空前的。郑和航海是在宋元海外交通发展的基础上进行的。在郑和航海以后，由于西方殖民势力的东来，加上明朝政府对海外交通采取消极态度，中国的海外交通逐渐趋于衰落，中国的海船不再在印度洋出现，活动范围限于东南亚和日本、朝鲜，即使在这些地区的活动也受到西方殖民者的排挤和压迫。继起的清朝政府，实行闭关自守政策，中国人的海外交通受到种种限制，中国的海域成了西方殖民者船只活动的场所。但是民间的海外贸易仍有相当的规模。这种情况，一直持续到鸦片战争爆发。

以上简单的历史回顾足以说明，在很长的历史时期内，中国人的海外交通活动，处于世界的前列。我们应该为自己的祖先在海外交通方面取得的成就感到自豪，应该认真研究中国海外交通的历史。但事实上，我国的海交史研究却起步晚，并长期得不到正常的发展。早在19世纪和20世纪初，西方国家的不少学者，运用近代的科学方法，依靠丰富的语言学知识，将汉文文献中的记载和其他文字文献对勘考订，对中国海外交通史做出许多有益的贡献。日本学术界在中国海外交通史研究方面也有不少值得称道的成绩。相形之下，由于长期以来的闭关自守状态，清代学者对于古代中国与外部世界的往来，关心者殊少。用近代科学方法开展海外交通史的研究，严格来说，则是从20世纪20年代开始的。在文献整理、史实考订、考古调查以及翻译外国有关学术著作等方面，都取得了一定成绩。冯承钧、张星烺、向达、朱杰勤、姚楠等前辈学者，在这个领域中的贡献，至今嘉惠后学。

从1949年到1966年，由于教条主义和极"左"思潮的影响，史学研究的力量集中在少数重点课题上，包括海外交通史在内的许多研究领域，没有受到应有的重视。即使如此，仍有一些学者潜心于海外交通史的研究，取得了很好的成绩，如向达对海上交通史料的整理，吴文良的《泉州宗教石刻》，田汝康关于17—19世纪中国的帆船业，张维华关于明代海外贸易的研究。还有章巽、朱杰勤、庄为玑、韩振华、周世德等都有关于海外交通的精辟之作。

1966年开始的"文化大革命"，使科学研究事业遭到极大的摧残，海外交通史的研究亦不例外。就在这样艰难的情况下，许多学者仍然没有放弃自己的追求，他们利用一切可能的机会，继续为推进海外交通史的研究而努力。1973年开始的泉州古代海船的发掘，就是他们努力工作的明证。

"文化大革命"的结束，改革开放方针的提出，标志着我国历史发展进入一个新的时期，这也是我国科学文化事业一个新阶段的开始。中国的历史学出现了崭新的面貌，开辟了许多新领域，提出了许多新问题，发展规模之大，是前所未有的。我国的海交史研究，正是在这样的形势下，取得了巨大的进步。特别值得提出的是，泉州湾古代海船的发现与研究，以及中国海外交通史研究会的成立，《海交史研究》杂志的刊行，对于海交史研究的开展，起了重要的推动作用。20世纪80年代末到90年代初，联合国教科文组织发起以东西方对话为主题的"丝绸之路综合考察"活动，进一步促进了我国海外交通史研究的进展。特别是在泉州举办的三次与"海上丝绸之路"有关的国际学术讨论会，中国学者提交的众多会议论文，大体上反映了我国海外交通史研究的成就，并得到了与会各国学者的高度评价。我国的海交史研究正在走向世界。

　　20世纪，经过几代学者的辛勤努力，我国的海交史研究，从小到大，由浅入深，取得了可喜的成绩，已经有一支以中青年为主的无论从质量或数量来说都相当可观的研究队伍。而这样的研究队伍在步入21世纪又将中国的海交史研究推向一个更高的发展阶段。新世纪的中国海交史研究呈现了以下特点，一是加强了多学科之间的协作。学科之间的互相渗透，已经成为当今科学发展的趋势。海交史是历史学的一个分支学科，但它涉及范围很广，既与人文科学的许多学科（考古学、民族学、宗教学、文学艺术等）有密切关系，又涉及社会科学（经济学、政治学、法学等）、自然科学（地理学、海洋学、医学、生物学等）、技术科学（船舶制造、陶瓷工艺、丝绸工艺）等许多学科。我们欣喜地看到这一时期的海交史研究不仅在领域上拓宽了许多，而且各学科之间的协作研究更加密切。二是海交史研究领域学者的眼界不断放宽，更加关注中国历史与世界历史的联系。中国的海外交通，实际上就是中国与海外地区的关系，必然受世界历史变迁的影响。中国学者已经在这方面做了许多研究工作。三是海交史方面的资料整理有较大进展。如大连海事大学编有多卷本的《中国航海史基础文献汇编》。用于海洋航行的更路簿、针路簿等在福建、广东、海南等地多有发现，现在有人专门在收集、整理这类资料，并有不少成果。另外，特别值得提出的是，我国海域辽阔，海底沉船和各种与海外交通有关的文物，数量惊人。水下考古迅速发展，成果显著，将海交史研究带入一个全新的局面。

　　2013年，党和国家领导人提出"一带一路"倡议，这并不是偶然的，与我国学术研究方面的长期准备有密切联系。海交史研究为这个宏观的战略蓝图提供了坚实的学术支撑。反之，"一带一路"倡议又为更加全面深入地研究海交史提供强劲的动力。借着这一机遇，我们的海交史研究，一定会有更大的成就。

出版说明

　　《海交史研究》创刊于 1978 年，是中国海外交通史研究领域具有代表性的学术期刊之一，由中国海外交通史研究会与福建省泉州海外交通史博物馆联合主办。

　　在历任主编的指导与努力下，《海交史研究》汇聚了海交史研究领域的众多优秀成果，至 2016 年下半年已连续出版 70 期，发表 1 000 多篇文章，内容涉及航海史、造船史、港口贸易史、中外关系史、科技文化交流史、外来宗教、外销陶瓷、海外移民、海交民俗、海交文献等各个专题。在这些文章里，不仅展现了前辈渊博的学识涵养和学术经世的爱国热忱，还反映了后学对新研究方法与新理论的求知精神，而海外学者的研究有助于开拓我们的视野。

　　《海交史研究》既是学术交流的阵地，又是学术成长的平台，30 多年来，众多学者在这方学术园地绽放异彩，自觉承担弘扬中华海洋文明的使命，为中国海外交通历史的研究做出了巨大的贡献。2013 年，建设"一带一路"重大倡议的提出，为更加全面深入地研究海交史提供强劲的动力。为进一步推动我国海交史领域的研究工作，为 21 世纪海上丝绸之路建设提供理论参考与资讯服务，我们将从《海交史研究》中遴选出具有一定代表性、有重要参考价值的作品，并按不同的专题分类结集，陆续出版"中国海交史研究丛书"。

　　本丛书在"不改变原文风貌"的前提下，编例如次：

　　（一）作品按研究对象所属朝代先后排序；（二）为使丛书体例一致，引文、注释尽量参照《海交史研究》2016 年以来所采用的通行格式；（三）内容不作增删，仅对文字方面的错讹、脱漏之处进行校正；（四）尽力将作品的引文与原始文献进行比勘校正，但仍有不少引文由于缺乏版本说明，或没有标注出处，或引自海外文献等问题，以致校对力有未逮。

　　编者虽已克尽厥职，但囿于水平，不足之处，在所难免，殷切方家指正。

目　录

中华民族的海洋文化

杨　熺

中国是一个多民族的国家，现有 56 个兄弟民族，共同劳动生息在 960 万平方公里的辽阔、富饶的国土上。自远古的新石器时代，各族先民之间，在无阶级压迫的基础上，相互交叉比邻而居，彼此经历了几千年的血统交融，文化互会，形成了以汉族为主体的、坚如磐石亲如手足的中华民族，同时也形成了光辉灿烂的海洋文化。

一、海洋文化的南北交流

中国东部沿海所居的先民，古代统称作东夷，但因族系不同，又有九夷之称。夷是一个支系众多的部族，有十数种名称，九夷者盖言其多之意。据《越绝书·吴内传》记载的释文说："越人谓船为须虑……习之于夷。夷，海也。"[1] 观《史记·太公世家》说："太公望吕尚者，东海上人"，集解注明"东夷之士"。[2] 据此，夷就是海，东夷与东海同义。足见中国东部的夷人便是习于海上活动的海人。他们所创造的文化，便是带着海洋特征的文化。

中国海洋文化中传播范围最广，影响最大的有两个系统，一是北方沿海地区的龙山文化，二是南方沿海的百越文化。

（一）龙山文化

龙山文化，是以 1928 年在山东章丘县龙山镇发现的新石器文化遗存而命名的，它起源于山东的大汶口文化。大汶口文化是 1959 年在山东泰安、宁阳两县交界的大汶口和堡头发现的一种原始文化遗址，以后在山东和苏北等地陆续有所发现，于是便将同一类型的遗存命名为大汶口文化。经碳 14 测定，它的绝对年代约在公元前 4700—4300 年，距今已有 6 600 多年，它是与仰韶文化东西相应平

---

① 袁康：《越绝书》卷 3，《吴内传》。
② 司马迁：《史记》卷 32，《齐太公世家第二》。

行发展起来的一种文化，它主要分布在汶、泗、沂、淄、潍等水的流域和山东沿海一带，南面远及江苏和安徽北部地区。近年来，在河南的平顶山、偃师、郑州、辽宁的大连，也不断有所发现。在山东境内和江苏北部，大汶口文化的分布地与龙山文化的分布地区大体一致。如果把大汶口晚期陶器的造型风格与龙山陶器相比较的话，便清楚地看到，龙山文化是承袭大汶口文化而生成的，属于一种原始文化体系。① 尤其在山东沿海地区的遗存文物最为典型。龙山文化特征的典型器物是半月形偏刃石刀、长方形偏刃石磷、矩形石斧、轮制细泥黑陶，其中薄到 0.2～0.1 厘米的蛋壳黑陶尤为引人注目。

龙山文物中的石磷与百越文物中的有段石磷，经考古专家的调查和鉴定，认为是加工独木舟的专用工具。② 可见"龙山人"与"百越人"都是长期生息在沿海地区乘舟弄潮为生的先民。

龙山文化的遗址分布范围很广，主要是在山东、辽东半岛和苏北等处沿海各地。但在河南、河北、陕西、湖北、山西南部、安徽北部、张家口等地，也有龙山文化遗址的发现。在河北、河南的遗址中，经常见到与仰韶文化叠压的现象。在甘肃发现过疑似龙山文化遗址一二处。假若以龙山文化发源地的山东沿海为基点，参照近代考古发现的分布区域，便可以看到龙山文化是分作两条途径向外传播的：一条路线是从海上传到辽东半岛及海外；另一条路线是从沿海向内陆发展。从现代发掘中可以判明，在原始氏族社会时代，仰韶人带着自己的文化，从黄河中上游向东移，龙山人从沿海向西迁徙，终于在河南交会，生成山东龙山文化与河南龙山文化两个分支。在南部沿海与百越的良渚文化同地共存，在西北地区与游牧民族的细石器文化，发生了积极交融和互会。③

在龙山文化与仰韶文化交叉地区的河南西部，这里龙山遗址中出土的陶器和石器，便融合了仰韶文化的风格。在浙江杭县和苏北发现的龙山文化遗物上，都呈现了百越文化的色彩，张家口的龙山遗存上，渲染着细石器文化的特征。它一方面保持着龙山文化的特点，另一方面体现了与当地原有文化互会的交融性，显示了相互之间的深刻影响。在甘肃仰韶文化的墓葬遗址中，还发现了卜骨，证明在仰韶人生活习俗中，已吸收了龙山文化的内容。这些交融互汇的现象，已孕育着中华民族文化的雏形。

龙山文化的另一条传播途径，是从海路渡过黄海和渤海，传入辽宁东半岛或

---

① 山东博物馆：《谈谈大汶口文化》，《文物》，1978 年第 4 期，第 58 页；夏鼐：《碳 14 测定和大汶口文化》。

② 林惠祥：《中国东南区新石器文化特征之一：有段石磷》，《考古学报》，1958 年第 3 期，第 15 页。

③ 吕振羽：《中国史前社会研究》，三联书店，1961 年，第 163 页、第 261-262 页。

海外各地。1927 年，日本考古学家滨田耕作，在辽东半岛南端的大连市皮子窝发现了龙山文化遗址。1958 年，我国考古工作者在大连市的大台山和王庄寨又发现了龙山文化遗址。两处出土的文物，与山东半岛西北部沿海所见者基本相似，石器打制多于磨制，陶器全是手制。皮子窝发现的贝塚遗迹及其红褐或青灰陶器，与隔海相对的山东龙口贝塚遗物类似。与龙口相近的即墨县姜家泊，也出土了相同的夹沙红陶和夹蛤蜊壳或云母片的粗灰陶，还有少量的粗质黑陶。渤海南北两岸的遗址，是属于龙山文化早期文物的传播①。关于它的传播途径，过去因考古资料不足曾认为龙山人是环渤海徒步到辽东的。但根据近代考古发掘所见，龙山人行进留下的足迹，到河北唐山的大城山而止。其东便被辽西沙锅屯仰韶红陶所隔断。从龙山遗存分布实况来推断，龙山文化是渡海迁播到辽东的。近年来由于在渤海湾南侧靠近蓬莱的长岛，以及在北侧靠近皮子窝的大长山岛两处的考古发现，基本上已肯定了辽东的龙山文化遗存是由山东航海传播而去的。当沈阳北陵新乐地方的新石器遗址被发现以后，渤海湾两岸的航海交往便进一步完全证实。在北陵新乐遗址中，有与细石器并存的篦纹陶系统的陶器，在器形与纹饰上自具特征，显然不属于龙山系统，而应该属于与游牧有所渊源的东北民族文化。这种篦纹粗质红陶，在大长山岛上的马石贝塚遗址中也被发现，而且是叠压在龙山文化之下，经碳 14 测定，断为 6 600 年前的遗物（前 4670—前 4195 年)②。由此可以纠正过去认为东北文明是由龙山文化渡海北迁而推动开发起来的失误。其实在接近 7 000 年前，东北地区的先民已经创造了自己的文化，并且渡海向南传播，与初期龙山文化互会于中途海岛之上。双方都是以海洋生物为主要食物来源的民族，在他们居住过的地方，遗弃下成丘的贝壳，叫做贝丘或贝塚，其中保存下代表他们文化的遗物。在辽宁丹东，盖县和隔海相望的山东龙口等地，仍时常发现贝塚，说明当时这里留居过以海洋为生的先民，经过长期共同劳动和生活，交融成一个族系，然后又迁徙到东北内陆地区或山东沿海各地，在渤海湾及黄海北部遗留下他们逐岛前进的足迹。说明"龙山人"已超脱出被风浪灾害任意漂泊而至的局面，进入了在海洋上有目的追寻生活资料的航海境地。随着"龙山人"活动的行踪，现在见于山东莱芜的石棚墓葬遗存，也被带到大连附近的金县、复县和朝鲜南部，在这些地方，石棚墓葬仍有发现。

　带有海洋特征的龙山文化，是我国境内四大主干文化之一。它的传播范围很广，对其他系统的新石器文化起着主流作用，推动和参与了中华民族文化的发展和形成。龙山文化发展到后期，已上升到社会变革的前夕。在济南大辛庄和唐山

---

①　吕振羽：《中国史前社会研究》，第 278 页。
②　《中国陶瓷史》第一章。

大城山晚期龙山文化遗址的出土文物中，除有大量石器以外，也发现了铜刀、铜锯、铜针、铜镞等铜器。这些文物的出现，标志着新石器时代已近于结束，相应的氏族原始公社已开始瓦解，同时第一个有阶级压迫的奴隶社会，有可能开始诞生。

（二）百越文化

百越文化是以有段石磅和印纹陶器为其特征的新石器文化。百越文化的主要创造者是越人。"越"本是国名，其族是"闽"，后世习以"越"称，有时称其为南越，以示所居在中原以南国境之内的位置。有时是泛指我国古代东南沿海及岭南地区同系而分支的多个部族，史界称其为"百越"，以示支派繁多之意。百越文化主要分布在我国东南沿海的江苏、浙江、福建、台湾、广东各省，并向安徽的长江两岸、江西赣江流域和两湖等处传播。另一面向北，在江苏北部与仰韶、龙山两大文化系统交融，同时形成青莲岗文化并会合仰韶人、龙山人组成共同劳动生息的混合部落。自古以来，越人"水行而山处，以船为车，以楫为马，往若飘风，去则难从"①，是一个濒海而居，以渔捞为业而善于操船航海的民族。他们各分支部族共同创造的百越文化，其内涵一致，但又各有差异性和特殊性。它一面向内陆传播，一面航海而去，流传海外各地。即使从内陆所发现的百越文化遗址来看，主要分布在江河湖泊沿岸，体现了越人依水为生的特色。百越文化的陶器的主要特征是印纹陶，是一种印有几何形纹饰的陶器，但另外也有夹沙质陶器。从其发展来说，泥质或夹沙质陶早于几何印纹陶，而印纹软陶又早于印纹硬陶，所以在其早期遗址中，多见泥质陶、夹沙陶、少见或不见印纹陶。凡发现印纹陶的地方，同时也多见或必见有段石磅。像在河姆渡的百越文化遗存中，就有大量的陶片和有段石磅，过去推论百越文化发源于浙江沿海，这种推测从当今考古发现来说是已经成立了。随着越人的迁徙，百越文化也同时向四方扩散传播。在浙江本地，除考古学上著名的古荡、良渚、钱山漾等遗址外，在钱塘江流域各县、市和北至太湖沿岸，东至沿海，南至温州、衢州等处的新石器遗址中，都发现有几何印纹陶器和有段石磅。在江苏、上海近郊的淀山湖、昆山，还有吴县、无锡、南京、苏北等地均有同样的发现，安徽的芜湖、马鞍山等沿江各地及湖北的蕲春、湖南的安仁都有几何印纹陶和有段石磅的遗存。至于河南、山东境内偶有少量发现。向北，最远在辽宁省大连市也曾发现了有段石磅和印纹陶器，可能是从浙江或福建航海流传过去的，这个问题，有待于以后的考古发现作出结

---

① 袁康：《越绝书》卷8，《外传·记地传第十》。

论。向南，福建全省各县几乎都有新石器遗址，各遗址中，主要是百越文化的遗址，如除著名的昙石山遗址，闽南的华安、武平、厦门、南安、惠安、龙岩、连江以及闽江下游和闽西各地，都有大量的印纹陶与有段石磷的发现。如1954年，在长汀的河田遗址，一次便发现磨制石器1 310件和大量陶片，其中有段石磷83件。在广东省的广州市、南海、番禺、新会、宝安、香港以及北江的英德、翁源、清源，东江的海丰，海南岛的文昌都发现有段石磷和几何印纹陶。从这一文化系统遗址的分布范围来看，在中国东南沿海，自远古时期便居住着属于近亲、或彼此有着深厚影响的部落或群团，他们是"百越"系统内各分支的越人。

1975—1977年，在浙江余姚发现了百越系的河姆渡新石器遗址，经碳14测定，是7 000年前的遗存（前4887±96年）。在与其他地区的发现比较后，看出一方面百越文化从东向西，向北扩散的事实；一方面也反映了向浙东沿海及海上岛屿传播的途径，经浙东沿海发展到舟山群岛。舟山群岛位于长江口以南和甬江口以东的东海上，由舟山本岛及岱山、嵊山等大小近600个岛屿所组成。近年来发现了百越文化遗存八九处，有代表性的遗址是十字路、塘家墩、孙家山。

十字路在本岛的定海，1975年发现有属于河姆渡第二层文化类型的遗存，距今已有5 500多年，是至今在舟山群岛发现的最早的人类居住遗迹。塘家墩遗址也在定海，时间稍晚于十字路遗址，距今约有5 000年。孙家山遗址在岱山的大衢岛，出土物多属于河姆渡一层文化类型，是5 000年前的遗存。除以上三处遗址，在定海湖面、岳山馒头山、嵊泗莱园镇等也屡有发现，不过时间上都在4 000年左右，晚于十字路、孙家山等地的遗址。这些原始文化，是越人从大陆航海带到舟山群岛的。这些遗址，像珠宝一样散落在各岛屿之上。如果串联成链，便显示出一条海上航线，描绘出5 000年前越人开发沿海岛屿的航海图卷，并由此前进，乘风破浪，跨东海而达台湾。

百越文化，是台湾省文化生成的根源。

世之论台湾与祖国关系者，多是以《三国志·孙权传》为据，以东吴派卫温、诸葛直去夷洲一事作为最早的文献记载。其实不然，若从台湾的人类起源来说，根据我国华南区第四纪的地质资料所记，在第三、四纪之间，台湾和琉球群岛都与祖国大陆相连，在更新世时，台湾西边才有了狭长的海湾与南海相通，但西北端仍与大陆连接。大陆上的古人类与古生物，都通过陆桥移徙到台湾。1970年夏，在台南左镇乡发现"左镇人"的顶骨化石，经氟、锰含量测定，推定为一万至三万年前的人类骨骸。经专家鉴定是旧石器时代晚期的古人，属于"北京人"的一支，与"山顶洞人"时代相同，是从祖国大陆移入台湾的，为迄今在台湾发现的最古老的人类化石。1968年在台东县长滨乡八仙洞发现的新、旧石器遗址中，其出土的石器与我国大陆南部出土的旧石器对照，不论从制作技术上，还是基本类型上都没有多大的差别。[①] 新石器时期百越文化的典型器物有段石锛，在台北也有大量的发现。[②] 考古学的发现，证实台湾人与越人有密切的血缘关系，他们同属于我国百越族的一个支系，如杨越、骆越、闽越一样，他自有其名，叫做外越。据《记地传》上说：“勾践徙治山北，引属东海内、外越，别封削焉。”[③] 当时勾践所统属的既有政治中心所在地的大越，又有东海之内的内越和海外的外越。同书又记秦始皇三十七年（前 210 年），灭越国，将勾践所在大越地方的人民强迫迁徙到江、淮、徐、泗各地，又将大越更名为山阴，并把全国罪犯囚徒迁到大越，以屯戍之法防备东海外越。[④]

　　当时秦始皇迁民屯戍，主要因为“百越叛去”，是为了防范外逃的内越与海外的外越勾结而作的措施。说明外越实有其族，而且实有其地。关于外越居处，在汉代初年已于多处文献中提到。汉武帝时，距秦始皇之世为时不过百年，当时东越曾多次反复，《前汉书·朱买臣传》说：“故东越王居保泉山（今福建泉州），一人守险，千人不得上。今闻东越王更徙处南行，去泉山五百里，居大泽中。”[⑤] 文中所说的东越王所处的大泽，在《方舆胜览》中“环岛三十六”条上记载说：“自泉（州）晋江东出海间，舟行三日抵澎湖屿，在巨浸中。”[⑥] 巨浸与大泽含义相同。勾践所统属的东海外越，显然是指澎湖、台湾。《汉书·地理志》记：“会稽海外有东鳀人，分为二十余国，以岁时来献见云。”[⑦] 因汉时将闽越归属于会稽统辖，此“会稽海外”是指浙闽两省的海外，“鳀”与“台”同音，此处所指之东鳀即为外越台湾无异。三国时，东吴在浙江设临海郡，辖领台湾，临海郡的地方志书名《临海风土志》，其上对台湾记载颇多。《临海风土志》记载说：“夷州在临海东南，去郡二千里，土地无雪霜，草木不死，四面是山，众山夷所居。山顶有越王射的正白，乃是石也……人皆髡头穿耳。”又说：“夷州”呼民人为“弥麟”。“越王射的”石，正是勾践统辖台湾的传说古迹，“弥麟”二字缓读即为“闽”字发音，由此得见，闽越与外越有同种同文的关系。“人皆髡头”，是与越人断发同俗。[⑧] 从旧、新石器时期开始，台湾便是我中华民

　　① 厦门大学历史系考古研究室：《台湾省三十年来的考古发现》。
　　② 林惠祥：《中国东南区新石器文化特征之一：有段石锛》，《考古学报》，1958 年第 3 期，第 4 页。
　　③ 袁康：《越绝书》卷 8，《外传·记地传》。
　　④ 《记地传》：“徙大越民置余杭、伊攻、故鄣，因徙天下有罪谪吏民，置海南故大越处，以备东海外越，乃更名大越曰山阴。”
　　⑤ 班固：《前汉书》卷 64（上），《朱买臣传》。
　　⑥ 祝穆：《方舆胜览》卷 12，《泉州》。
　　⑦ 《前汉书》卷 28（下），《地理志》第八（下）。
　　⑧ 李昉：《太平御览》卷 780，《四夷部》（一）。

族的外越聚居生息之地，台湾各族人民是我中华民族的手足兄弟。从行政区划上来说，早自春秋末期台湾即是勾践统属的三越之一，对台湾的统辖和开发，远自百越文化时期便已开基创业，实不只从孙权为始端。

　　仰韶文化、龙山文化、百越文化、细石器文化，我国这四个文化系统，在各地区和各分支族派之间的发展是极不平衡的，存在着明显的差异性和特殊性。向北和向内陆发展的越人，走到中原及北部沿海先进文化交叉接近的地方，与南下的仰韶人，西去的龙山人，会合在一处混杂共居，彼此影响得越早、越深，共同生产合作得越密切，便从生活习俗上、生产方式上、意识形态上，甚至血统交融上，日益构成一体，形成了我国的主流民族——汉族。汉族之称起源于汉朝刘邦立国之后，凡在汉朝邦畿之内者统称为汉民，后则以国名为族名。实际在客观上并没有一个典型的汉族血缘标准。它是四大文化系统先民的融合体，越接近后世，这种融合越广，越牢固，如水乳交融，难隔难分。

　　在远古开始四大文化系统交叉互会的时候，散居在边远地区的各族，彼此不如交叉比邻而居者的影响深密，便保留了更多的民族特色，存在着更明显的差异。像在黑龙江、吉林、内蒙古自治区、宁夏回族自治区、新疆维吾尔自治区、青海柴达木盆地、西藏的黑河地区，即草原、沙漠、森林等所谓的边疆地带，都是细石器文化遗址的分布地区。而在陕、甘、晋、冀与少数兄弟民族邻近的仰韶和龙山文化的遗址中，也夹杂有细石器文化的遗物。考古学发现所显示的这种远古实况，反映了沿海到中原，各族共居和边疆兄弟民族分地分居的状况，是与我国当代疆域和民族分布状况相一致的。证明早在千万年以前，中华民族的居住地便已经固定下来了。各民族之间互相推进，形成了不可分离的多族融汇的中华民族，并且创造了以海洋文化为主体的绚丽多彩的中华民族文化，无可辩驳地摧毁了中国人西来的訾说和不习于航海的谬论。

二、海洋文化的海外传播

　　当代人往往过低的估计远古人的航海能力。原始社会人的航海技术水平如何，这一点很难作出准确无误的答案，只能从各地出土文物的源流，或从人类学、语言学、民俗学上考察，如果他们之间有多处相同，却又远隔重洋的话，是可以肯定在这些地区之间曾有远古人航海的事实。龙山人和越人，视汪洋如平地。习于航海，随其海上活动，他们不仅将龙山文化和百越文化迁播南北沿海及近海岛屿各地，同时也向远海扩散，所航历的海程，有令人不可思议之遥。据日本考古学者滨田耕作考察所见，在山东、辽宁出土的有孔石斧、有孔石刀这种龙山文化的石器，在朝鲜、日本及太平洋东岸也曾见到。在大洋洲的木器雕刻上，有些动物形的纹饰，与中国铜器饰极为类似。北美阿拉斯加也出土了中国的陶器。① 在 20 世纪 70 年代，美国的伊文思夫妇和厄瓜多尔的爱斯特拉达，在厄瓜多尔的瓦尔地维亚遗址发现了绳纹陶器，一时曾推论是日本绳纹时代陶器横渡大洋到达美洲的遗物，后来经过土质分析，美洲绳纹陶的土质与日本土质不同，但也未说明是何等土质。绳纹陶器原出于仰韶文化，仰韶陶器是以少数彩陶为特征，以多数绳纹陶为主体的。美洲发现的绳纹陶器，未必不是从中国航海经日本向东延伸过去的，或由精于制陶技术的仰韶人或龙山人在当地烧制。这不过是据文化渊源的推论，像是大汶口文化中有一种拔牙的习俗，这种习俗在日本绳纹时代，已从中国流传到日本，同时中国北方的绳纹陶器，很可能随风俗一齐流传到日本列岛。这些推论，还有待美洲考古界的证实。至于东南沿海越人文化的外传情况，在日本松本广信的考察中，曾说到他在印度支那地区和日本，都发现了中国的有肩石斧。② 有肩石斧是百越文化有段石锛同物异名，有段石锛不仅传到邻近岛屿，并且传播到大洋洲的各岛。以上各地与中国远隔重洋，而当新石器时期，相连接的自然陆桥久已沉没海底，除航海传播而外，别无通途。龙山与百越文化的文物能在这些地方出土，说明远在六七千年或迟至四五千年以前，龙山人和越人的航海水平已能远涉重洋。他们的航海里程和航海范围，足以显示中华民族在远古时代的航海状况。

　　有段石锛，是百越新石器文化的特型器物。有段石锛在东南沿海各地的遗存最多，华北东部和辽东半岛略有少数发现，华北西部至今还没有发现过。有段石锛是一种形制奇特的磨制石器，它体形长方扁平，刃口斜削似铁锛的创刀形状，这些都与一般石锛相似。但它特殊之处却在背面，即刃口斜上所向的一面不是正平面，而中部隆起成为一条横脊，将背面分成前后两个部分，前部较厚，后部较薄，成为两个有阶的分段。关于它的定名，由于发现的地点不同，时间又有早晚之差，其称不一。1929 年和 1936 年在台湾和杭州古荡发现者被称石锛，注明其背有棱。1937 年在杭州良渚发现的，又叫做石凿、石铖、石戈。同年福建武平发现的，在英文报告中叫做 Chamfored adze（有沟纹石锛）。1932 年在香港南丫岛发现的，被称为 Stepped axe（有段石斧）。1937 年发现于广东海丰者，又被叫做 Unjuiform adze（爪形石锛）。日本考古界称为圆山式片刃石器，菲律宾称作 Luzon adze（吕宋石锛），或叫 Philippin adze（菲律宾石锛），又称 Ridjed adze

　　① ［日］滨田耕作：《东亚文化之黎明》。
　　② ［日］茂在寅男：《世界航海史》；严文明：《大汶口文化居民的拔牙风俗和族属问题》；［日］松本信广：《人类学杂志》。

（有脊石锛），Tanged adze（有柄石锛）。在太平洋诸岛地段石锛的东南亚考古学、民族学家，德国人海尼·格尔顿（Robert Heine-Geldern），用德文称 Stufenbeil，用英文称作 Steppod adze（有段石锛）。我国考古学者林惠祥先生，认为海尼·格尔顿是太平洋群岛上这种石器遗存的最早发现者，他定的名称又可以概括器形的特点，便由此定名叫作有段石锛。

有段石锛，最早是在太平洋诸岛上发现的，当时还弄不清这种特形文物的发源地。新中国成立前，国事破败，当时的执政者从不重视文化，所以在我国偶有发现，也少于研究。新中国成立后，经过我国考古学界的勤奋努力，在我国东南沿海广大地区不断地有大量发现。根据时间早晚和器形的演变，可以看出有段石锛共分三个发展阶段。与海外所见者对比研究，则看到波利尼西亚群岛所发现的有段石锛，也有三个发展阶段，而且器形也相应地与我国东南沿海所发现的相同。1977 年，在浙江余姚河姆渡发现的越人新石器遗址，遗存共分四个文化层，有多数有段石锛的遗存。经碳 14 测定，第四层的文物是距今 7 000 年前的遗物，第三层约 6 000 年前，第二层约 5 500 年前，第一层为 5 000 年前，由此而确定了有段石锛产生于 7 000 年前而原产地在中国东南沿海。这两点已被国内外考古学界所公认。太平洋群岛及其东岸所发现的有段石锛，是在远古时期从中国传去，已是无可怀疑的事实。关于有段石锛在太平洋各岛的分布情况，国外考古界早有比较详尽的报道。

（一）太平洋波利尼西亚群岛

太平洋波利尼西亚群岛是有段石锛发现最早的地方，而且发现的数量也较其他各岛为多。因此，一时曾被命名为波利尼西亚型石锛（Polynesian adze）。根据国外专门研究有段石锛的学者海尼·格尔顿的发掘结果，在波利尼西亚群岛的夏威夷（Hawaii）、马奎萨斯（Margueses Is）、社会岛（Society Is）、库克群岛（Cook Is）、奥斯突拉尔（Austral Is）、塔希地岛（Tahiti Is）、查森姆岛（Chatham Is）等地都有有段石锛的发现。甚至在新西兰也有所见，在萨摩亚（Sanoa Is）诸岛有少量发现。在太平洋东部的复活节岛（Easter Is）上，还有南美洲大陆的厄瓜多尔，也都有发现。

（二）菲律宾

菲律宾是有段石锛发现比较多的地方。拜耶（H. A. Beyer）在菲律宾发掘到数千件。1928 年，专攻南洋考古的荷兰人卡伦费尔（S. Callenfls）和拜耶，认为有段石锛是菲律宾地方专有的新石器器物，把它定名为菲律宾石锛。1929 年英国人类学家迪克逊（R. B. Dixon）经过马尼拉时，见到拜耶所发现的有段石磷，他证明与波利尼西亚发现者相同，因此海尼·格尔顿和拜耶便都认定太平洋各岛发现的有段石磷，是从菲律宾向东流传过去的。当香港、台湾、海丰、武平等地相继发现了大量的有段石磷以后，国内外学者，都承认菲律宾的有段石磷是从中国传过去的，联系以上海尼·格尔顿和拜耶的菲律宾东传说，便看清楚中国百越文化横渡太平洋东传到美洲大陆的轨迹。

（三）苏拉威西、北婆罗洲

苏拉威西的敏那哈萨（Minahasa）和北婆罗洲都发现了有段石磷，器形上与菲律宾相同，两地相距不远，证明由菲律宾传来的可能性极大。

菲律宾、苏拉威西和北婆罗洲，位于南洋群岛的东部。至于南洋群岛的西部，至今还没有发现过有段石磷。在爪哇、苏门答腊各岛没有发现，临近的澳洲也没有发现。所以有段石磷在南洋群岛流布的范围不大，只限于东部少数地方有其遗存。在太平洋的密克罗尼西亚群岛也没有发现，只有在波利尼西亚各岛有大量遗存。最东到复活节岛和美洲大陆的厄瓜多尔，最南到达新西兰。而新西兰以西的地区也未见到。从以上的分布情况，可以作为研究中国有段石磷航海东传的科学依据。但国外也有相反的认识，日本考古学者祢津正志认为有段石磷起源于印度或者是缅甸，鹿野忠雄又推测起源于越南。但这种论点，至今没有见到当地考古界发掘实物的充分证据，只可另备一说。英国的南洋历史学者温士特（Winstedt），认为有段石磷是波利尼西亚人创造的石器工具，然后向西传入菲律宾，再而传入中国。这种论点若与国外关于波利尼西亚人起源学说联系在一起研究便又难以成立。国外有人认为波利尼西亚人来自东南亚，经印度尼西亚、新几内亚、转向北方，再东经密克罗尼西亚、美拉尼西亚，最后进驻到波利尼西亚群岛。但这种论说所提到的行进路线上，却没留下有段石磷的遗存痕迹，以上论点假若可以成立的话，正好说明有段石磷不是波利尼西亚人所固有之物。而从考古遗址和遗物所表现的事实来看，足以证明有段石磷是百越文化的产物。由越人从中国东南沿海航海而传到波利尼西亚的，特别是像有段石磷这样比较复杂的器形，不太可能在世界各地同时发生，一般是起源于一地。从发展规律说，在中国发现的初级与中级的器物占多数，高级者为小。而在菲律宾和波利尼西亚所发现者多为高级型，时间上比中国晚，由此可以断定有段石磷起源于中国，然后向海外传布。[1] 海尼·格尔顿曾为此写过一篇题为《中国及东南亚的佛教以前的美术

---

[1] 林惠祥：《中国东南区新石器文化特征之一：有段石磷》，《考古学报》，1958年第3期，第11页。

及其对大洋洲的影响》的文章，说有段石锛是从中国东南沿海大陆先传到台湾，再传到菲律宾，又传到苏拉威西的，指出中国与波利尼西亚同有有段石锛的事实，证明大洋洲的古文化是来源于中国。他还研究过当地人种起源，证明这里的居民，是新石器时代来自中国华南沿海的一种使用澳亚系语言（Austroasiatic Speech）的民族。海尼·格尔顿的这个论证，近年来已被考古发现所证实。在中国南部大陆的旧、新石器遗址里，发现了与澳大利亚—尼格罗人种相似的人骨遗存。对比结果，广西柳江人、加里曼丹尼亚洞穴人、澳大利亚的维兰德拉湖人，三者的遗骨是一致的。经碳 14 测定，柳江人遗骨早于维兰德拉湖人一万余年，说明这个人种从中国大陆渡海，漂徙澳大利亚的事实。据推测，维兰德拉湖人早于当地土著以前，便从华南经加里曼丹、新几内亚航海到达了澳洲。① 柳江人后裔的佛山河宕人遗骨，经测定距今 4 000 多年，从其头骨特征测量数据表明，他与印度尼西亚或美拉尼西亚群岛的人种相似②。研究者认为，浙江河姆渡、福建昙石山发现的新石器时代古人遗骨，与澳大利亚—尼格罗人的形状极为相似。③ 我国人类学家颜訚先生，对距今 5 000~6 000 年的山东大汶口和西夏侯两组人骨头型、身高的测量表明，其特征与波利尼西亚群岛人的遗骨一致。在这个群岛和夏威夷群岛上人的遗骨，还明显地见到大汶口人拔牙风俗留下的痕迹。④ 从人类学和民俗学上，都显示了河姆渡人、龙山前期的大汶口人航海东渡的事实。另外，美国人约翰·亨德森（John. W. Henderson），在其所著的《太平洋地区手册》一书中曾说，大洋洲人民的语言极多，几乎难以尽述，但都是从澳大利亚语发展派生而来的。波利尼西亚人的语言，只是这个语系里的方言或次方言，与菲律宾群岛及台湾岛个别民族的澳亚语系的关系极为密切，并且继承着大约 5 000 年前中国南部海岸的语言内容。这是从民族学与语言学的角度，考证了太平洋诸岛古文化与中国的源流关系，并与河姆渡文化、大汶口文化的年代相互吻合。从语言学的现象，证明中国南部先民在太平洋各岛之间的航海活动。把以上各家学者的论述与有段石锛在太平洋地区的分布遗址结合起来看，有段石锛一定是随人迁徙而行，凡是出土有段石锛之处，当然也是中国越人航海必到的地方。

　　有段石锛是怎样经越人航海向外传播的，这只能从以上说过的考古遗存分布状况，作科学的推理。中国人早在 5 000 年前已经发现了太平洋黑潮海流，并且能利用其流向规律。⑤ 黑潮海流起源于北赤道海流。当北赤道海流流到菲律宾东

① 张小华：《中国历史上的太平洋人种》，《学术研究》，1984 年第 4 期。
② 张小华：《中国历史上的太平洋人种》，《学术研究》，1984 年第 4 期。
③ 张小华：《中国历史上的太平洋人种》，《学术研究》，1984 年第 4 期。
④ 林惠祥：《中国东南区新石器文化特征之一：有段石锛》，《考古学报》，1958 年第 3 期。
⑤ 《中国自然地理》第四章。

侧折向北流时，开始成为黑潮海流。它的主流沿台湾东侧继续北上，在日本四国南端分作两支，主流沿日本东侧折向东北流，称作北太平洋暖流。在北纬40°南北，再转向东流到北美大陆的外海，与加利福尼亚海流会合。另一支叫做对马暖流。对马暖流通过对马海峡后，沿日本西侧向东北流，然后向东穿过津轻海峡，又与北太平洋暖流会合流向东方。这两条海流的流向长年不变，它的全程中平均每天有20~25海里的流速。循流航行，长年顺风顺水。① 龙山文化向海外传播，基本上是从山东渡渤海，沿黄海北岸航抵朝鲜南端，借左旋环流到日本，再沿日本西海岸穿过津轻海峡而东航美洲。考古发掘在朝鲜、日本、阿拉斯加、太平洋西岸出土过龙山器型的有孔石刀、石斧和中国陶器，从这一事实来看，这条海上通道，可能是远古时期龙山人的航海路线。为便与越人的航海活动加以区别，可以把这航线叫做北线。越人航海不太可能采取这条路线，中国越人将有段石磷航海外传，是采取他们自己开辟的南线。

在讨论越人航海东渡太平洋时，首先遇到一个重要疑难，便是全程中的海流流向问题。在这个地区，以赤道为基线有4条横贯太平洋的主要海流。第一条是北赤道海流，它的位置，南限在北纬10°，北限在北纬20°，常年向西流，一般流速每天可达24~48海里。第二条是南赤道海流，位于北纬3°以南和南纬6°以北这一带海域，常年向西流，流速每天可达24海里。根据这两条海流的流向和流速，任何舟、筏都难以从西向东逆流航行。近代曾有人做过逆航行的尝试，但都遇到很大困难而失败。因此，一般人认为从中国华南大陆横渡太平洋是完全没有可能的事。在1947年，挪威的人类学家托尔·海尔达尔，为探索波利尼西亚人的起源，曾用9根原木扎成一只木筏，做了一次仿古漂流航行。他从赤道以南秘鲁的卡亚俄港出发，随着南赤道海流，每天以约20余海里的速度向西漂航，一共经历了3个月的时间，终于到达了波利尼西亚群岛的腊罗亚，行程约5 000海里。从而得出波利尼西亚人是乘舟筏从南美迁来的结论。② 从此以后，一般人对中国人无法逆流东航的论点，更为坚信不疑，这只是将4条海流中的两条西向海流为依据所产生的结论。有意无意地回避了另外两条向东的海流，即第三条是北太平洋海流。这条海流位于北纬30°以北的西风带，终年向东流，平均每日流速12海里。假以北纬30°线为标准的话，正是从钱塘江口附近的河姆渡，直对拉丁美洲墨西哥北部的瓜达卢佩岛附近，常年顺风顺水。这条海流通过夏威夷群岛北端，夏威夷岛上的有段石磷遗存，是否由越人从这条航路传去，虽然只有少量实物证据，但大可值得考虑。第四条是赤道逆流，它处在北赤道海流和南赤道海

① 《中国自然地理》第四章。
② 朱长超：《一叶孤舟横渡大洋》，《科学画报》，1982年第4期。

流的中间。位于 3°—9°N 海域，终年向东流，在全程中，它在 140°—180°E 海区，每天流速 24~33 海里，在 180°E—80°W 海区，每天流速 20~23 海里[①]。假若展开这一地区的地图，看一下有段石锛在菲律宾、北婆罗洲北部、苏拉威西、波利尼西亚各岛的遗存分布实况，便可一目了然地看到菲律宾南部的棉兰老岛、北婆罗洲的北部、苏拉威西海区和波利尼西亚群岛北段的地理位置，都在 3°—9°N 之间。正当赤道逆流的海域之内，而有段石锛的大量遗存，恰好正散布这一条海流线上。把一个个考古出土文物遗址串联起来，便形成一条由西向东横贯太平洋的海上航线。中国东南沿海的越人，极大可能是从浙江或福建先跨海到达台湾，然后航海到达菲律宾。另有一支从广东、香港、海南岛到达菲律宾以后，就近再航抵婆罗洲北部和苏拉威西岛，从此再没有向西发展，而是随着赤道逆流，逐岛向东漂航而去。中间经历了千百年的岁月，多次漂航，逐次向东延伸，最后终于到达了波利尼西亚群岛，甚至到达了拉丁美洲。

赤道逆流到达拉丁美洲西海岸以后，便折向北流，在 10°N、85°W 地区，又于北赤道海流会合。假若越人继续随流而北上的话，终究会到达墨西哥海岸。考古学上关于有段石锛分布遗址的发现，证实这条越人横渡航线的存在事实，至于它形成的步骤和绝对年限，还有待于今后考古学的继续发现和研究。当然，也不排除沿途各岛居民接力传递的可能。

一定的航海知识和运载工具，是决定越人航海活动能力的主要条件。在新石器时代的越人，航海时是否能利用篷帆借助风力前进，目前还没有见到这方面的有关资料，不能妄做论断，但在这条航线上随赤道逆流漂航是可肯定的，当时在航行中还不会测定船位，只能依地物为标和依靠观看日月星辰辨别方向，逐岛前进。

在新石器时代，我国先民不论在农牧生产还是在海上渔捞生产劳动中，已掌握了相应的天文知识。在郑州大河村出土的彩绘陶器上，发现有描绘太阳、月亮、日晕和星座等与天文历法有密切关系的天象纹饰。

在一件复原陶钵的肩部，绘有 12 个太阳，可能是象征一年 12 个月。其上的星座图纹已残缺不全，但从其残留的 3 个圆点的排列位置和角度来看，这组残存图纹是描绘北斗星的勺柄，当时从事农牧劳动的先民，可能已经认识到北斗七星的形状、方位和季节的关系。1979 年，在江苏连云港锦屏山将军崖，发现了一处新石器时代的石刻岩画，是目前在我国发现的最早的石刻遗迹。全画长 22 米，宽 15 米，画面分为三组，内容刻画有人面、农作物、鸟兽、星云等图案。人面

---

① 朱长超：《一叶孤舟横渡大洋》，《科学画报》，1982 年第 4 期。

画的人头上，有三角形装饰，面部有象征花纹的杂乱整条。这组岩画发现的地方是在青莲岗百越文化与龙山文化的交汇地区，画中人像，头上的装饰可能是"羽人"的毛羽饰物；面部刻纹，可能就是越人"断发文身"的表示。说明这组图画是越人的作品，反映了他们当时对天象的认识水平。在星云图上，刻画内容像是银河系星带，用 3 条短线分作 4 个部分，似在表示太空星象变化。在画中还刻有太阳和月亮的图形。这是渔猎为生的百越先民的天文知识图录。在原始社会中，"首先是天文学——游牧民族和农业民族为了定季节，就已经绝对需要它"①，并且要熟练地认识它、掌握它。但天文学的萌芽史要比农业史古老得多。以渔猎为主要生活资料来源的沿海各族，对天文知识比其他民族认识得更早。他们根据太阳先学会辨认东西，然后依靠星辰而认识南北，当越人远航重洋的时候，已经具备了昼夜测定方向的能力。

关于越人航海的工具，在新石器时代，越人航海时所乘的舟船，因受当时生产能力的制约，只能是十分简陋的几种水上运载工具，最高级的结构也不过是独木舟和筏，不会有木板结构的船舶。在原始社会时，东南沿海的越人，随着他们的迁移，已将中国的双身独木舟和航海技术，传播到太平洋的汤加、萨摩亚等岛上。② 不过长途航行还是采用木筏或竹筏作为主要运载工具更为有利，在远古时期的渡海工具中，筏比独木舟有更多的优越性，它不像独木舟那样要受原木材的局限，也不像独木舟在风浪中那样易沉。它可以根据安全和需要结扎任意大小的筏，而且它有独木舟无法比拟的适航性和抗沉性。这两点，是远洋航海运载工具至关重要的根本条件，特别是中国用竹子结扎的竹筏，体轻、抗折，较木筏更加优越。日本史学家西村真次曾写过题目叫做《文化移动论》的文章，专门谈论到中国的筏，经他的研究和考察，筏是中国古代越人发明创造的水上运载工具。他还提到，筏子随着越人的迁徙活动而流传到江南，然后又随着越族中的一支传到台湾和印支半岛，远到南洋群岛各地。另外根据民族学记录，中国筏也流传到拉丁美洲的秘鲁和当地的赤道南北各地。③ 从这种水上运载工具流布的地区和范围，也可以反证越人已经掌握了远海航行的技能。

乘筏航海，在后世记载中也时有所见。像《诸蕃志》"毗舍耶"条曾记述南宋淳熙年间（1174—1189 年），有数百名毗舍耶人，从台湾乘竹筏渡海到福建泉州的水沃、围头等地。他们所乘的竹筏，形状像屏风的样子，可以折叠起来，也可以拉开展长。这是数千年后，越人乘筏渡海的故伎仍可继续实用的一证。前面

---

① ［德］恩格斯：《自然辩证法》，人民出版社，1971 年，第 162 页。
② 梁钊韬：《西瓯族源初探》，《学术研究》，1978 年第 1 期。
③ 吕荣芳：《福建、台湾的贝丘遗址及文化关系》，厦门大学历史系等编《考古论文选》，1980 年。

提到的挪威人海尔达尔的仿古漂航实验，他为什么把出发地点选在秘鲁而利用流速较慢的南赤道流？却不把出发地点选在巴拿马或危地马拉之间，而利用日流速24~48海里的北赤道海流，其中必有缘故。既然称为仿古漂航，首先决定选取当地可能找到的最原始而又适于远航的运载工具，这在海尔达尔以后的另外的两次仿古漂流中，可以窥测到他的这种设想。那是1970年，他选用埃及的原始芦舟，从埃及漂渡大西洋。1977年，他又选用美索不达米亚的苏美尔人的芦苇舟，自波斯湾渡到北非的吉布提，可见海尔达尔在开始仿古漂流时，总是选用当地最原始的水上运载工具。但海达尔主观上认为波利尼西亚人是从美洲渡海向西而到达波利尼西亚诸岛的，所以当他选取原始的筏子作渡海工具时，便找到秘鲁为出发港，但他却不知数千年前中国越人已将筏子传到秘鲁的事实。海尔达尔用了3个月时间成功地完成了这次漂渡的壮举，证明用筏子这种原始渡具，借海流漂航横渡太平洋是一个无可置疑的事实。既然海尔达尔仿造了中国越人发明的筏子，趁南赤道海流向西漂航了5 000余海里，若将这一现实结合有段石磷传布遗存的考古发现，显而易见，中国越人5 000年前已开始乘着自己首创的竹筏，趁着赤道逆流，逐岛漂航，终于横渡了太平洋，这大概是无可怀疑的历史事实了。

上述情况表明，我国沿海的自然地理条件，从远古以来，便是最适宜人类发展海上活动的广大场所。中国人的祖先，循着人类社会发展的历史规律，生长、发展在这片辽阔的土地上，在进入国家时代以前，各族的祖先已经开始了相互接触和影响，建立了不可分割的族系，在5 000年、万年的悠久历史过程中，形成了以汉族为主体，既有大陆文化又有海洋文化内涵的中华民族，给人类进化，留下了无比珍贵的文明财富。

原载《海交史研究》1986年第2期（总第10期）

对于中国海外交通史研究的管见

朱杰勤

一

中国海外交通史作为一种有系统的专门的学科来研究，大概始于 19 世纪末和 20 世纪初。顾名思义，海外交通史是研究中国与海外各国海陆交通相关内容，而不是限于研究中国和海外各国的海上交通。例如，我们谈到我国和印度尼西亚关系的时候，就会提到晋代的僧人法显。他从陆路由中国西北出境，到印度求经，他回来时是由恒河口岸附船到锡兰（今斯里兰卡），又附船到印度尼西亚爪哇，再乘船回到山东省登陆。他这个伟大旅行家的行程就具有陆海往来的双重性。又如华侨是中国与外国经济交流和文化交流的媒介或桥梁，是中外关系史上的重要角色。华人出国侨居，有从海路去的，也有从陆路去的。西人把华侨一律称为"海外华人"，不管他们是从海路还是从陆路去的。我们认为中国海外交通史就是中外关系史的同义语。在我国 20 世纪 30 年代，就盛行了中外交通史或中西交通史这一名词：如张星烺的《中西交通史料汇编》和向达的《中西交通史》。近年方豪在台湾出版的《中西交通史》亦沿旧例。他们书中内容几乎涉及中国与五大洲国家和地区的关系，实际上可称为中外交通史，日本人把交通史称为通交史，例如幸田成友的《日欧通交史》。也有称为交涉史的，如岩村忍的《十三世纪东西交涉史序说》。宋代的人往往把交涉和关系二词作为同义词，交涉史即关系史。我们认为中外交通史一词使人容易认为只属海陆交通方面；而中外交流史一词又使人易认为仅属于外交方面，都不妥当，不如中外关系史一词的通俗易懂，而且比较明确和全面。

话又说回来了，海外交通史这个名词的使用是有传统的习惯性的，未尝不可采用。中外关系史的范围太广，中国和全世界各国从陆路或海路都可以发生关系，一个学术团体和个人进行研究，如果水陆并进，全面展开，难度似乎更大，我们适当分工，有所侧重，还是合理的。例如，中国社会科学院历史研究所的中外关系史研究室的研究重点就以陆路丝绸之路为出发点，研究中国与中亚和西亚各国的种种关系。而东南沿海地区的有关学术机构和学术团体，如厦门大学南洋研究所、广州暨南大学华侨研究所和历史系以及中国海外交通史研究会等，就从他们本身固有条件出发，因地制宜，着重从海路来探讨中国与东南亚和南亚的各种关系。必须指出：我们有重点地进行研究，却并不放弃或排斥其他方面的研究，我们应该和其他国内外有关机构和学者搞好合作关系，才能收到互相帮助的效果。举例而言，摩尼教是波斯人摩尼在公元 3 世纪创立的宗教，唐初传入中国。泉州也发现摩尼教的文物遗迹。至于摩尼教传入华的年代及其传入的路线，中外学者还没有定论。有些人认为它是从海路传入的，但也有些人认为它是从陆路传入的，正在争鸣之中。如果说是从陆路传入，即由西亚、中亚、中国西北传到长安，又南传到福建，所过各地应有蛛丝马迹可寻。如果它从海路传来，就会先传入广州，因为自汉至唐，广州是全国最大的对外贸易港口，而且波斯侨民也比较多，可是迄今还未见有摩尼教的遗迹。其中大有文章可做，这就需要中外关系史家和考古学家、宗教学家、史地学家的充分合作了。我们中国海外交通史研究会是一个群众性的学术团体，它的宗旨在提倡、推动和组织有关海交史研究的学术活动，坚持四项基本原则和"双百"方针，实事求是，以促进中外友好关系和经济文化交流，为"四化"早日实现而努力。团结合作就是我们海交史研究会全体会员力量所在，也是我们工作成绩的保证。

二

　　一个国家的建立，就必然迟早会同其他各国发生关系。研究中国同外国关系的发生和发展，就是中外关系史的任务。在夏商周三代我国已是奴隶制的国家，当然会同其他国家发生关系，由于文献不足，夏商两代的对外关系难以说明，不过到了周朝，既有史书记载，又有金石文字可供参考，我们才知道，当时有许多叛服不常的国家（即诸侯国），和游牧民族逐水草而居的所谓"行国"关系是非常复杂的。到了汉代，中外关系更加频繁了。

　　由于外交上的需要，外国的历史和现状逐渐有人记录下来，供政府参考。太史公司马迁是一个留心外事的人，主张"网罗天下旧闻，考之行事，稽其成败兴衰之理"。他所谓天下，并不限于华夏或中国，而认为中国以外的国家亦应研究，不仅应博通古今，而且应该沟通中外。他的《史记·大宛传》就是叙述汉代由中亚到西亚各国，远及伊朗。关于中外交通的还有《匈奴传》和《张骞传》等。《史记》一书就是以中国为主体的世界史，同时又是中外关系史的雏形。班固的《汉书·西域传》又为中外关系史研究提供更多的参考资料。他在《西域传》内的安息（今伊朗）条中，不仅标出它距离长安若干里，而且记载中国和安息交换使节，不厌求详，有声有色。清代著名西北史地学家徐松的《汉书西域传补注》及岑仲勉教授撰的《汉书西域传地里校释》均可参考。

中外关系史自古以来，都被认为是一种经世之学，是我国学者为了适应时代的需要，配合当前对外政策而进行研究的。由于匈奴侵犯边境，掳掠人畜，并阻塞了我国丝绸对外贸易的道路，汉朝政府不得不对匈奴展开自卫反击战争，就很有必要了解西域情况。司马迁和班固的有关著作都是配合汉朝经营西域而写成的。唐代中印交通颇为密切，玄奘法师奉命撰述《大唐西域记》来介绍印度国家的情况。宋代与朝鲜友好，使节往来不辍，徐兢有《宣和奉使高丽图经》之作。由于宋、元、明中国与东南亚各国来往频繁，经济和文化交流亦盛，于是宋代赵汝适的《诸蕃志》，元代汪大渊的《岛夷志略》，明代张燮的《东西洋考》都纷纷出现，特别是郑和七下西洋后，就涌现出马欢的《瀛涯胜览》、费信的《星槎胜览》、巩珍的《西洋番国志》和黄省曾的《西洋朝贡典录》等中外交通史的著作。又在16世纪后期，中国防倭和援朝抗日期间，关于日本和朝鲜的著作纷纷出现。清代关于中俄关系的书为什么这样多？因为17世纪俄罗斯多次侵略黑龙江流域，引起朝野人士密切注意，于是有何秋涛的《朔方备乘》等书出版。同时掀起西北史地研究的风气，目的也在对付俄罗斯。19世纪英帝国主义侵略我东南沿海，就有魏源的《海国图志》的问世。这些都是当时知识分子从爱国主义出发，用他们的专长来为祖国服务，奠定了中外关系史研究的基础。近百年来，我国进步学者在中外关系史研究上做了不少有益的工作。第一，关于中外关系史的古籍的整理和考订。如清末王锡祺辑的《小方壶斋舆地丛钞》十帙，是一部国人撰述的关于海外各国的历史与现状和对我国交通的论文集。丁谦的《浙江图书馆丛书》2集，30种，69卷，是丁谦以毕生精力，在有关中外关系的古书中，选出重要史地文章若干篇，加以考证，该书至今还有参考价值。张星烺先生的《中西交通史料汇编》共6册，除搜集中国古书上的中西交通史料外，还翻译一些外国有关的材料加以考订，其中有不少独到之处。此外还有许多同类的书如苏继庼先生的《岛夷志略校释》和夏鼐先生的《真腊风土记校注》，真是"一时瑜亮"，各有所长。第二，关于中外关系史研究的翻译和著作。冯承钧先生从20世纪30年代开始就把法国汉学家有关西域南海史地的论著陆续翻译出版，数逾百种，收入《西域南海史地考证译丛》一至九篇。他又翻译了《多桑蒙古史》上下两册，洋洋百多万言，可补洪钧《元史译文证补》之不足。他又译出《马可波罗游记》3册，自加注释，费了不少考证功夫，成为马可波罗游记第一全译注释本。此外还撰有许多研究西域南海史地的论文，收入《西域南海史地考证论著汇辑》，可见冯先生不仅以翻译见长。向达先生是研究中外关系的著名学者，除早年从英文翻译过许多有关论著外，他的主要研究成果已辑入《唐代长安与西域文明》一书。岑仲勉先生除精研隋唐史外，亦以中外史地考证著称于世，他的《中外史地考证》一书是这方面的代表作。关于中印文化交流史，自以季羡林先生的《中印文化关系史论文集》为巨擘。关于基督教、火祆教、摩尼教、犹太教、伊斯兰教和佛教传入中国，陈垣先生有许多精辟之作，兼开拓先路之功（详见《陈垣学术论文集》）。其他专家学者，各有所长，难以悉数。文章得失，自有公论，我们亦不一一论列了。

中外关系史（海外交通史）研究，在我国虽然有它的优秀传统和丰富的成果，但在新中国成立前，由于种种原因，这门科学得不到正常的发展。因为从事研究的人必须精通一种以上的外语，并能正确阅读和运用中国古籍和文物资料，熟悉中国史和世界史，还需要具有专业知识和与专业有关的各部门的知识。本来已不容易了，何况国民党统治下的中国，连年内战，加上八年抗日战争，人民生活痛苦，社会秩序混乱，当局者推行反动文化政策，一切学术研究自然得不到应有的发展。中外关系史一科是不受重视的。高等学校中，没有设置这门课程（除偶有个别学校作为选修课不定期开出外），因此无法培养这方面的研究人员，因而无法扩大研究队伍。与中外关系史有关的研究机构似乎只有 1942 年由教育部和侨务委员会在重庆合办的"南洋研究所"，但寿命不长，成绩不足。在学术团体中，顾颉刚先生主持下的"禹贡学会"及其刊物《禹贡》，还算是对学术界有一定影响。由于中外关系史研究不受重视，问津的人寥寥无几。这门学科就成为"冷门"。

新中国成立后，气象一新，百废俱举，文教事业，欣欣向荣，国际地位，日益提高。中国和外国的友好往来，经济交流和文化交流亦空前密切。我们对外国的情况和两国的关系不能不有所认识，政府亦加以支持。短期内，在全国范围内成立了许多研究外国的学术机构，也取得相当成绩。可是在"十年浩劫"中，学术界受到严重的打击，许多研究外国和国际关系的机构纷纷被迫解散，研究人员各散东西，图书设备丧失殆尽。中外关系史的研究也和其他学科一样，陷于奄奄一息的局面，而且远远落后于西方各国了。"十年浩劫"结束后，各种研究机构逐渐恢复，还新设了一些机构，有关的学术团体也相应建立起来。以研究中外关系史为宗旨的有 1979 年成立的中国海外交通史研究会和 1980 年成立的中外关系史学会。与中外关系史有关的学会亦先后纷纷成立，如中亚文化协会、南亚学会、东南亚研究会和太平洋历史研究会等，它们都把中外关系史作为研究的重点。有了共同的目标，就能团结互助，扭成一股力量，扩大研究队伍，创造新的局面。这几年来，中外关系史的科研成果，无论在数量上和质量上都是空前的。

值得一提的是：

第一，我们对"古为今用，洋为中用"的方针比较明确。在 20 世纪 50 年代以前，由于时代的局限，研究中外关系史的人，多倾向于史地考证。史地名词的考证，自有它的重要性和可取之处。但究竟是研究工作的第一步。更重要的还是就中外关系史中有现实意义的重大问题，运用马克思主义的史学观点和方法，有针对性地进行研究和解决。由于研究者坚持"古为今用"的方针，而结论又合乎科学，自然能够为当前社会服务。30 年来，我们研究中外关系史的人，发表了不少反帝反霸的文章，反驳帝国主义和霸权主义在历史问题上污蔑攻击我国的谬论。在反击越南霸权主义的战争中，我们研究中越关系史的专家，也做过不少力所能及的有益工作，这点似乎比前一阶段略胜一筹。

第二，中外关系史研究的范围又比前一阶段深广得多。国与国之间的人民友好往来，经济交流和文化交流都较为重视。中国与朝鲜人民向来敦睦，在共同抗日和援朝抗美期间，又结成了战斗友谊。我国学者写过许多赞扬中朝友谊的专著和论文。我们围绕着中日友好关系这个题目，又发表了不少论著，例如仅在《海交史研究》第 2 期就有 4 篇关于中日文化交流的论述。我们对于经济交流的历史和现状，也给予足够的注意。自古以来，我国对外贸易的三大商品：丝绸、瓷器和茶的外销，我们都写了许多文章及调查报告。1980 年"中国古外销瓷研究会"成立后，古外销陶瓷研究工作更加蓬勃地开展。泉州海外交通史博物馆还设立了泉州外销瓷陈列馆，同时有专人进行研究。此外，世界各种宗教，包括已经失传的火祆教、摩尼教、犹太教等传入中国的历史，我国都有宗教学家和中外关系史学者分别进行研究，取得巨大成果。世界宗教研究所和中国海外交通史研究会出版的刊物都有这种文章发表。总的来看，超过了前一阶段的学术水平。还有海外交通的航线问题和我国古代造船技术及航海技术问题等研究都有巨大的进展。1974 年泉州湾宋代海船的发现，泉州海外交通史博物馆围绕着宋代海船为中心，积极开展科研活动。1979 年召开了泉州湾宋代海船科学讨论会，同志们提交的论文就有 68 篇，引起国内有关单位的注意和响应，有关造船史航海史的论文纷纷出现。仅《海交史研究》第 5 期就有 7 篇发表，其他刊物所载远不只此。中国科学院自然科学史研究所和中国航海史研究会等同志也写出不少有独到见解的文章。航海史的研究在自然科学和社会科学上是非常重要的。中国古代在航海和造船技术方面本有光辉的成就，不过被世人忽视和埋没了。印度学者谟克尔吉在他的《印度航业史》上说："在五世纪以前，中国人没有到达马来半岛，六世纪前，中国人没有航海到达印度、波斯和阿拉伯。"英国友好人士李约瑟的《中国科学技术史》竟说："中国的远洋航行，一直到十三世纪才开始，并且到了十三世纪才得到充分发展。"① 这些提法是不符合历史事实的。《汉书·地理志》有一段史料指出：公元 1 世纪初，汉武帝统治时期，已有船从广东雷州半岛（徐闻合浦）出发，经过东南亚各国到达印度和锡兰了（原文不录）。有人根据史料中"蛮夷贾船转致之"② 这一句话，认为从中国开到东南亚和南亚的船不是中国船而是东南亚地区的船，这是一种误会。因为当时北方或中原的人都叫南方民族为蛮夷。西汉初雄踞广东的南越王赵陀，也自称为"蛮夷大长"（即蛮夷首领）。可见这些出海的船还是南方制造的。秦汉之际，中国文化科技水平远远超过东南亚各国，岂有中国不会造出海的船舶，反而依靠东南亚各国之理。《南州异物志》说，南方的船，"大者长二十余丈（一丈约今 2.4 米），高去水二三丈，望之如阁道，载六七百人，物出万斛（每斛十斗）。"③ 这就是汉代南方海船的描述。中国海船到达目的地后，有时会雇用当地的小船来转运商品和搭客上岸，或者从港口转运到其他市镇。"转致"就是"转运"的意思。这是可能的，但绝不能排斥中国船远航到东南亚及南亚的事实。以上两位外国学者的说法，无端把我国的航海历史拖后了四五世纪甚至六七世纪，我们不能袖手旁观，熟视无睹。晚近我国学者围绕着《汉书·地理志》这段材料记载的中心问题，发表了十多篇论文，一致肯定《汉书》这段资料的可靠性，并承认在公元 1 世纪前后，我国已有船到达印度洋的事实。这件事似乎可以告一段落。我们希望外国学者多提出有益的意见。

关于中外陆路交通史研究，古代"丝绸之路"的研究和西北史地，中亚和西亚史地的研究，近年来我国学者做了大量工作，提出很多科研成果，受到国内外的重视。北京、新疆、甘肃等地区有很大潜力可以发挥。综上以观，中外海陆交通史研究真是月异日新，后来居上，展望前途，令人兴奋。

三

我们今天提倡通过历史来进行爱国主义教育，目的是在发扬民族精神和培养爱国主义思想。陶渊明诗说："历览千载书，时时见遗烈。"这就是说，我国历史充分反映了我们祖先创造出来、流传后代的光辉伟大的业绩。学习祖国历史，自然知道中华民族以勤劳、勇敢、智慧著称，能够有所发明，有所创造，对人类社会有较为突出的贡献。我们学习历史后，就会觉得民族的伟大，祖国的可爱，以中国人的自豪，把个人的命运和祖国命运联结在一起。我们研究中外关系史，

---

① ［英］李约瑟：《中国科学技术史》（中译本），第 1 卷，第 2 分册，第 388 页。
② 班固：《前汉书》卷 28（下），《地理志》第 8（下）。
③ 李昉：《太平御览》卷 769，《舟部二·叙舟中》。

在中国和外国的接触中，通过经济交流和文化交流的事实，使我们更容易看到中国对世界的伟大贡献及其在世界历史上的作用。中外关系史上有两件大事足以说明我国对西方社会的巨大贡献：一是匈奴的西迁；二是火药、指南针、造纸术和印刷术四大发明。5 世纪罗马帝国的覆灭，宣布了西方奴隶制度的结束，它覆灭的原因，内因是奴隶的反抗和平民的起义，外因就是"蛮族"的入侵。所谓"蛮族"，原来就是附近各地的部落和游牧民族。如哥特人、日耳曼人、凡达尔人及匈奴等约 7 种民族。特别是匈奴的入侵给罗马帝国以致命的打击。据西史记载，匈奴王阿铁那（Attila）曾经占领了匈牙利故土，他带领 50 万匈奴人西进，越阿尔卑斯山，直下意大利，攻城掠邑，所向无敌，正欲进军罗马，被人劝止。他退军于多瑙河，不久病死，而罗马帝国却摇摇欲坠了。匈奴是我国古代多民族国家中的一个游牧部族，它兴起于战国时期，长期活跃于大漠南北，至东汉初，分裂为南北两部，北匈奴西迁后有一部分还闯入欧洲，加速罗马帝国的崩溃。可见西方奴隶制社会过渡到封建制社会，在一定程度上受到中国的影响。我国造纸术、印刷术、指南针、火药四大发明，对于欧洲封建主义的崩溃和资本主义的发生也起了一定的促进作用。马克思指出："火药、指南针、印刷术——这是预告资产阶级社会到来的三大发明。火药把骑士阶层炸得粉碎，指南针打开世界市场并建立了殖民地，而印刷术则变成新教的工具。总的来说，变成科学复兴的手段，变成对精神发展创造必要前提的最强大的杠杆。"① 从上面事实来看，欧洲从奴隶社会过渡到封建社会，又从封建社会过渡到资本主义社会，这样惊天动地的变革，中国都起了一定的促进作用。

18 世纪中国文化传入欧洲又是中外文化交流中的一件大事，其影响是深远的。

外来的侵略和我们反侵略的斗争构成中外关系史的主要内容，其中充满了轰轰烈烈、可歌可泣的爱国行动。我国变成半封建半殖民地社会后，思想先进的爱国志士发奋图强，不辞艰苦在向世界追求真理和救国之道，几经挫折和失败，仍然再接再厉，终于迎来马克思主义。在党的领导下，全国人民推翻了三座大山，建立了新中国。从中外关系史的性质和内容来看，通过对它的研究和它的教育，可以提高我们的民族自尊心和加强我们的爱国主义思想。这点是我们提倡中外关系史的最大理由。

四

国与国建立关系后，两国人民就会互相往来，进行经济和文化交流，两国政

---

① ［德］马克思：《经济学手稿》，《马克思恩格斯全集》，第 47 卷，第 427 页。

府也建立政治外交关系，但有时会发生战争或边界纠纷。总之，不是和平，就是战争，不是交好，就是交恶。任何一种情况发生，都关系到本国人民的切身利益和国家命运，不能不认真对待。因此，我们有研究中外关系史的必要，同时也有责任把中外关系史的知识向群众宣传和教育，从中吸取经验教训，以资借鉴。

历史舞台上的主角就是人民。中外关系的建立，一定先从人民互相接触开始，两国官方的交聘又在民间往来之后。举例而言，公元前 2 世纪，张骞奉汉武帝之命出使西域，到过大夏（巴克特里亚，今在阿富汗境内），回来报告说："臣在大夏时，见邛竹杖、蜀布。问曰：'安得此？'大夏国人曰：'吾国人往市之身毒。身毒在大夏东南可数千里。'……以骞度之，大夏去汉万二千里，居汉西南，今身毒又居大夏东南数千里，有蜀物，此其去蜀不远矣。"[1]

大夏在兴都库什山及妫水之间，从大夏东南过了山就到身毒（印度）。在四川和印度之间，通过云南和缅甸或阿萨密有一条商路。四川的特产邛竹杖、蜀布，都可以由此运入印度。中国商人经常到印度贸易而官方完全不知。由于张骞的建议，武帝曾派远征队寻找大夏的途径，结果又因"费多，道不通，罢之"。这件历史事实表明，中国与外国关系的建立，不是由两国政府首先发动起来，而是两国人民为着本身的经济利益，主动地友好往来，进行贸易的。在他们行动影响下，两国政府才开始注意，采取适当措施。所以我们研究中外关系史，应该以人民为主体，只有人民才是历史发展的动力。

国与国之间发生关系是历史发展的必然趋势，但国与国的关系不是长期不变的，有时和平相处，有时爆发战争。这是客观存在的历史事实，不能避而不谈。我们不能单方面宣扬在和平时期两国的友好往来和文化交流，而绝口不谈战争时期双方的敌对行动，除非把研究项目改为中外文化关系史。不过，和平关系比较战争关系长久得多。一个国家没有相当长期的安定局面是不能立国于大地，而且各国人民都是爱好和平，反对非正义的战争的。因此，中国和各国人民友谊的发生和发展，经济交流和文化科技交流，应该成为中外关系的主要内容。

中外关系史研究在我国虽然发展相当迅速，成果亦多，但至今我们还没有一部内容丰富，符合爱国主义和国际主义精神，适应国际形势的发展和社会主义建设需要的，有独到之处的多卷本中外关系史问世。这和我们十亿人口的泱泱大国很不相称。这种落后局面必须迅速扭转过来。这个研究和编写任务，我们义不容辞。希望大家团结合作，促其实现。

原载《海交史研究》1985 年第 1 期（总第 7 期）

---

① 司马迁：《史记》卷 123，《大宛列传·第六十三》。

论海外交通史学科性质及其内涵与外延

孙光圻

中国海外交通史研究溯源甚早。民国时期，以冯承钧、向达、张星烺等前辈学者为代表，无论在文献整理还是在专题研究上，都做了许多开创性或奠基性工作。新中国成立后，特别是近 30 年改革开放以来，中国海外交通史研究会依托泉州海外交通史博物馆，先后在朱杰勤教授和陈高华研究员两位会长精心操持下，组织和团结了全国各方面的研究工作者，对海外交通史（以下简称"海交史"）研究进行了活跃和深入的研究，取得了前所未有的长足进展和辉煌业绩，涌现出众多知名的专家、学者和学术带头人，各类专著与论集相继问世，发表学术文章数以千计，各种研究海交史重要事件、人物、文献、遗址、文物的专题成果极为丰硕，且与联合国教科文组织以及世界各地著名院校、研究机构建立了广泛的学术联系，举办了多次享有国际盛誉的学术会议和学术活动。凡此种种，均为海外交通史的学科建设和海洋交通文化的学术繁荣，做出了不可磨灭的重要贡献。

当前，我国的经济社会和科技文化正在继续朝着快速、健康、和谐和可持续的方向发展。在此新时期的新情势下，如何使海交史研究继往开来，百尺竿头，更上一层楼，实现新的繁荣与辉煌，是摆在我们海交史研究工作者面前的重要课题。

本文试从海交史的学科性质、内涵与外延等理论建设层面，谈一些粗浅的看法，以供参考。

一、海交史的学科性质

所谓学科，即学术的分类，指一定科学领域或一门科学的分支。科学地界定某一学科的性质，是建设与发展这门学科的基石。如果学科区分的界面上模糊不清，就难以正确和顺畅地开展科学研究。

一般而论，学术分类在总体上可分为社会科学与自然科学两大类。具体的学科专业目录，按国家教育部学位与研究生教育发展中心的界定，大略可分成哲学、经济学、法学、教育学、文学、历史学、理学、工学、材料科学与工程、农学、医学、军事学和管理学 12 个一级学科。在这些一级学科下，又可分出众多的二级、三级其或四级、五级学科（或称学术方向）。

那么，海交史研究在国家现行的学科专业目录中处于什么序列，什么位置呢？顾名思义，海外交通史应该属于历史学的范畴，但我们却很难在其序列中找到它的准确定位。要解决这个问题，必须另辟视角，探诸新兴的边缘学科或交叉学科。

所谓边缘学科，指与两种或两种以上不同领域的知识体系有密切联系，并借助它们的成果而发展起来或交叉而成的综合性学科门类。边缘学科的产生一般有两种情况：一种是某些重大的科研课题涉及两个或两个以上学科领域，因此在研究过程中，就在这些相关领域的结合部产生新兴学科；另一种是运用某一学科的理论和方法去研究另一种领域的问题，也会形成一些新的边缘学科。海交史研究正是同时符合这两种情况的边缘（或称交叉）学科。

从第一种情况看，海交史涉及多种跨门类的学科。从一级学科看，它涉及好几个大学科（如历史学、经济学、工学等）的知识体系；从二级学科看，它更是涉及众多的学科（如中国古代史、中国近代史、世界史、经济史、国际贸易史、交通运输工程、船舶与海洋工程、考古学与博物馆学、港口海岸与近海工程等）。从第二种情况看，海交史涉及运用上述多种学科的理论和方法。例如，在研究郑和下西洋和海上丝绸之路等专题中，就运用到历史学、造船学、航海学、地图学、贸易学等多种学科的理论和方法。

因此，海交史的学科性质，并不是某单一学科领域的分支学科，而是由多种学科交叉而成的综合性边缘学科。

二、海交史学科的内涵与外延

海交史既然是一门边缘学科，那么它的主要内涵和外延是什么？这是一个很重要的问题，也是这门学科开展科学研究和组织科研队伍的关键。

（一）学科的主要内涵

海交史学科的主要内涵，可以通过分析其三个关键词得知：一是史；二是交通；三是海外。以下逐一剖析之。

1. 史，亦即历史

毫无疑问，在交叉诸学科组成海交史这一边缘学科的过程中，首要的应是历史学科。所谓历史，泛指一切事物的发展过程，包括自然史和社会史，通常指人类社会的发展过程。广义上的历史，可以理解为"今天"之前人类社会所有生产活动与社会活动的总和。所以，历史学是研究"昨天"和"前天"的科学。从时空范围看，历史可分为无文字记载的上古史和有文字记载的古代史、近代史以及现代史四大时空阶段。当然，上古史也可广义上并入古代史部分。至于这几个时空分段如何划分，则从各个不同的学术视角或判断标准出发可以得出不同的结论。以中国社会的发展过程而言，一般以1840年鸦片战争之前为古代史，鸦片战争至新中国成立前为近代史，而新中国成立后则为现代史。对海交史的时空阶段划分，一般也沿用中国历史的分期办法，因为海交史的兴衰与沿革，与一般中国历史的进程大体相当。

2. 交通，即交而通之

意指借助一定的载运工具实现人或物体从此地到彼地的位移过程。交通是一种特殊的物质生产方式和生活方式，其研究对象如以生产力结构成分观之，大体可有交通活动的劳动力、劳动工具、劳动对象、组织与管理、科技与培训等五大要素。具体细化，则大概有以下10个研究对象：

（1）交通劳动力。其指实施交通活动的各类人员，由生活在地球上的各个国家和地区的各类居民构成，这里可以是各类政府人员、军队人员、外交人员、生产者、贸易者、文人、学者、专家、僧侣等，凡是其中直接或间接参与交通活动者，均可成为交通活动的主体。

（2）交通工具。从水路交通看，一类是各种承载物体的水上漂浮器和推进器，如浮筏、独木舟、木帆船、轮船等等；另一类是支撑各种水上承载工具的基础设施与设备，如码头、泊位、灯塔、浮标、航道等。从陆路交通看，也有相应的载运工具与路网设施，如马匹、板车、汽车、火车、道路、铁路、车站等。

（3）交通对象。亦即交通工具承载的对象，如人、动植物、各种原材料、能源、产品的零部件和制成品等。

（4）交通性质。取决于交通活动所企求达到的某种经济效益与社会效益的总和。一般可分为政治交通、外事交通、军事交通、经济交通、生产交通、生活交通、文化交通等。

（5）交通路线。即交通工具位移的空间范围、方向与位置等矢量，如水路交通中的内河交通、沿海交通、陆岛交通、近洋交通、远洋交通及其移动轨迹等。

（6）交通组织。即组织和实施交通活动的法人结构等，这里可以是自然法人的人，也可以是社会法人的政府部门、企事业单位、社会团体等。

（7）交通管理。即对交通活动进行调节和控制的某种体制机制与政策法规等，如交通活动的准入与禁榷，船舶和货物进出的政治、经济、法律与技术规范，从业人员与交通工具的资质与标准等。

（8）交通文化。广义而论，交通文化指在长期交通活动中，所创造和形成的有形资产和无形资产总和；狭义而论，则指在交通活动中形成而又反作用于交通活动的上层建筑和意识形态。

（9）交通科技。即指交通活动中所开发或应用的科学技术及其理论和方法，如载运工具与支持系统的科技含量，导航定位系统的理论、方法和设备等。

（10）交通培训。即指对各类从事或参与交通活动的人员在数量与质量上进行培养和训练的教育活动，包括交通培训机构、师资和学生培训以及相应的培训设施、机制等。

3. 海外，"海之外也"

意指一个国家或地区海疆以外的空间，在应用上，可以国家或地区所属的海岸线和岛屿线为界而区分为"海外"或"海内"两个空间范围。因此，中国海外交通史主要是研究涉及中国海疆以外、并经由海洋相连区域的交通活动历史，即中外之间通过海洋交通形成的历史。当然，从广义上讲，通过陆路或空中与"海外"区域发生的交通活动也可涵盖在内，如古代中西交通大动脉的"丝绸之路"就有"海上丝路"与"陆上丝路"之分。但从词义上分析，"海外"与"国外"或"境外"似乎还是有所区别的，前者肯定属于后者，但后者不一定都属于前者。这里的一个"海"字，似乎点出了海交史所谓的海外，概指通过海洋所连接的"国外"或"境外"区域。另外，从以往海外交通史的研究方向和研究成果的考察，似乎基本上是以研究通过航海活动而进行的各类海外交通活动为主。

综上可知，中国海外交通史学科的主要内涵是，研究中国古代、近代和现代各个时期涉及中国海疆以外并经由海洋相连接区域的交通活动的历史。

（二）学科的主要外延

对于学科建设而言，把握其主要内涵是最重要的核心课题和研究前提，但由于所有各类交通活动总是在一定的历史时空条件下形成并展现出来的，其必然涉及政治、经济、外交、军事、社会、科技、人文等诸多背景因素，因此，要全面深入地研究海交史，就必须同时重视对其学科外延的研究。

所谓学科的外延，意指该学科的研究对象或研究内容由内向外的自然的或逻辑的延伸。具体而论，以下四方面的海交史研究外延值得关注。

1. 海交史的历史背景研究

这里包括某一历史时期或时间发生某一交通活动的政治、社会、经济、军事、法律、外交、文化、科技、人力、宗教、风俗等各种重要的背景因素。之所以要关注这些历史背景的研究，不仅是因为任何一种交通活动都是在一定的时空条件下进行的，而且更在于这一交通活动的动因都是为了在该时空条件下追逐和实现某一特定的社会和经济发展目标。离开具体的多视角的时代背景研究，将无法展现和揭示交通活动的内涵与本质。

2. 海交史的"海外"空间研究

这里有两层意思，一是要将"海外"扩展至"海内"，即将境外的海洋交通活动扩展至境内的沿海、陆岛和通海江河（包括京杭大运河）的水上交通活动，因为"海内"交通是"海外"交通的活动基础，"海外"交通是"海内"交通的自然延伸，两者内涵相同，形式相连，相互依存，共同发展；二是要将"海外"范畴中的"海外"交通活动从"中外"扩展至"外外"交通活动，即不仅是要研究涉及或进入中国海疆的交通活动，还要研究不涉及或不进入中国海疆的外国之间（第二国与第三国之间）的交通活动，诸如哥伦布、麦哲伦之类以及西亚和东南亚、日韩之间等等海外交通活动，都是应予以关注和研究的。这类海交史的空间研究，可以扩大我们的视野，从更广阔的国际区域甚至全球范围去研究中国人民以及世界各个国家和地区的人民所进行的海外交通活动及其彼此之间的关联和异同。

3. 海交史的"交通"研究

这里也有两层意思，一是要加强对与交通相关产业——如修造船、建筑、港口、制造、贸易等等产业的研究，这是因为交通产业并不能独立形成与发展，它必须获得与自身相关的上下游产业的支撑；二是要加强对各种性质交通活动，如政治交通、军事交通、经济交通、文化交通、生活交通等的研究，这是因为交通仅是一种人与物位移的表现形态，而其位移的本质和诉求则各不相同。

4. 海交史的相关学科研究

这就是要加强对上文提及的与之相关的众多的一级、二级、三级等学科的研究，这里牵涉这些学科的知识理论、技术和方法等基本内涵，离开对这些学科外延的探讨，海交史研究将无法向深度和广度拓进。

苟如上论，海外交通史将是一门内涵丰富、外延广泛，涉及文、理、工多种学科交叉，并需要运用多种学科和产业的知识理论和方法进行综合研究的边缘学科。

三、加强海交史学科建设的几点思考和建议

从海交史学科的内涵和外延考虑，为加强这门新兴的边缘学科建设，从而更好地适应新世纪、新形势的发展需求，兹提出几点初步的思考和建议，以供参考。

（一）加强对近、现代海交史的研究

巡检科研成果，以往的海交史研究大都集中在古代史时空范畴内，这当然是很有必要的。由于古代海交史文献记载相对较少，很多事情要详加考订分析，才能一窥端倪，故研究难度较高，研究争议较多，研究出来的成果学术含量也较大，故研究者心向往之、行相聚之，亦属顺理成章之举。

但从另一个角度看，近现代海交史中确实存在着许多非常值得研究的课题。鸦片战争以后，中国进入半封建、半殖民地社会经济形态，政局动乱，军阀割据，国力中衰，战事频仍，各种矛盾犬牙交错，极为复杂。从清末及中华民国创立到新中国成立的一个半多世纪里，近代海交史呈现出诸多不同于古代海交史的内涵与特征，诸如外国轮船行业入侵并垄断中国江海航运，以轮船招商局为代表的中国近代航运事业在洋务运动中艰难产生并畸形发展，"民生"等民营航运企业在"两座大山"的夹缝中求生存，甲午战争与抗日战争期间中日两国海上势力的博弈，国民政府退居台湾之时江海航运格局的变动等等，这些都是需要史海钩沉、学海拾贝，并为之探析究竟并妥加评说的。试想，一个曾经在古代海交史上长期领先西方并创造出郑和下西洋这般惊世伟业的泱泱大国，何以很快落入国力疲软、航权旁落、任人宰割、艰以维持的中衰境地?! 这些重大问题的研究，唯有从全面客观把握历史事实入手，再用科学的观点加以剖析，才能得出正确的结论。

当然，对中国近代海交史、特别是近代航运史的研究也并非没有重要的学术成果。在文献资料上有聂宝璋的《中国近代航运史资料汇编》；在学术专著上，有20世纪80年代交通部组织编写的《招商局史》《民生公司史》以及各种港航史书中的近代部分等；此外还有各种研究长江航运、江南造船、福建航政和北洋水师等方面的专著以及文章。但从社会上，特别是学术界的总体关注度而论，近代海交史研究似逊于古代海交史研究，亟待补充和加强。

至于在新中国成立以来的现代海交史研究方面，则更值得给予关注和投入。从基本面看，除了20多年前交通部组织有关水运企事业单位的"业余"编写人

员所编写的一套《中国水运史丛书》外，各综合性大学、文史博研究机构等几乎均未有效地介乎其中，当然也因之而缺乏相应的高水平科研成果。实际上，中国现代海交史同样有着十分丰富的内涵。从社会主义计划经济到社会主义市场经济，从"文化大革命"到改革开放，从遭西方禁运的航运弱国到重新发展成为一个举世公认的航运大国，这里面有许多许多的课题亟待我们也值得我们去研究。例如，中国第一艘远洋轮船"东风"号的建造、"跃进"号首航沉船事件、中美第一条集装箱航线开辟、南北航线通航、南极航海考察、台湾海峡两岸通航、中远与中海等大型国有航运企业的崛起、上海、大连、天津国际航运中心的建设、10 余个亿吨大港的改革开放进程，等等。当然，这不是说上述这些现代海交史课题无人涉及，而是其相关成果大多数处在工作总结、调研报告和新闻报道层面，缺乏相关学科理论与方法的指导，更缺乏历史等学科专业研究人员的参与。

应该看到，从历史学的角度考察，近现代海交史研究是一件非常有价值的事情。由于近现代史实距今较近，各类档案、记载、报告的资料较为丰富，甚至还有当事人健在，可以使研究者较为准确地掌握史实，写出有学术价值的论著。这无疑将免去一二百年之后，让未来的学者又煞费苦心地来考证、寻觅现今的原始资料；免去今后因史实不准、不全而带来"云雾山中"式的"乱麻"或"无头"公案，就像现在对郑和下西洋宝船的大小尺码和徐福东渡的航线行止等争论不休、莫衷一是一样。

（二）拓展与海交史相关的理、工科专门史的研究

航海史既然是一门由文、理、工多门大学科交叉而成的边缘学科，那么无论在研究领域还是在理论方法上，都应该逐步增加理、工学科的知识含量。当然，这里要强调是与海交史相关的理、工科专业史以及应用这些学科的理论和方法去研究海交史，而不是要去研究理、工学科本身的分支学科。换言之，这种拓展性的研究，是为了从更广、更深的层面去研究海交史，促进海交史学科的更好、更新的可持续发展。

毋庸置疑的是，在以往海交史研究中，已有不少从多学科角度进行分析论证并取得相当研究成果的例证，但从学科知识体系看，比较多的还是体现在文物考古、中外关系、经济贸易、宗教信仰、文化比较、法律规章等文科领域中，而在理工学科领域中则相对较少，且多集中于航海史、造船史等方面，难以全面展示海交史学科的丰富内涵和广泛外延。实际上，还有一些与海交史相关的专业史或产业史值得海交史研究者去关注或参与，例如，理学范畴中的数学史、天文学史、地理学史、地图学史、气象学史、海洋学史、物理海洋史、海洋生物史、地

质学史、生态学史、科学技术史，以及工学范畴中的流体力学史、机械制造史、仪器科学与技术史、计量技术史、材料学史、工艺学史、冶金史、动力学史、建筑技术史、水文学史、港口海岸和近海工程史、测绘技术史、兵器史、医学史等等，上述理工学科的各种理论与方法，对于正确和定量研究海交史中的疑难问题，必将具有重要的正面价值。

(三) 扩大海交史研究工作者队伍

为了从广度和深度上加强对海交史内涵与外延的研究，宜应与时俱进地扩大研究工作者队伍，因为任何学术研究都是需要人这个研究主体去完成的。从现实情况看，兼通文理工、古近现的"通才"虽不能说绝对没有，但确实少如凤毛麟角。因此，需要从研究队伍的结构和机制上建构一个由各方面人才共同组成的人力资源平台或网络。

从现状观之，海交史现有的专业研究队伍主要集中于综合性大中专院校和文史类研究机构。因此，今后宜应从以下三方面扩大研究人员的结构，做到专、兼职并举，"官、产、学"三结合。

一是要扩大与海外交通活动相关的各级党政管理部门——如交通厅、港航局、港口局、海事局、海洋局、海关、文化局、宣传部、史志办、政协等的联系，将其中对海交史感兴趣并有一定研究能力的领导和专家邀请进来。应该看到，这些党政干部一般学历较高，知识视野较广，行业知识较全，管理经验较多，研究能力较强，如能引起他们对海交史研究的兴趣，无疑会新增一支重要的研究力量。

二是要扩大与海外交通相关的各类企事业单位——如航运企业、港口企业、港航辅助服务企业、船级社、修造船企业、外贸企业、物流企业、旅游企业等的联系，将其中对海交史感兴趣并有一定研究能力的经营者邀请进来。在这些涉"海"的企事业单位中，有一些历来重视企事业单位发展史的研究和整理工作，以往就曾编撰过相关的史志性著作，并成立过（有的迄今犹存）相应的史志编写机构，其中如招商局集团，还专门建设了相关的博物馆，安排研究项目，编写出版相关专著，招收博士后研究生。由此可见，这些企事业单位，实际上已成为与海交史学科相关的重要科研机构，并已拥有一支实力较为雄厚的研究队伍。对之，应积极加强彼此的沟通与合作，以便迅速扩展海交史研究者队伍。

三是要扩大与海交史相关的各类理工科教学与科研机构的联系，将其中对海交史感兴趣的教研人员邀请进来。这些分门别类的理工科专家，其中不乏本来

（或后来）就对文史研究感兴趣者，由他们参与研究，往往可获得一些意想不到的学术效应，解决一些文史类专家学者难以解决或争论不休的学术难题。以往在泉州古船和郑和下西洋的研究中，因有上海交通大学、大连海事大学、武汉水运工程学院等理工科大学教研人员的介入，故在船舶与航海图等的考订和研究中取得了创新性的学术成果。这些宝贵的经验值得发扬而光大之。

此外，还应看到，上述几方面机构和研究人员的介入，将有可能使海交史研究在人、财、物三方面获得新的重要支持，从而提供一个良性互动、和谐运行的可持续发展的新空间。

结　语

"欲穷千里目，更上一层楼。"中国海交史研究在历经百余年、特别是改革开放30年的发展，此刻已来到一个需要向更广、更高、更新层次发展的历史拐点上。只要我们从学科建设高度出发，科学地厘清这一重要的边缘学科的内涵、外延及其相应的时空范围，及时地扩展学科的研究方向和研究队伍，那么，就一定会迎来一个更加美好的明天。

原载《海交史研究》2010 年第 2 期（总第 58 期）

关于古代"海上丝绸之路"的几个问题

龚缨晏

"丝绸之路"最初是由德国地质学家李希霍芬（F. von Richthofen）于 1877 年提出的，原指古代中国通向中亚的陆上交通路线，后来内涵不断扩大，用来泛指古代中国通向外部世界的交通路线。目前学术界普遍认为，丝绸之路实际上可以分为以下几条道路：①"绿洲之路"或"沙漠之路"，指的是由中原地区出河西走廊通往中亚及更远地区的交通路线；②"草原之路"，指的是经蒙古高原通向西方的交通路线；③"西南丝绸之路"或"南方丝绸之路"，指的是从中国西南至印度及中亚的交通路线；④"海上丝绸之路"，指的是中国通向世界其他地区的海上航线。前三条道路，虽然行经的区域不同，但都是在陆地上穿越的，所以我们可以统称其为陆上丝绸之路。海上丝绸之路则是跨越大海的海上航线，它由两大干线组成，一是由中国通往朝鲜半岛及日本列岛的东海航线，二是由中国通往东南亚及印度洋地区的南海航线。

近年来，丝绸之路研究受到了越来越多的重视，并且取得了日益丰硕的成果，但有些基本问题依然没有得到足够的讨论。本文就以下几个问题谈自己的一点看法，以求正于方家。

一、关于丝绸之路形成的时间问题

中外学术界公认，中国与西方通过陆地而进行的文化交往，远远早于公元前 138 年张骞奉命出使西域。近来有学者认为，在中国的旧石器文化中，就已经出现了大量的"西方元素"。[①] 有学者甚至写道："从旧石器时代早期开始经过中期一直到晚期，在已知'丝绸之路'的北部，在广大的中亚和东亚的北部地区东方与西方的人群之间的流动以及文化的交流一直存在，它实际上造就了一条史前文化的传播之路，在人类早期文化的发展融合中起到了非常重要的作用，建议将

---

① 黄慰文等：《中国旧石器文化的"西方元素"与早期人类进化格局》，《人类学学报》，2009 年第 1 期，第 16-25 页。

这条在史前时期曾经长长地将东西方连接到一起的路称为'石器之路'（Lithic Road）。"① 另有学者指出，东西方的最初接触肇始于公元前 3 000 年的新石器时代晚期，如驯化小麦、权杖、冶铜术等就是由西方陆续传播到中国的。② 那么，我们能否说陆上丝绸之路开始出现于旧石器时代或新石器时代晚期呢？答案是否定的，因为，作为一条交通道路，陆上丝绸之路不仅应当是相对固定的，而且还应当有一定规模的比较频繁的双向货物往来。而在旧石器及新石器时代，东西方之间并不存在着这样的陆上通道。当时的文化交流，或者是毗邻部落相互学习新技术的结果，或者是由于某些部落的长途迁徙，其过程非常缓慢，充满着盲目性与偶然性。从目前的考古资料来看，大概是在公元前 13 世纪，出现了从中原地区出河西走廊进入西域的交通路线，③ 这就意味着，陆上丝绸之路东段路线开始形成。我们可以将这个时间视为陆上丝绸之路最初出现的时间。此后，这条道路不断向西方延伸。张骞成功出使西域，标志着陆上丝绸之路的"全线贯通"。④

陆上丝绸之路应当是相对固定的陆上交通线，同样，海上丝绸之路也应当是相对固定的远洋航线，并且为当时的人们所熟悉；航线上应当有一定规模的、比较频繁的、双向往来的船只。根据这个定义，本文赞同如下观点：海上丝绸之路南海航线形成于秦汉之际，即公元前 200 年左右。⑤ 岭南地区所发现的南越国（前 203—前 111 年）时期的象牙、香料等舶来品就是明证。海上丝绸之路东海航线出现的时间大体上与此相同，而此前中国与日本之间的海上联系即使存在的话，也是自中国至日本"单方向的""无组织的"，而且"航海的性质大多为自然漂航"，⑥ 根本不存在着相对固定的海上航线，更没有被人们所自觉地认识到。

目前许多人认为，海上丝绸之路是陆上丝绸之路的延伸。在我看来，这个观点并不正确。海上丝绸之路的出现，是沿海地区航海活动发展的产物，而不是陆上丝绸之路发展的结果，陆上丝绸之路不可能扩展或演变为海上丝绸之路。陆、海丝绸之路是在不同的时代、不同的地理条件及历史背景下独立形成的。

---

① 侯亚梅：《水洞沟：东西方文化交流的风向标？——兼论华北小石器文化和"石器之路"的假说》，《第四纪研究》，2005 年第 6 期，第 750-761 页。

② 李水城：《西北与中原早期冶铜业的区域特征及交互作用》，《考古学报》，2005 年第 3 期，第 239-277 页。

③ 林梅村：《丝绸之路考古十五讲》，北京大学出版社，2006 年，第 58 页；王炳华：《丝绸之路考古研究》，新疆人民出版社，1993 年，第 2-3 页，第 167-168 页。

④ 杨巨平：《亚历山大东征与丝绸之路开通》，《历史研究》，2007 年第 4 期，第 150-161 页。

⑤ 李庆新：《濒海之地：南海贸易与中外关系史研究》，中华书局，2010 年，第 6 页。

⑥ 孙光圻：《中国古代航海史》（修订本），海洋出版社，2005 年，第 112 页。

二、关于海上丝绸之路的下限问题

多数学者认为，1840 年爆发的鸦片战争标志着古代海上丝绸之路的终结。[①]但也有学者认为，鸦片战争之后连接中外的海上交通线依然可以称为"海上丝绸之路"。[②] 本文认为，古代海上丝绸之路的下限，应是 1840 年爆发的鸦片战争。理由如下：

第一，早在汉朝，中国的帆船就已经进入到印度洋地区。唐朝，中国船只已经到达阿拉伯半岛沿海。明代的郑和下西洋，最远到达非洲东海岸。郑和下西洋之后，中国帆船逐渐从印度洋退出。与此同时，葡萄牙人、荷兰人、英国人先后绕过好望角不断东进，并在非洲沿海、阿拉伯半岛、波斯湾地区及东南亚建立起殖民地，这样，印度洋地区就成了欧洲人的势力范围，中国帆船则被逐渐排挤出来。"到 15 世纪末期，苏门答腊岛以西，已经没有中国船舶的活动。进入 16 世纪以后，仍与中国有联系的海外国家，仅限于日本和菲律宾群岛、中南半岛、印度尼西亚群岛上的一些国家。而且，由于其中一部分国家已经为殖民者控制，因而彼此交往的内容也有所变化。"[③] 不过，17、18 世纪，"即使在封建势力严厉的束缚下，中国帆船仍得到迅速的发展，在东南亚洲航运和商业上占有重要的地位"。[④] 鸦片战争之后，中国逐渐丧失主权，一步步地沦为半殖民地国家。西方列强根据他们强加给清政府的一系列不平等条约，以坚船利炮为后盾，借助于先进的科学技术，劫夺了中国的海关管理权，攫取了在中国的航海权，垄断了远洋航运。中国帆船一方面受到西方的严峻挑战；另一方面又得不到清政府的保护，很快消失在远洋航线上，并且最终从远洋贸易中被排挤出局。[⑤] 也就是说，海上丝绸之路是中国人长期主导的远洋航线，而鸦片战争后的远洋航线则是西方所主导的。

第二，在 1840 年之前的漫长历史中，往来于海上航线的主要是属于中国人、阿拉伯人、东南亚居民等众多民族的商船，而且很少发生大规模的武装冲突，海上丝绸之路基本上是一条和平的商贸之路。自鸦片战争开始，行驶在海上航线上的不仅是商船，还有西方列强一支又一支的舰队。这些舰队来到中国沿海后，发

---

① 冯定雄：《新世纪以来我国海上丝绸之路研究的热点问题述略》，《中国史研究动态》，2012 年第 4 期，第 61-67 页。

② 施存龙：《"海上丝绸之路"理论界定若干重要问题探讨》，见林立群主编：《跨越海洋——"海上丝绸之路与世界文明进程"国际学术论坛文选》，浙江大学出版社，2012 年，第 18-32 页。

③ 陈高华、陈尚胜：《中国海外交通史》，台北：文津出版社，1997 年，第 225 页。

④ 田汝康：《中国帆船贸易与对外关系史论集》，浙江人民出版社，1987 年，第 34 页。

⑤ 陈希育：《中国帆船与海外贸易》，厦门大学出版社，1991 年，第 387-391 页。

动了一次又一次的侵略战争。一部中国近代史，可以说也是一部列强军舰的侵华史。从 1894 年起，日本军舰也加入到了瓜分中国的不义之战中。这样，海上航线的性质自鸦片战争起就发生了重大变化，成为西方列强远侵中国的炮舰之路。

第三，鸦片战争之前，航行在大海中的船舶虽然式样各异，名类繁多，但都是木帆船。1840 年之后，随着英国侵略军的火轮船越来越频繁地出入中国沿海，预示着蒸汽轮船时代的到来。鸦片战争结束后，来到中国的外国蒸汽轮船更是与日俱增，逐渐成为远洋航运的主要船型，并且最终完全取代了木帆船。因此，海上丝绸之路是木帆船时代的航线，而鸦片战争后的远洋航线则是蒸汽轮船的航线。

第四，1840 年之前，从海外输入中国的货物主要是各式香料、奇珍异宝、名贵药材等。这些昂贵的奢侈品，基本上是供上层社会享用的，与普通民众的日常生活关系不大。鸦片战争后，罪恶的鸦片成了输入中国的最重要商品，进口量快速上升，10 余年间几乎翻了一番。1847 年，仅从上海进口的鸦片就 "比二十年前输入全中国的数字还要多"。[①] 鸦片的大量输入，不仅严重毒害了中国人民，而且还产生了一系列的社会问题。更加重要的是，鸦片战争后，西方的工业制品大规模地输入中国，并且深刻地改变了中国人的日常生活。从此，火柴取代了火石火镰，煤油取代了古老的灯油，窗玻璃取代了传统的窗纸，机制缝衣针成为家庭日常用品，钟表成为最普通的计时器……此外，西方的机器设备、科学技术、文化知识等主要也是通过海上航线传入中国的，不仅导致了中国近代工业的产生，而且还影响了中国人的精神世界。

第五，鸦片战争之前，中国沿海民众陆续向外移民，特别是移居到东南亚地区。这些中国移民的主体是各类商人。长期以来，他们是以海上丝绸之路主人的姿态主动地走向海外的，并且在海外享有很高的地位和应有的尊严。鸦片战争后，更多的中国人扩散到更加广阔的海外各地。但其中的绝大多数人不是作为主人，而是作为苦力，像奴隶那样被贩卖到美洲、澳洲及其他地区。据估计，鸦片战争结束后的 10 余年间，出国华工在 15 万人以上；19 世纪上半期，出国华工约为 32 万人；1850 年以后的 25 年间，高达 128 万人。[②] 他们被称为 "猪仔"，他们乘坐的船只称为 "浮动地狱"，[③] 他们在途中随时可能死亡。例如，去古巴的华工平均死亡率为 15.20%，去秘鲁的为 30%，个别地方甚至高达 45%。[④] 所以，鸦片战争后的远洋航线，也可以说是中国劳工的死亡之路。

---

① ［美］马士著，张汇文等译：《中华帝国对外关系史》，第一卷，上海书店出版社，2000 年，第 613 页。

② 萧致治：《鸦片战争史》下册，福建人民出版社，1996 年，第 671 页。

③ 严中平：《严中平集》，中国社会科学出版社，2011 年，第 121–132 页。

④ 陈翰笙：《华工出国史料汇编》第一辑，中华书局，1985 年，第 13 页。

同样是海上航线，鸦片战争之前和之后的差异却是如此巨大，因此不能把它们混为一谈。海上丝绸之路是古代中国通向外部世界的远洋航线，它的历程随着鸦片战争的爆发而结束了。鸦片战争之后，中国远洋航线被迫转型为近代国际航线。

三、关于海、陆丝绸之路的特点问题

陆上与海上丝绸之路虽然都是连接中国与世界的大动脉，但差异很大，各有特点。海、陆丝绸之路的区别，主要表现在以下几个方面。

第一，产生的时间及后续的影响都不相同。如前所述，陆上丝绸之路大约出现于公元前13世纪，而海上丝绸之路则是在公元前200年左右开始出现的。陆上丝绸之路出现的时间，比海上丝绸之路早了约1 000年。而且，在海上丝绸之路形成之后的近千年中，古代中国主要还是通过陆上丝绸之路与外部世界进行交往的，海上丝绸之路则处于相对次要的地位。直到唐朝灭亡之后，随着中国经济文化中心的南移，以及亚洲内陆地区政治局势的持续动荡，海上丝绸之路的地位才不断凸显，最终取代了陆上丝绸之路而成为连接中国与世界的主要纽带。特别是16世纪之后，由于欧洲人既找到了绕过非洲进入印度洋的航线，又发现了绕过南美洲进入太平洋的航线，从而使海上丝绸之路扩展为环绕地球的航线，成为全球化的坚实基础，并且在世界历史中发挥越来越重要的作用。鸦片战争之后，海上丝绸之路又转型成为近代国际航线。海上丝绸之路对近代世界产生了直接的、巨大的影响。相反，陆上丝绸之路自唐代之后则一蹶不振，日益衰落，不再是中国通往外部世界的主要通道。所以，我们可以说，陆上丝绸之路是早期中国对外交往的主要桥梁，海上丝绸之路则具有后发优势。

第二，分布的方式各有特点。陆上丝绸之路就像是一条延绵的线条，蜿蜒曲折地穿越崇山峻岭、戈壁沙漠、乡村城镇。如果这一线条的某一部位出现了断裂，整个交通路线也就不再畅通了。这样，陆上丝绸之路的繁荣，主要取决于沿途国家政治局势的稳定和各国之间相互关系的和谐。不幸的是，在漫长的历史上，众多民族争相登上亚洲内陆这个辽阔的舞台，并且上演了国家兴亡、王朝更替、民族迁徙、暴力征战等一出出大戏，致使陆上丝绸之路经常中断。此外，由于自然原因而导致的地形、地貌的重大变化，也会使陆上丝绸之路受阻或改变路线。海上丝绸之路则是由多条航线构成的网络，分布在浩瀚的大海上，四通八达。在木帆船时代，无论哪个群体、政权，都无法完全垄断这些航线，更没有力量去改变或阻断这些航线。而且，随着造船技术、航海技术的发展，随着人类对海洋认识的不断加深，新的航线还会得到拓展和延长，从而使这个网络变得越来越宽广，越来越细密。海上丝绸之路这一交通网络的枢纽，就是大陆沿海的各个港口，它们将不同的航线连接起来，将海洋与内陆连接起来。一个港口可能会由于自然的原因而淤塞，但不可能由于人为的原因而长期完全关闭。例如，明清时代的统治者们曾经实行过严厉的海禁政策，但也阻止不了民间私人海外贸易的兴起。由于海上航线及沿海港口具有这些特点，所以，海上丝绸之路不仅没有由于世界历史的剧烈动荡而中断过，而且还获得了日益蓬勃的生机。

第三，运输方式的差异。陆上丝绸之路主要依靠被誉为"沙漠之舟"的骆驼来运输货物。骆驼分为单峰驼与双峰驼两种，行走在陆上丝绸之路上的是双峰驼。唐代诗人就用"无数铃声遥过碛，应驮白练到安西"[1] 的诗句来描述陆上丝绸之路。古代艺术家也曾形象生动地表现过骆驼。[2] 一头成年雄性骆驼，可以运载 115～295 公斤的货物。[3] 一支驼队，少者由几十头骆驼组成，多者几百头或上千头。例如，公元 4 世纪后期，吕光受符坚的派遣征讨西域获胜后，"以驼二千余头"运载着大批珍宝凯旋。[4] 19 世纪前期，法国入华遣使会会士古伯察（Régis-Evariste Huc）在从北京前往拉萨的途中，甚至见到过一支由 1 万多头骆驼组成的驼队。[5] 不过，如此庞大的驼队显然是罕见的，一般的驼队不可能有如此大的规模。海上丝绸之路则要借助于帆船来进行运输。1974 年在泉州发现了一条宋代沉船，载重量为 200 余吨。1846 年，英国商人购买了一艘建造于广东的帆船"耆英号"，其载重量约为 350 吨，"这是清代有记录的最大商船"。[6] 此外，清代从上海开往日本的商船，"大者载货 50 万～60 万斤，中者 20 万～30 万斤，小者万斤左右。"[7] 如果按照每头骆驼平均载重量 150 公斤来计算，[8] 即使是载重量 1 万斤左右的小型帆船，也相当于一支由 30 多头骆驼组成的驼队，更遑论中型与大型的帆船。因此，海上丝绸之路的运输能力要大大超过陆上丝绸之路。此外，由于海陆运输方式的不同，像瓷器这样的易碎品就不可能成为陆上丝绸之路的主要商品，而只能成为海上丝绸之路的大宗货物。

第四，对科学技术依赖程度的不同。在陆上长途行走固然需要一定的科学知

---

① 《全唐诗》卷 27，张籍《凉州词》。

② 齐东方：《丝绸之路的象征符号——骆驼》，《故宫博物院院刊》，2004 年第 6 期。

③ J. B. Friedman and K. M. Figg, ed., *Trade*, *Travel*, *and Exploration in the Middle Ages*, p. 95, New York & London, Garland Publishing, Inc., 2000.

④ 魏收：《魏书》卷 95，中华书局点校本，第 2 085 页。

⑤ ［法］古伯察著，耿昇译：《鞑靼西藏旅行记》，中国藏学出版社，1991 年，第 165 页。

⑥ 杨槱：《帆船史》，上海交通大学出版社，2005 年，第 61 页，第 69 页。

⑦ 辛元欧：《上海沙船》，上海书店出版社，2004 年，第 72 页。

⑧ 张军华：《奇台驼运业与近代丝绸之路》，《新疆地方志》，2010 年第 2 期。

识，例如利用星辰来辨别方向，但相比之下，海上丝绸之路对科学技术的依赖程度更高。海上航行，不仅需要发达的造船技术，还需要丰富的航海气象知识、航海水文知识、地文航路知识、天文导航知识，以及熟练的航海技术。只有当人类的科学技术积累到一定水平时，远洋航行才能成为可能。这也是海上丝绸之路的出现时间要大大晚于陆上丝绸之路的一个重要原因。同样，随着科学技术的逐渐发展，海上丝绸之路也就越来越繁荣了。

第五，外来民族移居方式的不同。历史上，陆上丝绸之路不仅是商贸线路，而且还是许多民族进行大规模迁徙的通道，例如秦汉时期的各种"胡人"，唐宋时代的突厥人、回鹘人，元代的波斯人等。这样，陆上丝绸之路就成了众多民族交融的大熔炉，并且形成了色彩斑斓的民族文化。相比之下，海上丝绸之路只能借助于船只，而船只的运输能力又是有限的，更不可能将整个民族运送到大海的彼岸，所以，海上丝绸之路上没有发生过大规模的民族迁徙。只有在海上丝绸之路的主要港口城市中，才出现过一些以外国商人为主体的聚居区。不过，这些外国侨民在整个城市总人口中所占的比例是不高的，而且，随着时代的变迁，大多被当地居民所同化。

四、关于古代海上丝绸之路与"21 世纪海上丝绸之路"

2013 年，面对着复杂多变的国际形势，中国党和国家领导人高瞻远瞩，以宽阔的全球视野，提出了建设"丝绸之路经济带"和"21 世纪海上丝绸之路"的战略构想，从而赋予古老的海上丝绸之路以新的意义与生命，并为更加全面深入地研究海上丝绸之路提供了强劲的动力。那么，古代海上丝绸之路与"21 世纪海上丝绸之路"是什么关系呢？这个问题从来没有人讨论过，下面略陈管见。

我认为，古代海上丝绸之路指的是 1840 年之前中国与海外国家之间的政治、经济、文化交往，而"21 世纪海上丝绸之路"，就目前而言，则是指新世纪中国与东盟国家之间的合作，所以两者之间差异很大，不能完全等同起来。例如，就国际政治而言，古代中国是在朝贡体制下与海外国家发生联系的，中国被认为是世界文明的唯一中心，海外国家则被认为是落后的"蛮夷"，应向中国称臣纳贡；而现代中国与其他国家的关系，是建立在互相尊重领土主权，互不侵犯互不干涉内政，平等互利和平共处五项原则之上的平等关系。就技术而言，古代海上丝绸之路是木帆船时代中国与外国之间的海上交往；"21 世纪海上丝绸之路"则是建立在先进的现代科技之上的，中国与外国的联系是立体的，不仅有发达的海上航运，而且还有航空运输，以及无形的电子通信。就合作领域而言，古代中国与外国之间的合作主要是官方外交、商品贸易、文化交流；而在今天，中国与东盟国家之间的合作领域大大扩展，除了政治外交、商品贸易、文化交流外，有许多领域是古代根本没有的，例如共同打击跨国犯罪、共同维护网络安全、共同防范金融风险、共同保护海洋环境，等等。所以，有学者说，"21世纪海上丝绸之路"只是借用了海上丝绸之路这个"富有诗意的名词"，来描述中国与东盟国家之间的合作。①

但是，另一方面，古代海上丝绸之路与"21世纪海上丝绸之路"之间又存在着非常密切的联系。例如，"21世纪海上丝绸之路"所连接的国家及地区，正是古代海上丝绸之路所途经的，两者在地理范围上高度重合。再如，今天，虽然有发达的航空及现代通信，但海上航线依然是中国与这些国家之间相互往来的最主要通道，海上航运依然是中国与这些国家进行货物贸易的主要形式。更加重要的是，古代海上丝绸之路与"21世纪海上丝绸之路"在精神层面及内在性质上有着共通性。在两千多年的岁月中，中国与海外国家的交往一直是以和平的方式进行的，而不是借助于征服、杀戮之类的暴力方式。所以，中国与海外国家之间的古代海上丝绸之路，始终是和平之路、合作之路、友谊之路，完全不同于1500年之后欧洲人的海外扩张。地理大发现时代开始的欧洲海外扩张，一直是通过征服、霸占、殖民来实现的。今天，中国政府提出的"21世纪海上丝绸之路"，同样是和平之路、合作之路、友谊之路。因此，古代海上丝绸之路与"21世纪海上丝绸之路"在精神层面及内在性质上有着共同的特点。也正因为如此，所以，当中国提出建设"21世纪海上丝绸之路"的倡议后，迅速得到了东盟及其他国家的响应与好评。这样，研究古代海上丝绸之路，有助于进一步发掘中国与东盟及其他海外国家的历史联系，深化中国与这些国家之间的传统友谊，总结历史经验与教训，推动"21世纪海上丝绸之路"的建设，开启中国与东盟及其他海外国家合作的新纪元。

陆、海两条丝绸之路各有特点，它们共同构成了古代中国连接外部世界的大动脉，从而促进了中外文化的交流，增进了中外人民的友谊，丰富了中国文化的内涵，推动了世界文明的进步，在人类历史上留下了永不磨灭的印记。进一步研究古代海上丝绸之路，不仅是海洋强国建设的内容之一，而且还将以特有的方式助力"21世纪海上丝绸之路"的建设。

原载《海交史研究》2014年第2期（总第66期）

---

①　何必成：《2013：中国的周边外交》，《新民周刊》，2013年10月28日。

论大航海时代及其四个阶段

张 箭

大航海、大航海时代是中外学界新启用的术语，并有使用越益频繁之势。本文探讨大航海时代的内涵外延、始末阶段、内容特点、主角意义等，以促进学术的发展和繁荣。

航海，英语作 navigation，俄语作 mopenaBaHue，日语作"航海"，意思就是"驾驶船只在海洋上航行"（《现代汉语词典》）。"大"自然是指规模大、范围大、作用大、影响大，时代则指以某方面某层面的状况为依据而划分的某个时期。大航海时代我以为应是指 15—17 世纪人类大规模航海、探险、发现、移民的时代。人类的航海活动自古就有，其目的在于捕鱼（渔猎）、交通、商贸、运输、军事、迁徙等。人类的航海水平和能力也逐步积累发展，由低到高，由弱到强。到了公元 15 世纪，人类的航海活动在规模、范围、作用、影响等方面骤然比以往大了许多，且持续了相当长的时期直到 17 世纪末。在这期间文明人类航遍了世界上绝大部分海洋，到达了绝大部分陆地，把分散的世界从海上连成了整体。于是，中外学者们便有了大航海时代这个提法，以强调、概括和体现航海在那个历史时期的地位和作用。

大航海时代的主人公、实践者和造就者是众多的航海家和支持他们、为他们提供条件的人。西方对航海家（navigator）的解释是："参加过多次远航有技术有经验的航海者，（特）指早期的探险家。"① 我觉得这个定义比较好。大航海时代的远航往往与探险联系在一起，与驾驶利用风能海流和人力的帆船联系在一起，而现当代已不再称某人为航海家了，因他已不与探险帆船相联系了。郑和、王景弘、侯显、费信、马欢、巩珍等便是大航海时代的首批杰出航海家，他们不仅多次率船队远渡重洋，而且在东南亚、印度洋、东非北部进行了一些探险。

郑和、明成祖等是大航海时代的开辟者、首创者、奠基人。明成祖下令组建了有史以来世界上最大的远洋舰船队。郑和"统率官校旗军数万人，乘巨舶百余

---

① A. S. Hornby：*Oxford Advanced Learner's Dictionary of Current English*，London，1974.

艘，……自永乐三年（1405 年）奉使西洋，迨今七次。所历番国，……大小凡三十余国。涉沧溟十万余里。观夫海洋，洪涛接天，巨浪如山；视诸夷域，迥隔于烟霞缥缈之间。而我之云帆高张，昼夜星驰，涉彼狂澜，若履通衢"①。郑和下西洋的大规模航海活动，扩大和加强了太平、印度二洋之间的海上交通与联系，亚非之间的海上交通与联系，增进和建立了中国与亚非各国之间的物资交流、人员交往和友好关系，其功昭昭，彪炳史册。

在郑和大规模的远洋航行开始后不久（约 10 年后），葡萄牙人在亨利王子的组织领导下也开始了沿非洲西海岸向南远航。葡萄牙人的远航比郑和下西洋在规模上小得无比，但他们把航海与探险、发现、商贸、殖民、掠夺、掳人结合起来，因而有经久不衰的驱动力和狂热劲，在郑和远航辍息后（宣德八年返航后），把大航海的桅灯燃下去，把大航海的风帆继续挂起来。经过长期不懈的努力，葡萄牙人先后发现和重新发现了非洲以西大西洋中的亚速尔群岛、马德拉群岛、加那利群岛、佛得角群岛、几内亚湾的比奥科岛等海岛，发现了博哈多尔角（今西属撒哈拉北纬 26 度处）以南至非洲南端数千千米的西非大陆海岸线，终于在 1488 年由迪亚士率船队绕过了非洲南端，从大西洋航入了印度洋。

从 1405 年郑和首次下西洋到 80 年代末迪亚士船队从大西洋航入印度洋，可视其为大航海时代的第一阶段。从航海的视角出发，我把它概括为近岸远洋航行阶段。因为这期间的远航基本上都是沿海岸或离海岸不远进行的。虽然也有远离海岸的时候，但其起点和终点不是某个大洋对着的两岸，而是同一岸的不同地段。郑和下西洋的宝船队和分舶几次从斯里兰卡西偏南航，穿过马尔代夫群岛到达了东非北部海岸②。一些学者称之为横渡了印度洋。实际上那一带只是印度洋的西北边缘，阿拉伯海盆和卡尔斯伯格海岭的东南边缘。③ 严格地讲那只是斜渡了印度洋。尽管如此，郑和下西洋也比葡人到达离大陆最远的亚速尔群岛更加远离海岸。从斯里兰卡到东北非约 2 800 千米，从马尔代夫到东北非也有 2 200 千米，而从葡萄牙到亚速尔群岛仅 1 400 千米④。郑和下西洋离陆地的最远点为 720 海里（摩加迪沙与马尔代夫群岛马累暖岛之间距离的一半），此后葡萄牙人远离陆地的最远点仅约 380 海里（亚速尔群岛东部主岛圣米格尔岛 São Miguel 至葡萄牙的距离⑤）。所以在远离海岸陆地方面郑和船队也比葡人领先好几十年。列宁

---

① 长乐天妃宫石碑：《天妃灵应之记》。
② 见中国航海史研究会：《郑和下西洋》，第 48 页略图，第 51 页略图，第 60 页略图，人民交通出版社，1985 年。
③ 见《最新世界地图集》，"印度洋""太平洋"，中国地图出版社，1990 年。
④ 同③，见 "印度洋""非洲地形"。
⑤ Cf. *The Times Atlas of the World*, Plate 18. Morocco, Algeria, Tunisia, London, 1985.

说过，"判断历史的功绩，不是根据历史活动家（有）没有提供现代所要求的东西，而是根据他们比他们的前辈提供了（什么）新的东西。"[1] 到 1498 年达·伽马率船队斜渡了印度洋，从东非北部到达了印度，葡人在这方面才赶上了郑和。达·伽马返航时在印度洋上遇到了无风和逆风，不见不靠陆地地航行了近 3 个月（差 3 天）。由于长期吃不到蔬菜水果新鲜食物，海员们都染上了坏血病（维 C 缺乏症），死亡枕藉[2]。坏血病这个远洋航行的大敌，致命的航海病首次猖獗肆虐起来，直到 18 世纪下半叶才被抑制祛除。

1492 年哥伦布率西班牙船队横渡大西洋，到达了美洲加勒比海地区并成功返回。这次航行历时 220 多天，行程往返 8 000 多海里，单向行程 4 000 多海里，不见不靠陆地地一次性航行了 30 多天。至此，大航海时代和远洋航行事业进入了一个崭新的阶段，我把它界定为跨洋远洋航行阶段。从此，西、葡、英、法、荷的船队频频往返于大西洋两岸，把旧大陆和新大陆紧密联系起来。跨洋远洋航行比近岸远洋航行在各方面都要困难得多，诸如导航、定位、补给、利用风向和海流、躲避风暴、海员的心理准备和体能消耗、疾病的防治、船舶的维修等，所以跨洋远航标志着人类的航海术和驾驭自然的能力登上了一个新台阶。

1519 年至 1522 年，麦哲伦（麦死后是埃尔·卡诺）率西班牙船队进行和完成了人类首次环球航行。这次远航从西欧出发，向西横渡了大西洋，绕过了南美洲，通过了麦哲伦海峡，横渡了世界上最大的太平洋，穿越了南洋（马来）群岛，基本上横渡了印度洋，绕过非洲，回到了西欧。麦哲伦环球航行前后历时整整 3 年，行程 80 000 千米（皮加费塔的《环航日记》统计为 14 460 里格[3]。每里格约合 5.56 千米，共计约 80 000 千米），经过了世界上的欧、美、亚、非四大洲，四次跨越赤道；东西航过了地球一周 360 个经度，北抵北纬 43 度（特立尼达号返回美洲巴拿马时所达到的最北点[4]，后又被迫退回摩鹿加群岛），南达南纬 52 度（船队通过麦哲伦海峡时所抵达的最南点），航迹面积达 4.22 亿平方千米。航迹面积是笔者受流域面积启发而创造的一个新概念。航迹面积等于航行途中任何一个方向的两个最远点的距离，乘以与这两点连线垂直的两个最宽点的距离（计算时须将这两个最宽点平行移至与两个最远点连线垂直的直线上）。对于麦哲伦环球航行来说，其航迹面积为赤道长度 4 万千米乘以南纬 52 度至北纬 43 度之间的距离 10 555 千米，等于 4.22 亿平方千米。

---

① 《列宁全集》第 2 卷，第 150 页。

② 参《关于达·伽马航行的佚名笔记》，郭守田主编：《世界通史资料选辑》，商务印书馆，1981 年。

③ 转见于［英］汉布尔：《探险者——航海的人们》，海洋出版社，1985 年，第 139 页。

④ 见［苏联］马吉多维奇父子：《地理发现史纲》，第 2 卷，第 138 页，莫斯科，1983 年（U. N. Marunobuu, B. U. Marueobuu: *Ouepku no Uctopuu Feorpauueckux Otkpoltun*）。

　　麦哲伦环球航行是人类历史上迄当时为止航程最长、历史最久、航迹面积最广的航行。它把15世纪初以来大航海时代推进到又一个崭新的阶段，我把它总结为环球远洋航行阶段。首次环球航行证明，地球上无论何地，都可以驾船前往登陆；地球上无论什么海洋，只要不封冻，就可以航行和横渡。这就大大提高了航海在人类社会实践中的地位和人们对航海的认识。首次环球航行也是人类有史以来最艰难困苦牺牲惨重的远洋航行。途中船只损失一半，5艘船中胜利返航一艘，沉没一艘，自弃一艘，在摩鹿加被葡人俘虏一艘，从麦哲伦海峡脱逃开小差一艘。人员损失三分之二以上。在出航的约270人当中，生还的有凯旋的18人，返航时在佛得角被葡人俘虏后来放回的13人，在摩鹿加被葡人俘虏关押4年后幸存下来获释的4人（特立尼达号船海员），另有当逃兵的近四分之一人员[①]。航海者们经受了大西洋、太平洋、印度洋上的惊涛骇浪、狂风暴雨、急流险滩，在太平洋和印度洋两次熬过了坏血病和饥饿焦渴的致命袭击（"特立尼达"号则是两次都在太平洋），显示了人类认识自然驾驭自然的勇气、才能和毅力，竖立了航海史上高耸的丰碑。

　　首次环球航行后50多年，又有英国航海家德雷克率英国船队同样西航进行环球航行，也历时三年（1577—1580年）。德雷克环球航行在航海史上的意义主要在于，他是自始至终指挥了环球航行的航海家。而麦哲伦则在航行了三分之二以上的航程，已证实地球可环航后，插手菲律宾人的内政，参与内战而被菲律宾人打死。

　　从16世纪下半叶起至17世纪初，英国、荷兰探寻经北冰洋去中国的东北新航路，多次航入和探察了挪威、俄罗斯欧洲部分以北的北冰洋。以前，文明人类的航海活动都限于热带和温带海域，从来没有航入极圈以内的寒带海域。大航海时代开始后，文明人类开始涉足寒带海域。现在英、荷航海家多次航入了北冰洋的巴伦支海、喀拉海，大大跨越了北纬66度半的极圈，最北达到了北纬80度的斯匹次卑尔根岛西北部。英、荷在东北冰海最为重要和著名的航行是，1553年威洛比、钱瑟勒率英国船队绕过北欧到达欧俄白海海岸。威洛比途中到达了新地岛西南部北纬72度处并继续北航了3天[②]。到1581年，英国人已航进到喀拉海南部。1594年巴伦支率荷兰船队到达了新地岛最北端北纬77度处[③]。其分艨向东到达了亚马尔半岛西海岸。在1596—1597年的远航中，巴伦支等于1596年到达斯皮次卑尔根岛西部北纬80度处。他们想穿越北极，但被永冰层挡回，随后

---

　　① 首次环球航行的详情可参见茨威格：《麦哲伦的功绩》，湖南人民出版社，1982年；汉布尔：《探险者——航海的人们》等已有中文版的书。

　　② 见［苏联］马吉多维奇父子：《地理发现史纲》第2卷，第214页。

　　③ Cf, Boies Pearose：*Travel Discovery in the Renaissance* 1420—1620, New York 1975, p. 216.

东航绕过了新地岛北部①。1607 年哈得孙率英国船队又往东北航行，试图在格陵兰和斯匹次卑尔根之间穿越北极，但到达北纬 80 度处后又被永冰层挡回②。英、荷探寻东北航路的航行把大航海时代推进到最高的阶段，我着眼于航海把它抽象为寒带极地冰海航行阶段。至此，远洋航行所能具有的四种模式均已出现，四个阶段均已形成，即近岸远洋航行、跨洋远洋航行、环球远洋航行和极地冰海远洋航行。

我所说的大航海时代的四个阶段既有先后高低之别，又交织融合在一起。在后一阶段的远航开始后，前一阶段的远航仍在进行。四个阶段四种模式的远航互相依托交相辉映，共同织就在大航海时代才逐渐布满全球的航线经纬，奏响了大航海时代交响曲的各个华彩乐章。

如果说还有什么新的航海阶段，那就是水下潜伏航行，不过它已不属于一般意义上的航海，而是特种航海了。水下航行一般是驾乘潜水艇进行，用途主要限于军事和科学考察。潜航 19 世纪下半叶以来才相对安全可靠，技术成熟起来，得到实际应用，也才能远航。潜水航行在语义上也不是 "驾驶船只在海洋上航行"，而是驾驶潜艇在海洋下航行。所以，我以为不宜把潜海航行视为大航海时代的一个新阶段。况且大航海时代是与大探险紧密联系着的，如同航海家是与探险家联系着的一样。而大航海时代基本上结束于 17 世纪末，因为那时全世界主要的海洋海区都已航行过探察过了，主要的大陆、大州、大岛都由文明人类发现了或到达了或沟通了（南极洲除外，但南极洲无人，至今也无常住居民）。当代还有一种由原子能破冰船导引开路的冰海航行。这种航行的作用也极其有限，它也不能构成远洋航行的一个新阶段，而只是一种特殊航海，似可视其为极地冰海航行的发展和跃进。

寒带极地冰海航行是最艰难困苦危险的航行。继以前的狂风巨浪、焦渴饥饿、坏血病的威胁之后，又新增加了严寒酷冷、浮冰封冻的巨大困难和危险，坏血病的威胁也更加严重。纵观以前的重要远航，诸如郑和、王景宏、第奥古·考、迪亚士、哥伦布、达·伽马、卡博特、卡伯拉尔、麦哲伦等，尽管也有损失，有的损失也很严重，但至少主将都安然无恙（郑和疾殁于第七次远航返航途中；老卡博特病逝于第二次远航的途中，之后由其子小卡博特接替指挥③；麦哲伦死于在菲律宾参与当地统治者的内战）。威洛比等在白海外海诺库耶夫岛海湾

---

①　Cf, Isabel Barclay：*The Great Age of Discovery*，London，1956，pp. 142-143.

②　见 ［苏联］马吉多维奇父子：《地理发现史纲》第 2 卷，第 221 页。

③　Cf, R. A. Skelton：*Cabot, Tohn, Encyclopedia Americana*，1980，vol，5，p. 122.

过冬时被冻死①；巴伦支等在新地岛北部过冬时被冻得降低了抵抗力，他和一些人染上坏血病而死②。

极地冰海航行只能在夏季和秋初进行。过了通航期便会封冻，就得与冻伤和坏血病斗争，而在冰天雪地严寒酷冷的极地极难找到能预防和抑制坏血病的绿色植物食物和其他新鲜食物。以前在大洋中不见不靠陆地地航行两个月以上不能上岸补给时坏血病才会发生，现在因经常得在极地越冬（深秋至春季）坏血病便更加猖獗。航海家们在寒带极地冰海的远洋航行进一步表现了人类极大的勇气和毅力、智慧和才能、牺牲和探索精神。

极地冰海远洋航行在大西洋北部东西两个方向几乎同时展开。在西向，最初是探索西印度的北部，明白西印度是新大陆后便探索去亚洲的西北航路。其航迹越来越北，参加的国家也逐渐增多。先后有英、葡、西、法、荷几国，其中英国扮演了头号主角。在西北冰海最为重要和著名的航行有，1497 年英国航海家卡博特航行到北纬 50 度一带的纽芬兰③；1500 年葡萄牙航海家科特·利亚尔航行到北纬 60 度以上的格陵兰岛南部④；1535 年法国航海家卡提耶尔从北部的贝尔岛海峡驶入圣劳伦斯湾和圣劳伦斯河，最北达到了北纬 52 度；1574 年英国航海家弗罗比歇到达巴芬岛北纬 63 度处的弗罗比歇湾；1587 年英国航海家戴维斯在西北方向最先越过极圈，穿过了戴维斯海峡，航行到巴芬湾北纬 72 度处冰线边缘；1610 年，曾探索过来冰海航路的英国航海家哈得孙又航入北纬 60 度一带的哈得孙湾；⑤ 1616 年，英国航海家拜洛特和巴芬环航；整个巴芬湾，最北到达了北纬 78 度半⑥；1631 年英国航海家福克斯航行到北极圈上下的福克斯湾⑦。

前已论及，极地冰海远洋航行是最为艰难危险的，其死亡率比同时代在温带、热带海洋远航高得多。而在美洲东北部的寒带极地冰海航行更险于、更难于在欧洲—亚洲北部的冰海航行。前者远离祖国和文明地区，不能就近得到支援和休整，因而它是整个大航海时代最艰难危险的远航，也最充分地体现了人的坚韧不拔、好奇冒险和探索求知精神。

俄罗斯则是寒带极地冰海航行的常青树和集大成者。早在 15 世纪大航海时

---

① 见［苏联］马吉多维奇父子：《地理发现史纲》第 2 卷，第 214 页。
② Cf, Isabal Barclay：*The Great Age of Discovery*, pp. 146-148.
③ 见［苏联］巴勒克拉夫主编：《泰晤士世界历史地图集》，三联书店，1982 年，第 157 页。
④ Cf, Penrose：*Travel and Discovery in the Renaissance*, p. 180.
⑤ 均见［苏联］巴勒克拉夫主编：《泰晤士世界历史地图集》，第 157 页。
⑥ Cf, Baffin, William, *Encyclopedia Britannica*, 1974, the 15th edition, Mecropeclia, vol 1, p. 726.
⑦ Cf, Foxe, Luxe, *Encyclopedia Americana*, vol, 11, p. 628.

代开始后不久，俄罗斯白海沿岸的渔猎民为了捕鱼和猎海兽便航行到了斯匹次卑尔根岛（俄语称为格鲁曼特岛）南部，新地岛南岛和喀拉海①。此后也一直偶尔到格鲁曼特、南新地岛和喀拉海。不过那段历史时期的俄罗斯冰海航行还没与探险直接挂钩，航程也不远，还不构成大航海时代的一个阶段。17世纪伊始俄国跻身于大航海的行列。总体说来俄国人是沿欧俄、西北亚大陆海岸在北冰洋向东航行，旨在探险、猎捕海兽、对土著征收毛皮税、开辟去中国的东北新航路。1620年前后，不知名的俄国航海家从西到东绕过了亚洲的最北端（也是欧亚大陆的最北端），北纬77度半的泰梅尔半岛北部。20世纪40年代在这一带发现了一些海船残骸和17世纪初的俄国物品②。1633—1641年，列布诺夫等从勒拿河入海，沿海岸向西航行到接近泰梅尔半岛东南部处，又掉头向东航行驶入了东西伯利亚海③。1644年，斯塔杜欣从因迪吉尔卡河口东航到科雷马河口④。最为重要和著名的俄罗斯极地冰海远洋航行发生和完成在1648—1649年。阿历克塞耶夫（波波夫）和迭日涅夫率船队从科雷马河口向东航行到亚洲最东端，绕过了迭日涅夫角，南下穿过白令海峡，从北冰洋首次航入太平洋，分别到达了堪察加半岛和阿纳德尔湾⑤。波波夫、迭日涅夫的冰海远航初步打通了东北新航路，部分实现了俄国学者格拉西莫夫1525年首创的影响深远的预言和提议，开辟东北新航路，寻找沟通北冰洋和太平洋的海峡，前往中国、东方、太平洋⑥。说部分实现了格氏设想是因为在当时的条件下因永冰层的阻拦，还不能安全可靠地绕过泰梅尔半岛北端，而一般得在半岛中南部走连水旱路通过半岛。1686年，有名有姓的托尔斯托乌霍夫从西向东航行又绕过了泰梅尔半岛北端⑦。但他们在绕过以后也同以前一样不知所终，估计也是不幸遇难了。

　　俄罗斯的寒带极地冰海航行在大航海时代主要是在北纬70度以上的极地进行，最北达到了北纬77度半的泰梅尔半岛北端海域和大致同一纬度的斯匹次卑尔根岛南部海域。与西方不同的是，俄罗斯本土也濒临北冰洋，能够为冰海远航就近提供后援。俄罗斯的极地冰海航行同时也是近岸远洋航行。大航海时代的第一阶段的远航模式螺旋上升，与第四阶段的最高远航模式在俄罗斯的大航海中融

　　① 参苏联科学院：《世界通史》第四卷，上册，"序言"，第9页，"大地图"，三联书店，1962年。
　　② 见［苏联］别洛夫：《北方航路的发现与开拓史》第1卷，莫斯科，1956年，第132页。（M. N. Benob：*Nctopur Otkpbitur n Ocboehur Cebephoro Mopckoto Yin*）。
　　③ 见［苏联］马吉多维奇父子：《地理发现史纲》第2卷，第276页。
　　④ 见［苏联］苏联科学院：《世界通史》第4卷，上册，"大地图"，第196页。
　　⑤ 见［苏联］苏联科学院：《世界通史》第5卷，上册，"大地图"，第196页。
　　⑥ 见［苏联］贝尔格：《俄罗斯地理发现史纲》，莫斯科，1949年，第12-13页（N. C. Bepr：*Ouepku，no Uctopum Pycckux Teotpuneckux OTKPBITUU*）。
　　⑦ 见［苏联］别洛夫：《北方航路的发现与开拓史》第1卷，第132页。

为一体结合了起来。

中国不仅是大航海时代的开辟者、近岸远洋航行的主角之一，而且还是大航海时代后三个阶段远航的主要目的地之一，欧洲航海家的主要向往地之一，主要动因之一和刺激力之一。14 世纪《马可波罗游记》在西欧传开后，西方就很羡慕和向往中国。15 世纪 60 年代以来，葡萄牙人沿西非海岸向南探航的主要目的便逐渐明确，就是要绕过非洲，驶入印度洋，开辟到印度、中国这些东方文明古国、大国、强国、富国的新航路。哥伦布等开辟跨洋远航的新阶段，就是要西行横渡大西洋到达中国、日本、印度，哥伦布带着给统治中国的蒙古大汗的国书（不知元已亡），在美洲到处寻找契丹（cathay）的城市、港口和大汗的臣民。麦哲伦开辟环球航行新阶段的直接目的是与葡萄牙竞争，想抢先到达印度尼西亚的摩鹿加群岛。但他们横渡大西洋的航路，横渡印度洋的航路（埃尔卡诺也新开辟了一段），环绕非洲的航路是由哥伦布、达伽马、迪亚士等为了去中国、印度等而开辟出来的。英、荷在东北方向的极地冰海航行，英、法在西北方向的极地冰海航行，俄罗斯在亚洲北部的极地冰海航行，则都主要是想开辟去中国的新航路。所以在寒带极地冰海远洋航行阶段，中国对欧洲航海家的诱惑和吸引已超过印度，成为最恒久的驱动力、最强的磁极、最大的引力场。总之，中国与大航海时代密不可分，有不解之缘，是大航海时代的开拓者、造就者、引发者之一。

郑和、成祖之后，西方渐渐赶了上来。明末西方全面超过了东方（从 17 世纪初起），这在航海方面表现得最为突出，不管是海军实力，海洋交通运输，还是捕鱼和海洋资源开发。清末西方靠坚船利炮轰开了中国闭关的大门，20 世纪 20、40 年代岛夷倭寇又从海上（或从海上经朝鲜）大规模侵华。新中国成立后，中国的航海事业开始恢复。改革开放以来，中国的航海事业（包括海军实力、海洋交通运输、捕鱼和海洋资源开发）开始振兴。"谈赢海客多如鲫，莽土倏变华严场。揭来大洋文明时代始萌蘖，大风泱泱兮大潮滂滂。"[1] 勤劳、勇敢、智慧的中国人民定能重振雄风，再现郑和（首创的）大航海的辉煌，与世界各国人民一起，共同缔造新的海洋时代。

原载《海交史研究》1998 年第 2 期（总第 34 期）

---

[1] 梁启超：《二十世纪太平洋歌》。

海洋史与世界史认知体系

〔韩国〕姜凤龙

序 言

我们对历史的认识是"封闭式""隔断式"的。朝鲜时代持续了500余年的"海禁"与"锁国"政策，其对历史文化的影响即使是在开放化、世界化的当今时代，仍不知不觉地制约着我们对历史的认识。历史研究被分割为韩国史、东方史、西方史等部分，各自又被分为古代史、近代史、现代史——这种定向思维将我们对历史的认识分割成了一个个的"时空段"。"隔断"的趋势渐渐加强，历史学界对各分段之间的联系与整合的研究努力反而日益弱化。在这种情况下，笔者将着重分析"当前历史认识的开放性与整合性已得到重视"这种观点，并通过海洋论来提出相关的反面论据。

虽然全世界的陆地被分割成数个板块，但是海洋却是相互连接为一体的。世界的文化交流一直以来是依赖这样的海洋而得以进行的。从历史方面来看，有的政权势力通过海洋积极促进交流，也有的政权势力禁止交流。但是世界史的主导权通常是掌握在主导海洋交流的势力手中。可以说，这就是为什么海洋是可以有机地认识世界史的有效的空间背景。

本次将从这种观点来分析海洋史的概念，并据此提出有机性世界史认识体系。在此之前，笔者将首先指出当前世界史认识体系"隔断式"的局限性，通过海洋史来探寻有机性世界史认识体系的机能。之后将通过海洋史来展示世界史及韩国史的时代区别，并由此提出新的世界史认识体系模式。

一、世界史认识体系的反省式探索

当今世界史认识体系的构造过于简陋。世界史概述及教科书没有展现出世界史的有机性整合体系，仅通过简单的方法将相互隔断的东方史与西方史连接起来。例如，东方史以中国史为中心，他国史只是为了保持"齐全"而存在。甚至连将东方史与西方史毫无关联地合编在一起，起名为"世界文化史"的这类刊物也比比皆是。这种刊物的研究者将东方史与西方史相互隔离，并将其更加细分为各国史和各国的时代史，这将使世界史体系的有机统合变得更加困难。而且另一方面，令人惋惜的事实是，为世界史认识体系建设与共享而努力的历史学界专项研究也难以见得了。

当今通用的世界史认识体系过于倾向近代编写的"欧洲中心"历史观，这同样也是个问题。近代欧洲世界成就的文明与文化变得普遍化并具有支配性，而其他世界的文化与文明只能处于劣势与受支配的地位，这太过于宿命化。

近来，反对这种状态的言论渐渐出现，那就是沃洛斯丁与杰尼·阿夫·卢高德，以及安德莱·坤德·佛朗克等编写的《世界体系论》。他们认为，近代之前就存在有世界体系，其中心是以中国与印度为首的亚洲地区。欧洲只不过是在近代的某一短暂时期内作为世界体系的中心地区，之后中心转移到美国，并渐渐又向亚洲迁移。[①] 以中心区域与周边区域的设定为基础，历史性地立足于"中心区域交替"这种文明循环论的《世界体系论》，这无疑是摒弃欧洲中心论历史观的新的反面论据。

然而，主要采用经济或人口规模等良性经济指标来说明中心地区与周边地区的来回交替，比如"从以亚洲为中心的世界体系转到以欧洲为中心的世界体系，又回到以亚洲为中心的世界体系"，难免有将其变化的动因轻描淡写之嫌。因此，为了多少减轻这种忧虑，在试图区分中心部分与周边地区并把握其交替的同时，有必要尽量关注同一时代的亚洲与欧洲，以及其他地域文化圈之间内在文化系统的差异。

基于这一点，海洋史的观点将成为打破局限于欧洲中心论的简易主义世界史认识的有力论据。由此，通过对比亚洲海洋世界与欧洲海洋世界，我们可以具体分析出欧洲崛起为近代世界体系中心的过程与当今新兴世界体系出现的动因。作为例子，我们可以用海洋史的历史观点来对比一下欧洲与亚洲文化系统的差异。

首先，近代初期，欧洲文化经历了一个以地中海为中心，形成、发展、传播的过程。从古代开始，为了地中海的霸权地位曾一直进行着激烈的海战。[②] 后来罗马取得了地中海的支配权，宣称地中海是自己的内海，并意图长期保持霸权地

---

① ［韩］姜声湖：《从全球性世界体系来看世界史与东亚史》，《历史批评》82，2008 年；［韩］朱景哲：《大航海时代》，首尔大学出版社，2008 年，第 35~42 页。

② 修西德底斯的《伯罗奔尼撒半岛战争史》与赫洛陀妥斯的《历史》（由《波斯战争史》为代表的古欧洲战争史，以荷马的《奥迪西亚》与《伊利亚斯》为代表的文学作品构成，主要讲述了地中海地区海战与海洋英雄的故事）。

位。然而与此同时，波斯与阿拉伯势力也加入了地中海的霸权争夺战之中。公元7世纪以后，罗马面临着通过伊斯兰教聚集而成的阿拉伯伊斯兰势力的强烈挑战，霸权争夺战变得更加白热化。在这种情况下，以地中海为中心的欧洲暴力式海洋争夺逐步跨越了地中海范围，波及并支配印度洋、大西洋等相对和平的其他海洋世界，由此贯彻了近代欧洲的主导权。

与此不同的是，近代初期以中国和印度为中心的众多亚洲国家却保持着非常和平的关系。特别是中国以其大陆性为基础，① 强烈影响着亚洲的海洋性，把韩国和日本编入了"朝贡册封体制"之中。东南亚众国也是在这种"朝贡册封体制"的影响下，通过印度这个媒介，与伊斯兰教势力进行着平和的海上交流。然而，15世纪明朝时期的中国，为了全面坚定地推行"朝贡册封体制"，施行了无理的以"海禁"为基础的"净化大远征"政策。这之后，"海禁"更加严重，"朝贡册封体制"更加死板，亚洲海洋交流无法避免地陷入了枯萎的境地。在这种矛盾之中，被称为所谓的"倭寇"的暴力式海洋势力开始横行，变形的欧洲海洋势力用暴力支配了平和的亚洲海洋，亚洲海洋也编入了"欧洲式"的体制，变成了争夺海洋霸权地位的战场。②

非洲、美洲以及澳洲等其余大陆是如何应对欧洲的海洋活动的？如何渐渐成为欧洲的殖民地的？这也有分析的必要。为此，无疑需要具体研究以上各大陆以海洋为中心的文化体制具有何种特征，以及这种特征是如何形成与维系的。

介于这种观点，通过海洋史，可以构建一个史论式的世界史认识框架。为此，有必要整体留意海洋史的空间背景——"海域"的扩大过程。

二、海域认识的扩大与世界史认识体系

地球由五大洋（太平洋、大西洋、印度洋、北冰洋、南冰洋）七大洲（亚洲、欧洲、非洲、北美洲、南美洲、大洋洲、南极洲）组成。海洋与陆地的比例大约是7:3，海洋占据了绝大部分。然而我们脚下的陆地却被以陆地为中心的思

---

① 中国文化的大陆性十分明显。自古以来，以万里长城为象征的中国农耕文化与北方的游牧文化之间的对立，主要由陆地划分界限。其界限时而得以维持，时而被北方的游牧民族破坏。"胡汉体制"记载了这两种文化之间不相上下的局面。（［韩］朴汉济：《中国中世纪胡汉体制研究》，第一部分，1988年。）

② 值得注意的是，最近出现了一种站在朝鲜立场的研究，分析朝贡册封体制的深层意义。即：1. 形成了东亚文明共同体的网络；2. 确保了国家安保与自主空间；3. 确保了政权安保与支配效率。这样看来，这种"朝贡册封体制"促进了"亚洲的和平海域"的形成。然而，日本加速了这种"朝贡册封体制"的崩溃——这种观点也是引人深思的。因为，在欧洲势力涉及平静的亚洲海域之前，已有"倭寇"的侵害。如果说这是日本对亚洲海的作用，那么这种"日本的作用"是引入并配卫欧洲海洋势力，并据此破坏了以大陆为基础的"朝贡册封体制"。（丁永华：《从周边来看朝贡体制——朝鲜的朝贡体制认识与活用》，《东亚的地域秩序》，昌碧，2002年参照。）

想定义为现实空间，海洋意外地被定义为想象中的空间。地球、地理、地域等概念中隐含着我们以陆地为中心的思考方式。基于这种角度，为了重新唤起对海洋的关心，海球、海理、海域等概念也是值得一提的。

海洋世界是以海洋为中心的空间，但也可以说，它也包括海洋中的陆地空间——岛屿，连接海洋与陆地的淡水入海口——江河，以及海岸和江边的一小部分陆地。这是因为海洋与江河由水道连接，岛屿有在海面上放置的垫脚石桥，海岸与江边相当于出海渔民的基地（据点）。

大陆由几大板块组成，各大板块又各自由山脉或沙漠分割成几部分。与此不同，全世界的海洋是一体的。五大洋连为一体，并构成了七大洲之间的通路。全世界的海洋虽然因为连为一体而被称为是一个，而在概念上还是被划分成了数个区域。我们执意将世界的海洋划分为五大块海域，并称其为"五大洋"。这不是根据入海口所在的陆地形态而划分海域的分离式观点，只是一种过于强调地理的划分观念。

从历史文化观方面来看，海洋也可以重新划分为几个海域——通过划分东方与西方的方式。当今通用的东方与西方的概念，是以亚洲大陆与欧洲大陆为基准的。严格来讲，可以说是以"亚洲人的海"与"欧洲人的海"这种海洋式概念为基准的。[①] 用陆地式的概念来替换海洋式的概念，这可以说是我们意识与思维中重视海洋的证据。

如果说我们的思维中有重视海洋部分的话，那么这种思维是什么时候，又是怎样形成的呢？要回答这个问题，就有必要注意东方与西方的概念是由早先"亚洲海一分为二"的主张[②]转变而来的这一点。这种主张大致如下：宋、元朝时期，中国人出海东南亚，活化了海上交流，积累了不少海洋情报。从此，过去被误称为"南海"的东南亚以西海域被划分成了东、西两个海域。之后到元朝起，以苏门答腊岛与马来半岛之间的马六甲海峡为界限，称东边海域为东洋（东南亚海），称西边为西洋（印度海）。另外在此之前，西洋（印度海）被误认为东南亚海（东洋），曾以广州与文莱之间的连线来划分东洋与西洋，此后扩大化的东西洋概念出现后，早先时期的东西洋各自被称为"小东洋""小西洋"。

结果，东洋与西洋的划分扩大了中国人的海洋活动，这也可以说是从用海洋文化的范围来划分并扩大亚洲海开始的。从大航海时代到帝国主义时代，欧洲人

---

① 哈马西塔·达凯西著，金正焕译：《亚洲海展开的世界》，《亚洲海1——海洋的典范》，达利媒体，2003 年，第 5 页。

② ［日］宫崎马事：《净化的南海大远征》，第 50 页，日光，1995 年；郑守一：《古代文明交流史》，四季，1992 年，第 14-21 页。

试图主导世界史,由此提出将海洋分为亚洲海(东洋)与欧洲海(西洋)两部分的概念。时至今日,我们使用的"亚洲圈"与"欧洲及新大陆圈"这种"整合文化式"的概念也是由上述概念扩大而来的。

像这样,东西洋概念从中国人定义的"小东洋与小西洋"到"东洋与西洋",以及到"欧洲人定义的东洋与西洋"的这种变化过程,展现了认识的主体与认识的海域范围,及其概念自身的一个变化过程。分析其过程可知,"应把全世界的海洋看作为一个海洋"这种观念并不是很久之前就提出的。即:原始人、古代人对海域的认识只停留在极小范围之内,之后人们对海域的认识才渐渐扩大至今。

介于这种观点,海洋世界的历史研究有必要从"各时代的海域认识,其范围如何,以及它是怎样扩大而来的"这一点出发。只是原始时代认识到的海洋范围研究更具有历史性,而上述研究更接近于人类学。历史性研究首先从古代文明圈认识到的多种海域开始比较妥当。是否可以称之为"古代文明分段式海洋认识的海域"或"地中的海"?[①] 在古代文明圈中能找到不少这种"地中的海":① "南欧地中海";② "东南亚地中海";③ "东北亚地中海";④ "北欧地中海";⑤ "阿拉伯地中海"等。[②]

这些"地中的海"是中古世纪海域交流的基本单位。公元 8 世纪以后,伊斯兰势力进入"南欧洲地中海"与"东南亚地中海",通过其原有的"阿拉伯地中海"间接地将另外两个"地中的海"连接了起来,构成了印度洋世界的新"地中的海"。可以说,这就是海域认识的首次扩大。15 世纪以后,伊比利亚半岛的葡萄牙与西班牙开辟了大西洋航线与印度洋航线,欧洲人开始进入印度洋世界与大西洋世界。这构成了海域认识的第二次扩大。另外,1622 年麦哲伦船队环绕地球一周以后,新的国家建立于南北美洲与大洋洲,太平洋世界也被引入并重视。这构成了海域认识的第三次扩大,也使得海域认识囊括了全球所有的海洋。这种海洋认识的扩大过程很好地展现了世界史的出现与发展过程。

---

① 这里指的"古代文明分段式海洋认识的产物——海域"可以参照尹明结的"地中的海"的概念。根据他的观点,"地中的海"不是固有名词"地中海",而是指被几块大陆包围的、没有独立性或仅有一点独立性的海域。他认为欧洲的地中海不过是这些"地中的海"的其中之一,应重新命名为"欧非印地中海"。此外还有"北极地中海""亚澳地中海""美洲地中海""黑海地中海""波罗的地中海""斯堪的纳维亚地中海""科威特地中海""南中国海地中海"等([韩]尹明结:《韩国海洋史》,第 13-14 页,学研文化社,2003 年)。他的"地中的海"打破了过分强调地理的老概念。虽然与笔者从历史文化性的观念定义的"古代分段式海域"有些色调上的区别,笔者仍要借用"地中的海"这个词。

② 加勒比海域也可以仅根据地理条件划分为一个"地中的海",但该海域的古代住民的海洋交流十分有限,主要进行陆上交流(凯纳斯佛麦兰斯·史蒂夫·托比克:《糖、咖啡以及暴力——用贸易看世界史》,[韩]朴光实译,深山,2003 年,第 57-60 页)。因此无法将其定义为历史文化上的"地中的海"。

以海洋认识的扩大过程为基点，可将有机整合的世界史认识体系整理如下：①"地中的海"时代（古代文明的隔断式海域认识）；②印度洋时代（依靠伊斯兰势力而首次扩大的海域认识）；③大西洋时代（依靠欧洲势力而第二次扩大的海域认识）；④太平洋时代（依靠新大陆开辟而第三次扩大的海域认识）。以时代来划分世界海洋史，这是否也能对应韩国海洋史的时代划分呢？

笔者将韩国海洋史的时代划分设定如下：① ①萌芽期：沿岸航线时代；②繁荣期：黄海横断航线时代；③停滞期：公道与海禁时期；④复兴期：太平洋时代。这种韩国海洋史的时代划分与世界海洋史的时代划分可以对应匹配如下：

萌芽期（三国时代之前）——"地中的海"时代

繁荣期（统一新罗至高丽时代）——印度洋时代

衰退期（朝鲜时代）——大西洋时代

复兴期（开航之后）——太平洋时代

这不失是一种能比较韩国海洋史与世界海洋史的发展过程，并通过活用海洋史的时代划分框架来实现自我定位的理论。但是由此来看，世界史就不是一个向着同一方向发展的过程，而是一个各文化圈向着不同的方向发展的过程。② 近代的"三时代划分法"认为，世界史的发展方向是一个公认的同向发展过程，而上述理论则与之截然相反。用公认的时代划分框架来认识世界史的一元性发展过程，这对其自身有着充分的意义。围绕着这个理论，人们开始了论争，并形成了众多的近代探讨文本，作为其收尾工作，历史实证的考察也渐渐形成。然而另一方面，世界史的发展过程仅用"某一种"标准来衡量，而事实上有部分势力试图误导这种标准③，这是一个极其不利的现象。因此，依据海洋史来划分时代，对于近代以来的时代划分也具有后现代主义的反思意义。

结　语

海洋史可以说是记录海洋人在海洋世界中展开的丰富人生的历史。因此，作为海洋史的考察研究主题将涉及捕捞器具与捕捞方法、通过海洋的相互交流、船舶制造与运用技术、航海技术与航线、围绕海洋主导权而进行的战争与海洋掠

---

① ［韩］姜凤龙：《海洋中的韩国史》，韩尔媒体，2005 年，第 360-375 页。

② 例如"大西洋时代"，欧洲社会进入了深入印度洋与大西洋的"大航海时代"；而另一方面，东亚（特别是韩国）却还滞留在禁止国际海洋活动的"海禁时代"，这鲜明地表现出了双方历史发展的差距。

③ 例如：日统时期"日帝"为了更正当地支配朝鲜殖民地，宣称殖民地时期以前的朝鲜处于远古时期，没有中世纪的封建社会。这是误导时代划分的一个代表本例。解放之后，韩国史学界不但努力探寻曾经历过封建社会的证据，还努力考证资本主义萌芽的存在，由此也出现了众多的论争。

夺、海洋生活方式、海洋信仰体系、海洋的划分,以及更深一步的国家与社会单位的海洋认知与政策的建立、海洋世界以及与海洋人有关的一切。海洋世界可以说是海洋人依赖生存的独特的自然环境。

自然环境对人的生活方式有着强烈的影响。在过去,其影响力可以说是占据绝对的主导地位。从农耕人、游牧人与海洋人之间生活方式的差异,我们就可看出自然环境对人类生活的影响力究竟有多大。首先,农耕人的定居性很强,因此很安定;相反,游牧人与海洋人的流动性很强,也不安定。另外,农耕人为了维持其安定性,重视社会秩序,并强调维持该秩序的规范性和规律性,因此是封闭式的;相反,游牧人和海洋人有着超越界限的越境性和自由性(无规律性),因此是开放性的。

由此看来,海洋人与农耕人有着明显不同的文化特征,与游牧人之间却存在着极为相似的性质。这么说来,我们是不是可以把游牧人看作“陆地上的海洋人”呢?游牧人骑着他们的坐骑——马,在大草原上流浪,短暂定居,继而继续流浪,过着自由的生活;海洋人乘坐着他们的交通工具,同时也是生存载具——船,出海营生,同样过着自由的生活。[①]

当然,两者也有不同。游牧人以部族为单位移动,以放牧为主业,生活方式虽然比较单一,但是我们也会看到,他们偶尔也在集权者部族长的号召下,聚集周边部族,利用骑马的高机动性,对农耕人实施攻击、掠夺、甚至征服这种暴力行为。与其相比,海洋人则以从事捕捞的渔民、从事海上贸易的海商、专门抢掠海上与沿岸居民的海贼,此外还有漂流民、海洋吉普赛人等相对多样的面貌出现。偶尔也会以文明圈或者国家为单位进行白热化的海上争霸。

海洋人的生活是冒险出海探索的延续,因此呈现出通过各种海洋信仰来祈求平安的现象。这应该算是一种心理保险。他们不满足于单一的信仰,而是呈现出一种依靠多种信仰获得心理上的安全的现象。比如,中国的海洋人把女神“妈祖”看作当地的海洋神,把观音大士看作另外一位海洋神来供奉。[②] 在此,韩国的海洋人通过马或者鸟来向天神祈愿平安和运输畅通——铁马信仰和牛台信仰。

① 从已定型的道路(现存的价值与生活方式)的强迫中脱出,在大草原上探寻“不是路的路”(创造新颖多样的价值与生活方式)的生活方式在哲学上一直被称为“流浪生活”。这是从游牧人不为框架所束缚的自由生活方式中引申出来的概念。比起游牧人的组织性和机动性,我们应指出海洋人的无组织性和不连续性,强调两者的不同点。(尹明结,2003,前书,25页)进出于东亚马来半岛缅甸沿海地区的“摩肯族”的事例向我们展示了“海上吉普赛人”的面貌。(参照 2008 年 10 月 5 日 10 点放映的 SBS 特辑——“水上的英雄海上吉普赛人”)

② 妈祖与现音也被视为同一个海神。(程俊:《中国的妈祖信仰与观音信仰》,《岛屿文化》27,2006 年。)

在这我们还要再加一个埋香信仰。① 我们能在海洋人活动的古代国际港口找到这么多纷繁复杂的海洋信仰并不是偶然的。进行着活跃的海洋活动的欧洲人超越了心理上的保险，发展出了经济上的保险——海上保险。② 因此我们可以说，海洋信仰与海上保险都是为了从心理上或经济上补偿危险的海洋活动而发明出来的相通的概念。

由此来看，海洋是冒险的空间，同时也是开放的象征。这就是为什么我们比较一下允许海运的高丽社会和禁止海运的朝鲜社会，能感觉出开放社会的自由奔放和封闭社会的呆板僵死的原因。在此我们就不难分析当今韩国与朝鲜社会的差异了。海洋世界在当今世界对我们来说仍然是一个重要的空间。韩国与国外的物流量中有99.7%是通过海洋进行流通的，全世界的物流量中海洋物流所占的比重也与此没有多大差异。可以说，海洋担负着世界绝大多数的物流。这是与过去相同的。相当长久以来，海洋渐渐被我们所遗忘，现在我们回头来看历史，仍然可以看到不能通过海洋与世界交流的朝鲜的封闭面貌，而我们貌似是应该从海洋史的观点上重读历史了。

原载《海交史研究》2010 年第 2 期（总第 58 期）

---

① 比如，在统一新罗·高丽时代的国际港口——灵岩的上苔浦，我们可以找到这种多样的海洋信仰。（［韩］姜凤龙：《灵岩鸡林的古国际港口上苔浦》，《历史与文化》2007 年创刊号。）

② 海商保险起源于格里斯罗马时代，由在中世纪地中海各地出现的"冒险借贷"（当时的资本家为冒险的航海者及贸易业者提供的一种消费借贷），和 14 世纪左右的汉商、意大利商人、葡萄牙商人等运营的早期保险形态进化而来，到了近代初，在近代最后的海洋霸主英国最终成型。（参照道宗求：《关于英国早期海商保险的前身的商业史考察》，《社会科学研究》3-2，1997 年。）

中国与东南亚的交通和交流

金秋鹏　杨丽凡

一、中国与东南亚之交通

（一）中国与东南亚各国交通之起源

邱新民先生在其宏著《东南亚文化通史》一书中论及，史前时代东南亚文化，"毋论是农耕、游猎、畜牧、衣着、聚居、石器及陶器制作、稻的利用、宗教精神、铜鼓及其社会相、东亚式大石文化，以及崇拜……都与中国长江以南地区，息息相关，直可目为同一文化体系"。[①] 斯言诚是。从文化关系看，中国与东南亚在史前应该有着某种交通渠道和文化交往，惜现有资料尚无法给出具体描述。我们只能从现在掌握的资料，来探寻有文字历史以降中国与东南亚地区交通之发生和发展。

最先与中国发生交通关系的是与中国接壤的越南，特别是其北部和中部，其次当属缅甸。

越南人是古越族的一支。在越南的传说中，称其祖先乃炎帝神农氏。《大越史记·鸿庞氏纪》根据古迹和传说，曰："我越之先，相传始君曰泾阳，炎帝神农之裔。"在中国史籍中，如《墨子·节用篇》《韩非子·十过篇》《史记·五帝本纪》等，更有尧、舜、禹"南抚交"之记载。这些记载反映了早在上古时代，中国的中原地区与越南的北部已有交往。在交趾之南相当于现越南中部的越裳氏，也至迟在周代即与中国中原地区交往。据《竹书纪年》卷上记载："周成王十年（约公元前11世纪末），越裳氏来朝。"后来，史籍中更由此衍生出周公制造指南车的故事，说越裳氏重译而朝，献白雉，因道路悠远，山川深，恐使者归途迷路，周公特地发明了指南车，送给使者指引归途。

---

① ［新加坡］邱新民：《东南亚文化通史》，新加坡亚洲研究学会，1984年。

　　战国时楚将吴起于公元前 384—381 年间，逾五岭南伐北越，开始经略南方。公元前 224 年秦平南越，设南海、桂林、象郡（今越南北、中部）。自此越南之北、中部归入中国之版图。汉设交趾、九真、日南三郡，唐置安南都护府，并成为中国与南海诸国的交通要卫，直至五代时越南独立。

　　据研究，现定居在缅甸境内的各民族，大都是在史前时代从中国的青藏和云贵高原迁入的。至迟在公元前 2 世纪时，中、缅两国就有陆海交通。陆上通道起自四川成都，经云南大理、永昌，进入缅甸，再到印度。英人哈威《缅甸史》云，自公元前 2 世纪以来，中国以缅甸为商业通道，循伊洛瓦底江为一道，循萨尔温江为一道，另有一道循萨诺江（今亲墩江 Chindwin R.）经曼尼普尔（Manipur）而至阿富汗。海上通道，据《汉书·地理志》记载，是从雷州半岛起航，沿着海岸航行，到达缅甸沿海一带。

　　从东汉起，特别是公元 69 年设永昌郡后，中、缅的交通有了很大的发展，并开始了官方的使节往来。《后汉书》"南蛮西南夷传""和帝纪""哀牢传"等记载，94 年、97 年、107 年、120 年、131 年，当时缅甸境内的一些国家和部落，先后到汉廷进献珍禽异兽、音乐和幻术。

　　中国与柬埔寨的最初交往，有信史可考者是在东汉章帝元和元年（84 年）。《后汉书》记载："肃宗元和元年，日南徼外蛮夷究不事人邑豪献生犀、白雉。"[①]"究不事"即柬埔寨之古称。三国时，扶南王曾三次与东吴通好。吴赤乌七年至十四年（244—251 年），孙权派宣化从事朱应、中郎康泰作为正式使者回访扶南，受到扶南王范寻亲自接见和殷渥接待。朱、康两人长期留居柬埔寨，进行了广泛的社会调查。回国后，朱应撰有《扶南异物志》，康泰撰有《吴时外国传》（一说二者同为一书，冠两人之名），惜均于唐以后佚失。现存辑录仍可窥见当时东南亚各地之大致状况，为极珍贵之史料。

　　中国与老挝的正式交往始于吴黄武六年（227 年），时老挝称"堂明"，曾遣使来华。朱应、康泰访扶南时，"所经及传闻有数十国"，可能包括堂明。其后两国交通时断时续，至唐以后有较大发展。

　　中国与马来西亚、新加坡的关系可上溯到西汉。马来半岛位于中国通往印度的海上交通要地。《汉书·地理志》记载的中国至印度航线，即经马来半岛。晚近考古学家在柔佛河流域发掘的文物中，有许多文物证明，中国与马来半岛在汉以前即有交往。朱应、康泰曾访问过马来半岛上的不少地方。

　　中国与泰国的交往大约开始于汉代。在中国通往印度的航线上，即经泰国。两国的陆上交通亦甚早，其纽带是发源于云南的湄公河。据泰国文物鉴定专家之

---

　　① 《后汉书》卷 86，《南蛮西南夷传》。

结论，青铜时代至铁器时代，两国都有文化联系。泰国的青铜器是从云南传去的。

中国与印度尼西亚的交通亦可上溯至汉代。通往印度之航线即行经过。考古学家曾在加里曼丹、西爪哇和苏门答腊发现许多中国汉代的陶器，可证明斯时两国的交往。《后汉书·南蛮传》记有顺帝六年（132 年）叶调王遣使贡献，叶调即指爪哇，这是两国正式交往之启始。

中国与菲律宾交往之起始，现众说纷纭，有说周代的，有说公元 3 世纪的。各说各有理，但均缺乏有力佐证。从菲律宾许多地方发掘出唐代钱币、陶瓷器和中国人古墓（如福建南安华侨陈国世墓等）看，可知唐时两国关系已颇密切。但两国交往之明确记载，则迟至 10 世纪方出现。《宋史》卷 489《外国五》云：
"摩逸国，太平兴国七年（982 年），载宝货至广州海岸。"摩逸国位于今菲律宾民都洛岛一带。

（二）中国与东南亚交通之兴盛

从隋代至明初，是古代历史上中国国际交往最繁荣的时期，也是中国与东南亚交通最发达的时期。

隋代建国不久，即开始了与东南亚之交通。《隋书》卷 82《南蛮传》说："炀帝篡业，威加八荒。甘心远夷，志求珍异。"即其交通外域之目的，在于求珍异而扬国威。故大业三年（607 年）即派屯田主事常骏、虞部主事王君政等出使赤土（在今马来半岛）。其航程由广州出发，沿越南海岸，入暹罗湾，经柬埔寨，而抵赤土。此后，沿途诸国皆与隋朝保持通使关系。

唐朝建立后，一方面与印度、阿拉伯关系迅速发展，海上交通必经东南亚，东南亚成为东西交通纽带和中继站；另一方面是中国与东南亚固有之联系得到承袭和发展。因而，中国与东南亚之交通进入了一个兴盛发达的新阶段。

记载唐代与中外交通线资料最翔实者，乃《新唐书·地理志》之"广州通海夷道"和"安南通天竺道"，系贞元间（785—805 年）宰相贾耽所考定。"广州通海夷道"为海上通道，始于广州，沿越南、马来半岛沿岸，穿新加坡海峡和马六甲海峡，入印度洋，西至印度、阿拉伯半岛及非洲东海岸。沿途所经有今越南、柬埔寨、泰国、马来西亚、新加坡、印度尼西亚、缅甸等国。"安南通天竺道"为陆上通道，分二条，一条始于河内，经越南北部和中国云南，入缅甸，至印度；另一条由今越南荣市出发，经越南中部，入老挝，至泰国、柬埔寨，再至马来西亚、新加坡。

至宋、元时期，这种交通关系更加发展。其盛况，可从《宋史》与《元史》、宋人周去非之《岭外代答》、赵汝适之《诸蕃志》、元人周达观之《真腊风土记》、汪大渊之《岛夷志略》，以及意大利马可波罗和阿拉伯伊本白图泰之《游记》等，见及大概。这方面已有大量论著论及，兹不再赘言。

中国与东南亚的这种兴盛的交通关系，至明初郑和的七次下西洋而达到了巅峰状态。郑和的船队受到了东南亚各国的盛情接待，而且东南亚成为郑和向西行的中转站和补给站。

纵观这时期中国与东南亚的交通，大致有如下几个特点：

（1）虽然存在着海路和陆路的通道，但随着造船和航海技术的进步，海上交通已跃居于主导地位。陆上交通由于道路和交通工具之限制，只起辅助作用。

（2）如果说在隋代以前中国与东南亚之交通，主要是民间交往和偶发性交往的话，那么在隋代之后则显现出官方有组织的交往之特征。由隋至元各代政府都采取了奖掖海上交通的政策，并设置了专门的机构市舶司以组织和管理海外贸易。

（3）航行于中国与东南亚之间，以至印度、阿拉伯航线上的船舶，在宋以前主要是印度洋沿岸国家的，即新旧《唐书》及其他史籍所载"西域舶""西南夷舶""蕃舶""婆罗门舶""波斯舶""昆仑舶"等，而以狮子国（今斯里兰卡）舶最大。李肇《国史补》卷下云："南海舶，外国船也。每岁至安南、广州。狮子国舶最大，梯而上下数丈，皆积宝货。"由于中国造船和航海事业的迅速崛起，从唐宋起，特别是北宋末年之后，中国船舶逐步取代了外国船，雄踞于西太平洋、印度洋诸航线上，甚至印度、阿拉伯客商也乘坐中国船。

（三）明清之中国与东南亚交通

明朝自立国之初，即因倭寇之乱而推行海禁政策，罢市舶司，严令禁止民间下海交通贸易，甚至下令改造出洋之海舶，使之无法远航。其后虽有郑和之壮举，但郑和之后，航海又遭反对。后来海禁时紧时弛，即使张弛之际，亦有诸多限制。到了清代更进一步禁海和闭关锁国。从此，海上自由交通贸易被断绝了，中国的海外交通进入了一个暗淡时期。当然，这并不是说中国与东南亚不再有交通。由于历史和地理位置的原因，中国与东南亚诸国仍保持着政府间的友好关系，并不时有使节往来。但这种关系主要体现为政治性的，而非经济性的。经济的关系由主要体现在民间的冒禁走私和华侨的大量涌入东南亚。

华侨之流寓东南亚，并不是始于明清时期。伴随着中国与东南亚交通发展的历程，早有华人不断留居东南亚。由于历史上中国与越南的特殊关系，华人早在汉以前就有迁居越南的。而华人侨居东南亚各国，则以唐代为第一次高潮时期。是时由于中国与东南亚关系日趋发达，不少华人到东南亚经商，并留居当地。大食人马苏第（Abu-1-Hasan Ali-el-Masudi,？—956年）在《黄金草原》一书中，即说到他在经苏门答腊时，看到中国人在当地耕植。至宋代侨居东南亚之华人更不乏记载。《宋史·阇婆国传》云，淳化三年（992年）爪哇遣使朝贡，即派数次来往于爪哇的大商建溪人毛旭为向导。《诸蕃志》《宋史》之三佛齐国（在今爪哇）条云，"亦有中国文字，上章表则用焉。"① 此当是华人代笔，或华侨所传授。在印度尼西亚尚且如此，其他诸国更可想而知了。

二、中国与东南亚的交流

伴随着密切的交通往来，中国与东南亚进行着广泛的政治、经济、科技、文化交流。关于这种交流的具体的个案研究，已有不少专家做了大量的工作。在这里，我们仅想做一些宏观的考察。

（1）历史上，中国与东南亚各国的政府间一直保持着长期的、友好的交往关系，各国之间的使者往来不断。

中国的使者到达东南亚，都受到极为隆重的接待。《隋书》卷82《南蛮传》记载，隋大业三年常骏、王君政之出使赤土，到达其国界时，国王即派遣30艘船来迎接"吹蠡击鼓，以乐隋使，进金锁以缆骏船"。至其都后，又派王子与使者"礼见"。及至回国，又让王子随同回访。巩珍《西洋番国志·自序》中说，郑和下西洋时，东南亚各国或地区的国王、酋长皆相率出迎，"举国之人奔趋欣跃"。

不但政府的使者如此，即使是民间的人士也一样热烈地受欢迎。义净《大唐西域求法高僧传》之"荆州无行禅师传"记载，当无行禅师到达苏门答腊时，"国王厚礼，特异常伦，布金花，散金粟，四事供养，五体呈心。见从大唐天子处来，倍加钦上。"②

对于来华的东南亚使者及人士，中国也都是以礼相待。据《明实录》记载，1408年8月，渤泥（在今加里曼丹）国王麻那惹加那偕同王后来访，随同者有150多人。明成祖朱棣特派员专程到福建迎接，又亲自在南京文华殿会见，在奉天门主持欢迎宴会。10月，渤泥国王不幸在南京病逝，明政府将其隆重地安葬于安德门外，并"树碑立祠"，令有司春秋祭祀。现渤泥国王墓还在南京雨花台区石子岗，受到妥善的保护，成为中国与东南亚友好往来的见证。12月，明政府又派专员护送王子遐旺回国继位。《明实录》还记载有1411—1433年间满剌加

---

① 赵汝适：《诸蕃志》卷上，"三佛齐国"；《宋史》卷489，《三佛齐》。

② 义净：《大唐西域求法高僧传》卷下，《荆州无行禅师》。

3 位国王来中国访问的史实。1411 年国王拜里迷苏剌偕同王后前来，随员有 540 多人。到达南京时，明成祖朱棣在奉天门设宴欢迎。1433 年，国王西里麻哈剌者来访，受到极其热情地接待，逗留达一年半之久。回国之时，明政府特造了一艘八橹大船送行。

政府间的这种友好关系，促进了相互之间的经济和文化的交流。

（2）各自到对方的留居者，都与所在地的人民融成一体，都对所在地发展做出了贡献。凡是研究东南亚史的人，如果不谈及中国与东南亚的关系和华侨问题，那简直是不可能的事。

苏联大百科全书说，从远古时代起，就有中国人在马来西亚居住。对于同印度和其他国家进行贸易的中国商人来说，马来半岛曾经是一个适当的基地。半岛上的大城市新加坡和马六甲，是作为中国、印度与其他国家之间的贸易服务的商埠而出现的。

根据阿拉伯人的记载，在公元 10 世纪时，中国人在室利佛逝进行农业生产的为数很多。在 10 世纪末，广州、杭州和明州等地已经有店铺专门同吉打、三佛齐等的商人进行贸易。《明史》记载："时（14 世纪末）爪哇已破三佛齐，据其国，改其名曰旧港，三佛齐遂亡。国中大乱，爪哇亦不能尽有其地。华人流寓者，往往起而据之。有梁道明者，广州南海县人，久居其国，闽粤军民泛海从之者数千家，推道明为首，雄视一方。"[①]

17 世纪后半叶，林道乾在马来半岛的北部北大年开辟道乾港，从者达 2 000 多人。19 世纪中，叶德来开辟吉隆坡，盛极一时。至于划地开港，变旷野荒原为繁荣富饶的城镇的则为数更多。仅就柔佛而言，华侨开港即达 30 多处。

华侨和华人，在东南亚一带留下了许许多多令人传诵的业绩和佳话。关于郑信的业绩就是其中著名的事例。

在与泰国首都曼谷隔河相望的吞武里，矗立着一座雄伟的纪念碑，上端有一个骑马戎装的塑像。碑文写着：

> 此碑为纪念达信皇大帝和增进他的荣誉而建。他是泰国的好男儿。生于佛历 2277 年（1734 年），卒于佛历 2325 年（1782 年）。泰国政府和人民于佛历 2497 年（1954 年）4 月 17 日敬立此碑，以便提醒泰国人民牢记他抵御外敌，恢复泰国独立和自由的恩德。

达信皇大帝就是泰国历史上著名的民族英雄郑信。郑信是一个华裔，他的父亲郑镛原是广东澄海人，于清雍正初年乘红头船移居暹罗的。他的母亲是暹罗

① 《明史》卷 324，《三佛齐》。

人。出生后几天，他被阿瑜陀耶王朝的财政大臣昭披耶却克里收为养子。1767年，缅甸军队攻陷暹罗首都，历时 417 年的阿瑜陀耶王朝遂告结束。各地军阀乘机拥兵自立，暹罗国内呈现混乱的局面。在这关系到民族存亡的关键时刻，郑信挺身而起，领导驱逐了缅甸侵略军，恢复泰国的独立和统一，创建了泰国历史上吞武里王朝。在这一斗争中，居住在泰国的华侨也做出了重要的贡献。

来中国居留的东南亚人士，同样对中国的社会发展和文明进步做出了贡献。有不少东南亚人士，还成为中国朝廷的官员，被载入史册。

（3）双方的经济交流是平等、互利的，都丰富了各自人民的生活，都促进了各自社会的进步和文明的发展。

丝绸和陶瓷贸易在中国与东南亚的经济交流中占有重要的地位。在唐代以前，中国作为海上贸易的交换商品最主要的是丝绸，而从唐代起陶瓷也成为大宗的交换商品。中国与东南亚的交往和交流，是与丝绸贸易分不开的。从中国通往南海的航线，最初就是因为丝绸贸易的需要开拓的。在政府间的友好往来中，丝绸被作为最珍贵的礼品。在民间的商业行为中，丝绸被作为最受欢迎的商品。可以说，丝绸以其柔软的质地，鲜艳的色泽，以及穿着舒适、凉爽，受到了东南亚各国民众的青睐和喜好，并在他们的生活中产生了深刻的影响。

据记载："吴时，遣中郎康泰、宣化从事朱应使于寻国（即扶南），国人犹裸，唯妇女著贯头。泰、应谓曰：'国中实佳，但人亵露可怪耳。'寻始令国内男子著横幅，今干漫也。大家乃截锦为之，贫者乃用布。"《南齐书》也记载有："（扶南人）货易金银彩帛。大家男子截锦为横幅，女为贯头，贫者以布自蔽。"[①]干漫即今之简裙，也叫"沙笼"，为东南亚一带传统的民族服装。

中国的史籍中关于东南亚的记载，多有"以帛缠首"之语。可以说，用丝绸作头巾，是东南亚一带的风俗。《诸蕃志》记载，当时的骠国（今缅甸），妇女"悉披罗缎"，男子"官民皆撮髻于额，以色帛系之"。[②] 后来发展为以丝绸作包头巾，至今戴丝绸制作的"岗包"（帽子），仍是缅甸男人喜爱的民族服饰。

除服饰外，丝绸还渗入了东南亚人民生活的各个方面。宫廷所用的幡帷白伞，民间所用的绢制伞、扇、帛书经文、法衣袈裟、佛龛帐幡等各种寺庙用品，在锦缎上刺绣的各式各样的古画、书法，丝制的佛经、佛像挂轴等等，不仅是普遍使用的日用品，而且是精美的工艺品。而陶瓷制品从唐代开始输出之后，便很快在东南亚一带推广，成为人们日常生活的必需品。

随着商品的交换和华人的移居，中国的各种生产技术，诸如养蚕缫丝、丝绸

---

① 《南齐书》卷 58，《东南夷传》。
② 《诸蕃志》卷上，《蒲甘国》。

纺织、陶瓷制造、农业生产、漆器制造、茶叶生产、造纸印刷等等，也相继传入东南亚各国。

东南亚输入中国的最大宗商品则是香料。中国在周代时就开始用熏香的方法来驱除室内异味、邪气和蚊虫，随着时间的推移，熏香逐渐流行，成为一种习俗，而且越来越为盛行。中国的香料资源有限，品种也不多，而位于热带的东南亚各国则盛产各种香料，因此成为中国香料的主要供应地。龙涎香、蔷薇水、沉香、龙脑香、檀香、蕃栀子花、降真香、苏木香、胡椒等等，都长期大量地输入中国。不少香料不仅是作为熏香之用，还被作为开窍药物，用于难产、中风等急症，救治危急病人，起死回生。这类用药，在南北朝时的医药著作中即有记载。随着输入品种的增多，对其药性、药理认识的加深，其应用范围也不断扩大，成为历代医药著作中不能或缺的一项重要内容。如苏木之主治，《唐本草》说："破血，产后血胀，闷欲死者，水煮五两，取浓汁服"；《海药本草》说："虚劳血癖气壅滞，产后恶露不安，心腹绞痛，及经脉不通，男女中风，口噤不语，宜细研乳头香末方寸匕，以酒煎苏枋木（即苏木），调服，立吐恶物瘥"；李时珍在《本草纲目》中又指出："苏枋木乃三阴经血分药，少用则和血，多用则破血"。这不但丰富了中医药学，而且促进了中医药学的发展。

从东南亚输入中国的还有奇特稀有的动植物品种，珍珠、宝石、象牙、玳瑁等奇珍异宝，既丰富了中国人民的生活，也给中国文化产生一定的影响。

三、21世纪中国与东南亚关系之展望

依据近一二十年来政治、经济发展的态势，世界上许多专家和人士都预言，即将来临的21世纪将是太平洋世纪。也就是说，世界的政治、经济重心将会发生转移，三四百年来在世界政治、经济生活中占主导地位的环大西洋地区，将让位给环太平洋地区。历史给予环太平洋的国家和地区带来了机遇，也带来了挑战。

中国和东南亚各国同属于太平洋国家，其前途和命运休戚相关。如何抓住机遇，迎接挑战，正急迫地摆在中国和东南亚各国人民的面前。在这一新的历史时期内，中国与东南亚各国之间的关系问题，也受到人们的关注。我们并不是这一方面的专家，但出于对这个问题的关心，故不揣冒昧，提出我们的一点浅见，以求教于诸位方家。

在西方世界中总有那么少数的人，他们好于兴风作浪，别有用心地散布中国威胁论。这种谬论，已经为历史和现实所粉碎，也必将为未来的事实所唾弃。

如前所述，中国与东南亚各国之间已经有二三千年友好交往的历史。这悠久的历史表明，中国与东南亚各国山海相连，是和睦、亲善的邻邦，有着唇齿相依的密切关系。历史上的中国，从没有对东南亚形成威胁，即使是在中国强盛的时期也是如此，历史的事实更表明，中国与东南亚各国强则俱强，弱则俱弱。当各自强盛之时，关系更加密切，相互之间的影响更加深刻，相互之间的促进更加有力。而当各自衰微之时，便共同遭受被侵略、被欺凌的命运。对此，近代中国和东南亚的历史就是最好的证明。当西方殖民主义者东来之时，他们凭借着船坚炮利，把东南亚各国变为殖民地，对东南亚各国进行掠夺和蹂躏。而中国人在东南亚，即使是大批中国人移居东南亚的时期，都是与所在地的人民和睦相处，他们拓荒垦殖，建立村落，公平经商，尊重当地之民俗和宗教，并最终成为所在国的一个重要民族。他们为发展所在国的经济文化做出了不可磨灭的贡献。当西方殖民主义者东来之后，华人与东南亚各族人民共同抵御侵略，共同遭受苦难和奴役。及至东南亚各国独立以后，又共同建设家园。这种状况，与西方的殖民掠夺形成鲜明的反差，堪称移民史上的楷模。同样，中国也备受西方强权主义者的欺凌，饱尝丧权辱国苦难。由此可见，给东南亚带来威胁的并不是中国，而是西方的强权主义者。也正由于这个原因，致使中国和东南亚在近代成为相对落后的国家和地区。

现在，中国和东南亚各国都已经是独立自主的国家，并都在致力于自身发展和富强。近一二十年来的发展成就为举世所瞩目，近一二十年的发展浪潮也向世界宣示，中国和东南亚各国的人民完全有能力自立于世界的民族之林，完全有能力依靠自己的力量走向富强。人们也可以看到，在平等互惠的基础上，近一二十年来中国与东南亚各国之间的关系已经得到很大的发展，经济、文化的交流已经越来越为密切。事实再次表明，加强中国与东南亚各国之间的联系和合作，对于自身的利益都有莫大的帮助。

今天是昨天的延续，明天是今天的延续。我们认为，未来中国与东南亚的关系，合作共进将仍然是主旋律。这种合作共进关系，将是传统友好关系的演化和拓展，将是全方位，深层次的。

中国与东南亚各国之间没有根本的利害冲突，有着许多共同的利益。因此，加强相互之间的理解，建立更加广泛的政治、经济、科技、文化的合作关系，谋求共同的发展，将是各方的愿望和努力的方向。经过各方的共同努力，相互之间的关系将会越来越为密切。

中国与东南亚各国同属于发展中国家，其发展的起点都较低，开始阶段的发展速度都较快，而发展的道路又有着许多相似之处。因此，相互之间吸取经验教训，取长补短，将对各自的发展有很大的帮助。

中国与东南亚各国的商品，既有相同也有不同。对于不同的产品，可以也应该互通有无。对于相同的产品，难免会有竞争。只要本着平等互利的原则，相互之间的竞争是可以进行协调，避免冲突的。处理得当，还可以通过竞争，相互促进，共同发展。

开发和利用海洋资源，是中国和东南亚各国未来发展的一个战略方向。在这一方面加强合作，是有着十分广阔的前景的。毋庸讳言，关于南海中的一些岛屿和海域的归属问题，中国和东南亚的一些国家还存在着争议。我们认为，只要以《联合国海洋法公约》为准则，各方心平气和地坐在一起，商讨和协调，争议是完全可以得到妥善地解决的。

南自印度尼西亚，北至中国的黑龙江，地跨热带、温带和寒带，气候反差很大，有着形形色色绮丽的自然风光和人文景观，有着丰富多彩的民俗民风，这是不可多得的巨大旅游资源。近年，中国与东南亚各国相继开展这方面的跨国旅游活动，并取得了相当的效益。但是，这一方面的工作还仅仅是开始。随着中国和东南亚各国的富强，人民生活的提高，大力开展这项工作，不但可以给各方带来可观的经济效益，而且可以使人们开阔眼界，增长见识，陶冶情操。这对于相互间的了解，思想文化的交流，增进友谊，是有很大益处的。

总之，我们相信中国与东南亚将会建立更加亲密的伙伴关系，共同努力，互助合作，携手跨入 21 世纪，同创未来。一个富强的中国，一个富强的东南亚，将屹立在世界的东方，屹立在太平洋的西海岸。

原载《海交史研究》1998 年第 1 期（总第 33 期）

试论汉唐时期海外贸易的几个问题

吴　泰

恩格斯曾指出："随着生产分为农业和手工业这两大主要部门，即商品生产，随之而来的是贸易，不仅有部落内部和部落边界的贸易。"[①] 海外贸易是从原始社会后期就已经存在的一种社会活动。我国有悠久的古代文明，又有很长的海岸线，因此，我国海外贸易的历史也特别悠久。在汉代以前，我国人民很早就通过朝鲜半岛，渡朝鲜海峡同日本诸岛进行海上交往。岭南同南海诸国的贸易往来也很早就在进行。据《淮南子·人间训》记载，秦始皇进军岭南的动机之一，就是向往那里的"犀角、象齿、翡翠、珠玑"。这些货物在后代都属于从南海诸国进口的舶货。可见，在秦始皇统一中国以前，广南地区的海外贸易就已有相当规模。

但是，在汉代以前我国的海外贸易活动今天已无确切的文献记载可征，其发展情况亦无从稽考。只有到了汉代以后，我国的海外贸易活动才有确切的文献记载。通过这些记载，我们也才得以了解我国海外贸易的发展情况。本文就想论述一下汉代至唐、五代我国海外贸易的几个问题。

一、汉代至唐、五代时期海外贸易发展的趋势

在两汉时期，由于统一的封建王朝国力的强盛，中国对外的政治影响也进一步扩大。在汉武帝派张骞出使西域以后，中国的富饶和强盛更是不仅为小亚细亚和印度半岛各国所瞩目，而且还通过这些国家为东地中海沿岸各国所知。在这以前，中国精美的丝绸，早已通过各种途径传到这些国家和地区，古希腊人曾把中国称为"赛里斯"，意为丝之国。但由于当时交通十分不便，古希腊人也无从了解这种令人向往的丝之国的真实情况，于是就出现了一些关于"赛里斯"的神

[①] 《马克思恩格斯选集》第 4 卷。

奇的传说①。在张骞通西域后，中国的真实情况陆续西传，无疑促使这些国家产生同中国直接往来的强烈愿望。在两汉时期，不仅中亚细亚的许多国家同汉王朝常有使者往来，就连地中海沿岸的罗马帝国（即中国史书中的"大秦国"）也于汉桓帝延熹九年（166 年）"遣使自日南徼外来献"②。日本的倭奴国，也在这时期派使者来汉朝，接受汉光武帝的印绶③。

中国对外政治影响的扩大，不仅促进了通过"丝绸之路"同中亚和西亚各国的陆路贸易，也促进了中外海上贸易的发展。在两汉和三国时期（前 3 世纪末—3 世纪），亚、非的许多国家和地区的海上贸易活动已相当活跃。统治埃及的托勒密王朝（前 305—30 年）已掌握相当水平的造船技术。当时的埃及商人把印度的象牙、珍珠香料和阿拉伯的宝石转贩到地中海各国，连中国的丝都成了他们的转贩商品。塞琉古王朝（又称"叙利亚王朝"，即中国史书中的"条支"）也长期从事小亚细亚各国及印度到西方的转贩贸易。中国的史书也记载大秦国："在海西……土多金银奇宝，有夜光璧、明月珠、骇鸡犀、珊瑚、虎珀、琉璃、琅玕、朱丹、青碧。刺金缕绣，织成金缕罽、杂色绫。作黄金涂、火浣布。""凡外国诸珍异皆出焉。以金银为钱，银钱十当金钱一。与安息、天竺交市于海中，利有十倍"。④ 有的记载还说大秦国海商"往往至扶南、日南、交趾"⑤。印度和东南亚的许多国家海上贸易活动也很活跃。东南亚的岛国中，有的"出锡，转卖与外徼"，有的"土地出金，常以探金为业，转卖与诸贾人，易粮米杂物"⑥。富饶的中国对这些早已从事海上贸易的国家无疑具有很大的吸引力。据莫克基《印度航业史》说，在公元前，印度商人的足迹就已到达中国海岸⑦。大秦国的商人在三国时期也到达吴国。

在中国方面，由于封建经济的发展，封建统治者和地主阶级上层人物对海外珠宝的向往和需求也不断增加，因而出现了到广南从事这类宝货贸易的商人"多取富焉"的情况。汉代的中国商人不仅在广州、会稽等地同海外来华的商人进行贸易，还航海到东南亚及印度洋沿岸地区从事贸易活动。在东汉时成书《汉书》

---

① 公元前 5 世纪，希腊史学家克泰西亚斯著《史地书》，其中曾说"赛里斯人（丝国人）身高近二十英尺，寿命超过二百岁"。

② 《梁书》卷 54，《海南诸国传》。

③ 据日本学者木宫泰彦《日中文化交流史》称，日本曾出土过"汉倭奴国王"之金印，就是汉光武给倭奴国王的印绶。

④ 《后汉书》卷 88，《西域传·大秦》。安息是西亚一个古国，曾经统治着伊朗高原和"两河流域"的大片地区。天竺就是印度。

⑤ 《梁书》卷 54，《海南诸国传》。扶南在今柬埔寨，日南、交趾在今越南中部及北部。

⑥ 《太平御览》卷 787，引三国时康泰《扶南土俗》。

⑦ 见张星烺：《中西交通史料汇编》，第八编第一章《两汉时期中国与印度之交通》。

曾对中国通往印度洋的航路进行详细的记载：

> 自日南障塞、徐闻、合浦，船行可五月，有都元国，又船行可四月，有邑卢没国。又船行可二十余日，有谌离国。步行可十余日，有夫甘都卢国。自夫甘都卢国船行可二月余，有黄支国。……黄支之南有已程不国。汉之译使，自此还矣。①

这是我国古代文献中关于南海航路第一个较完整的记录。其中所提到的古国究竟在何地虽然尚无定论，但它记述了从雷州半岛横越南海，绕马来半岛，经过缅甸到达印度南部和斯里兰卡的航程，却是基本上可以肯定的。汉朝的使者既能从海路到达印度南部，有丰富航海知识的中国海商所到达的地方，当比汉王朝的使者更远。

由于中外海上贸易的发展，番禺（广州）从西汉前期起，就成了从事"珠玑、犀、瑇瑁"等海外宝货贸易的一个"都会"②，成了中外商人汇集的一个海港。到东汉时，这个地方由于"多珍怪"，更成为封建王朝最高统治者和那帮权臣贵戚所注目的一个地方③。

到三国时期，我国已有相当水平的造船技术和航海技术。史载孙吴政权曾建造过能容三千人的"大舡"④，并派遣过一支规模相当可观的船队载着"甲士万人"横渡台湾海峡到达台湾⑤。晋灭吴时所造的"大船连舫，方百二十步，受二千余人，以木为城，起楼橹，开四出门，其上皆得驰马来往"⑥。以上记载，虽可能有些夸大，但也可以推知，当时所建造的航海用船，一定相当精良。孙吴政权曾利用当时已掌握的优良的造船和航海技术，派"遣宣化从事朱应、中郎康泰"出使南海各国，"其所经及传闻，则有百数十国，因立记传"。朱应、康泰此行的目的，显然在于发展海外贸易。大秦国商人这时到达吴国，孙权予以盛情接待，并"问方土谣俗"⑦，显然也是出于发展海外贸易的考虑。

从晋短期统一中国到南北朝时期，海外贸易在两汉、三国时期的基础上，一

---

① 《汉书》卷28，《地理志》。都元国在今马来半岛南部或苏门答腊东北部，邑卢没国可能在今缅甸勃固附近，谌离国可能在缅甸伊洛瓦底江沿岸，夫甘都卢国可能在伊洛瓦底江中游卑谬附近。黄支国一般认为在今印度马德拉斯西南的康契普腊姆附近。已不程国，旧说以为在今印度南部，近人考证认为在斯里兰卡。

② 《史记》卷129，《货殖列传》。

③ 《后汉书》卷64，《吴祐传》。

④ 《太平御览》卷770，《舟部三》所引《武昌记》。

⑤ 《三国志》卷47，《吴书·吴主传第二》。

⑥ 《晋书》卷42，《王濬传》。

⑦ 《梁书》卷54，《海南诸国传》。

直在持续发展着。由我国的长江口顺着黄海海岸到达山东半岛，然后横渡黄海，绕过朝鲜半岛南端而抵日本航路，就是在这个时期开辟的。中日两国不仅通过这条航路发生政治关系，还由这条航路"通互市之类"①，开始有了文献可考的海上贸易往来。南海航路的贸易活动也进一步频繁，东南亚和南亚通过"入贡"使者和"遣商货至广州"②，同中国进行贸易的国家也日益增多。《梁书》曾对自晋到梁这个时期海南诸国来华的情况作了这样的概述：

> 海南诸国，大抵在交州南及西南大海洲上……其西与西域诸国接……晋代通中国者盖尠，故不载史官，及宋、齐，至者有十余国，始为之传。自梁革运，其奉正朔，修贡职，航海岁至，踰于前代矣③。

这个概述清楚地说明了这个时期中国同东南亚及南亚各国的海上贸易往来不断发展的总趋势。在被认为"通中国者盖尠"的晋代，法显和尚在师子国（今斯里兰卡）"见商人以晋地一白团扇供养"于佛像前，"不觉凄然下泪"，产生了回国的念头，终于"附商人大舶，循海而还"，中途停在耶婆提国（在今印度尼西亚的爪哇岛或苏门答腊岛），"复随他商，东适广州"④。中国史籍称这时期的"广州，包带山海，珍异所出，一箧之宝，可资数世"⑤。晋朝的宗室贵族中还有人为了"蓄聚"珍宝，专门派人"到交、广商货"⑥。可见，晋代南海航路的贸易往来依然在进行着，晋朝通过广州同南亚及东南亚各国所进行的贸易活动仍然颇为频繁。

南朝宋时，史载当时各国商船"汛海陵波，因风远至"，来华的"舟舶继路，商使交属"⑦。南齐时（479—502年）的情况则是满载各国"瓌宝"的"商舶远届，委输南州，故交、广富实，牣积王府"⑧。到梁代，广州也是"海舶每岁数至，外国贾人以通货易"⑨。这时期的中国商船已越过印度半岛，抵达阿拉伯湾。阿拉伯史家的记载，在公元5世纪前半期（相当于中国晋末宋初），幼发拉底河畔的希拉城下，就时常有中国商舶远航至此，同云集此地的各国商人进行

---

① 《文献通考》卷324，《四裔考·倭国》。
② 《南齐书》卷58，《东南夷传·扶南国》。
③ 《梁书》卷54，《海南诸国传》。
④ 《梁高僧传》卷3，"译经下"。
⑤ 《晋书》卷90，《吴隐之传》。
⑥ 《晋书》卷37，《义阳成王望传》。
⑦ 《宋书》卷97，《蛮夷传》。
⑧ 《南齐书》卷58，《东南夷传》。
⑨ 《梁书》卷33，《王僧孺传》。

贸易①。

上述事例充分说明，从汉代至南北朝时期，海外贸易并没有因为中国内部政治局势动荡而中断，而是在持续不断发展着。

到了隋唐时期，尤其是到了唐代，由于中国重新又出现统一的局面，封建王朝的国力空前强盛，封建经济也有很大发展，中外友好交往在这一时期空前活跃，中国的海外贸易在这一时期也发展到一个崭新的阶段。

隋朝的统治时间虽然比较短，但它同高丽、日本、真腊等亚洲国家都有海道贸易关系。大业三年（607 年），隋炀帝还曾派遣使者，携带着大批礼物航海至赤土国（在今泰国境内），沟通了赤土国同隋朝的友好关系。赤土国也以金芙蓉冠及龙脑香等物，以入贡的名义到中国进行贸易。同年冬，裴矩"以蛮夷朝贡者多"，建议隋炀帝在东都洛阳举行游艺大会，同时"遣掌蕃率蛮夷与民贸易"。可见参加洛阳这个盛会的"蛮夷朝贡者"，有许多是以朝贡的名义由海路来中国进行互市的外国使者和海商②。这些事实说明，隋统治者对发展海外贸易是相当重视的。

唐代的海外贸易比隋朝有进一步发展。同中国只隔"一衣带水"的日本，在唐时多次向中国派出遣唐使。这些遣唐使不仅来唐朝学习政治制度和文化，还带着大批货物来华，通过唐王朝的鸿胪寺进行贸易。遣唐使归国时还带着大批货物返日贩卖③。中国的商舶也经常"多赍货物"，横渡东海到达日本，中国的商舶一到日本，日本政府立即派出交易唐物使同唐商进行交易，日本的公卿、朝臣、富豪也都纷纷派人抢在交易唐物使之前"以贵直竞买"，抢购舶来品。中日之间的海上贸易往来在这时期空前频繁，由中国的长江口横渡东海直达日本的航路，也在这个时期开辟④。当时的唐商已知道利用季节风，在六七月份西南季风劲吹时由江浙一带的港口扬帆出海驶向日本列岛，在八九月份东北季风时期由日本返航。早已开辟的由中国长江口的楚州等地沿海岸北上到达登州，然后横渡黄海到新罗并由此延伸到日本的航路，这时期也更加活跃。当时从泰州以北到山东半岛的沿岸州县，处处都有新罗坊，并设有翻译，接待往来的新罗人和新罗船。贸易活动之盛可见一斑。

由广州通往东南亚及印度洋北岸诸国的南海航路上，各国商船也是往来如

① 见张星烺：《中西交通史料汇编》，第三编第五章《阿拉伯人关于中国之记载》。

② 《隋书》卷 67，《裴矩传》。

③ ［日］木宫泰彦著，胡锡年译：《日中文化交流史》第二篇第二章，商务印书馆，1980 年，第 104-107 页。

④ ［日］木宫泰彦著，胡锡年译：《日中文化交流史》第二篇第三章，商务印书馆，1980 年，第 122-124 页。

织。南海许多国家的使者"或时候风潮朝贡。蛮胡贾人舶暗交海中"①。这些来华的海商，不仅来自东南亚的扶南等地，还有许多阿拉伯人因"久闻中国之尊荣及物产之丰富"，不远万里来到中国②。商人们从海外运来了象牙、香料、铜锭、海龟壳（即玳瑁）、犀角等货物，又把中国的丝绸、陶瓷器、铁器等货物运往海外销售。广州"地际南海，每岁有昆仑乘舶以珍物与中国互市"③。广州因"有蛮舶之利，珍货辐凑"④，"环宝山积"⑤。据日本淡海三船《唐大和上东征传》记载，唐代中期，广州"江中有婆罗门、波斯、昆仑等舶，不知其数，并载香药珍宝，积载如山。其船深六七丈"。当时到过中国的阿拉伯商人苏莱曼在其游记中盛称广州是中外商船所停集的港口，也是中国商货和阿拉伯商货所荟萃的地方⑥。据苏莱曼的记述，唐末在广州从事贸易活动的外国人，有一个时期竟达 12 万人以上。那些来华贸易的外国海商不仅到达广州，还到达扬州及中国一些内地城市。在唐末的军阀混战中，在扬州的"商胡大食、波斯等商旅死者数千人"⑦。可见当时在繁华的商业都市扬州经商的外国商人数量之多。福建沿海的泉州等港口，也因为"南海蕃舶"常到，因而"岛夷斯杂"⑧。此前默默无闻的泉州港，在唐代出现了"市井十洲人""还珠入贡频"⑨ 的景象，成为海内外各地商人汇集的一个海外贸易港。另一方面，中国的海商也沿着南海航路远航东南亚和印度洋地区，直到阿拉伯半岛。唐贞元年间（785—805 年），宰相贾耽所记述的从广州下海到印度洋的航路，从广州经马六甲海峡至印度及斯里兰卡，直至波斯湾，沿途经过的地方都有详细的记载⑩。显然，中国商人已很熟悉这条航线，所以贾耽才有可能作出准确的记录。据 10 世纪初的阿拉伯历史地理学家记载，唐代中国的海船曾直航至阿拉伯半岛南端的阿曼及波斯湾沿岸各港⑪。

从唐末到五代时期，政局不稳，军阀割据混战，使外商的安全受到威胁，海外贸易也受到影响。据阿拉伯史家的记载，由于当时中国"地方长官无法律公道可言，其善意全不可恃，商人仍裹足不前"，船舶都只到苏门答腊这些"中间港

---

① 韩愈：《昌黎集》卷 21，《送郑尚书序》。
② 见张星烺：《中西交通史料汇编》，第三编第五章《阿拉伯人关于中国之记载》。
③ 《旧唐书》卷 89，《王方庆传》。
④ 《旧唐书》卷 177，《卢钧传》。
⑤ 《旧唐书》卷 98，《卢怀慎传》。
⑥ ［阿拉伯］苏莱曼著，刘半农、刘小惠译：《苏莱曼东游记》，中华书局，1937 年，第 16 页。
⑦ 《旧唐书》卷 110，《邓景山传》。
⑧ 见《唐会要》卷 110，及《全唐文》卷 7《文宗太和八年上谕》。
⑨ 包何：《送泉州李使君之任》，《全唐诗》卷 208。
⑩ 《新唐书》卷 43 下，《地理七下》。
⑪ 见张星烺：《中西交通史料汇编》，第三编第五章麻素提《黄金牧地》。

埠相会，交易货物"①。有的记载则说当时唐王朝中央政府的威权堕失，贪狠的冒险家割据各省，外国之商人船主，皆遭虐待，国内商品生产皆被摧毁，对外贸易全为停阻，以致一些专门从事海上对华贸易的阿拉伯商人因此而破产。这类记载在中国当时的文献中也有所反映。在唐代聚集许多外商，被外商视为中国四大港之一的扬州，在唐末的军阀混战中几成废墟。海外来扬州的商人也一定损失不小。五代时，南汉统治者刘晟曾派兵"入海，掠商人金帛作离宫游猎。"② 吴越统治者也"多掠得岭海商贾宝货"③。这种局面对海外贸易无疑产生一些不良的影响。

但是，唐末五代时期的海外贸易活动并没有完全停止。在五代时，吴越还经常有商舶横渡东海到日本进行贸易④。吴越在同别的军阀作战时，曾使用从阿拉伯地区运来的火油，说明吴越同南海地区也有贸易关系。在南汉政权割据的广南，还是经常有"岭北商贾至南海者"。当宋兵压境时，南汉统治者刘铢还"以海舶十余，悉载珍宝、嫔御，将入海"⑤。这一切充分说明，五代时广州的海外贸易仍在继续进行。这时期来广州贸易的外国海商可能比唐代少了，但中国海舶从广州出发远航的肯定还不少，否则，南汉统治者就不可能经常向内地来广州的商人"示以珠玉之富"了。在福建地区的泉州等港口，由于割据福建的王审知重视海外贸易，竭力"招来海中蛮夷商贾"⑥，泉州的官员也把"发蛮舶"到海外经商，视为官府公用开支的重要财政来源⑦。因此，泉州港和福建沿海的海外贸易，比唐代还有进一步发展。

上述情况清楚说明，从汉代至唐代，我国的海外贸易是持续不断发展的。五代时海外贸易虽然在浙、广地区受到一些不良影响，在福建地区却有发展，总的情况是海外贸易活动仍在持续进行。

二、海外贸易在中外贸易中所占地位的变化及其原因

随着海外贸易持续不断的发展，从汉代至唐、五代时期，海外贸易在我国对

---

① ［阿拉伯］麻素提：《黄金牧地》，转引自张星烺：《中西交通史料汇编》第三编第五章。《苏莱曼东游记》也说当时阿拉伯到中国的"航行已变作了不可能，而且……这种灾害［的消息传］到了西拉夫和奥曼 Oman 的引港人和捎客"。

② 《新五代史》卷65，《南汉世家·刘晟》。

③ 《新五代史》卷67，《吴越世家》。

④ ［日］木宫泰彦：《日中文化交流史》第三篇第一章，商务印书馆，1980年，第222-226页。

⑤ 《新五代史》卷65，《南汉世家·刘铢》。

⑥ 《新五代史》卷68，《闽世家·王审知》。

⑦ 《泉州府志》（乾隆年间本）卷40，《封爵·王延彬》。

外经济联系和贸易往来中所占的地位也日益重要。

我国古代的海外经济联系和贸易活动，从有确切文献记载可资考查的汉代开始，就有陆路和海路两条渠道。陆路自玉门关（在今甘肃敦煌西北小方盘城）和阳关（在今敦煌西南古董滩附近）西行，越过葱岭直抵中亚细亚各国。这条商路就是后代著名的"丝绸之路"。这条商路有悠久的历史。在两汉时期，由于汉武帝派张骞通西域，东汉的班超又再度"定西域"，确保了"丝绸之路"的畅通无阻，使得当时的"商胡贩客，日款于塞下"①，这条商路的贸易活动异常频繁。当时尽管南海航路早已开辟，广州也已成为中外海路贸易的一个都会，但是，海路贸易的地位却远没有通中亚的陆上"丝绸之路"的重要。

但是，陆道的"丝绸之路"不仅受到中国北方不时发生的动乱的影响，也受到西域各国政治形势变化的影响，经常受阻和中断。还在两汉时期，通西域的道路就曾经"三绝三通"②。东汉后期，汉王朝还曾经一度准备关闭玉门关和阳关，以加强西部的边防。从三国到南北朝时期，西域各国与中原地区的王朝或割据政权的联系，更是基本上处于中断的状态。到了隋唐时期，中国同西域各国的友好关系虽然曾经一度得到恢复和发展，但是，从唐代中期以后，由于吐蕃的势力向北扩展，占领了河西（今甘肃河西走廊）和陇右（今甘肃东南部及青海省青海以东地区），唐王朝同西域的通道又被隔绝了③。中国中原地区同西域的通道时通时绝的情况，使得"丝绸之路"的贸易活动在汉、唐两代虽然曾经大放异彩，但却不能持续地得到发展，有许多时候还不能不处于停滞乃至中止的状态。

陆上"丝绸之路"这种经常受阻的状况，不能不促使中外经济交流，尤其是中国同印度、阿拉伯各国的贸易往来，发生了由陆路转向海路的变化。唐代中期西域的通道断绝后，在长安的"西域使人"及"胡客"的"归路既绝"，唐王朝除了建议他们绕道回纥回国外，还准备"自海道"把他们"各遣归国"④。这个记载，就是中外联系的渠道由于陆路受阻而向海路转移的一个明显例证。

同陆路商路这种经常受阻的情况相反，从汉代到隋唐五代时期，由南海通往印度洋北岸各国的航路却一直畅通无阻。这条航路沿途所经过的国家的

　①《后汉书》卷88，《西域传》。
　②《后汉书》卷88，《西域传》。
　③《资治通鉴》卷232，"贞元三年六月"。
　④《资治通鉴》卷232，"贞元三年六月"。

海上贸易也一直在发展。南北朝时，扶南的属国顿逊国"之东界通交州，其西界接天竺、安息徼外诸国，往返交市……其市，东西之会，日有万余人，珍物宝货，无所不有"①。有的印度洋沿岸国家还把航海商人的税收，作为国库收入的主要部分。公元 10 世纪时（约相当中国的五代及北宋初期）的一位克什米尔诗人，在其作品中曾记述了一个印度商人"经商东国"，所有船只及货物皆在途中被海盗劫去，向国王申诉说："大王若坐视不为设法，则商人等皆将改业矣。无航海商人，则进出口税收入，将大减退，而国库亦将空虚矣"②。在沟通印度洋和中国南海的航路上，有的国家还"于海中立华表，夜则置炬其上，使舶人夜行不迷"③。西亚和南亚的商人由海路航行来华的路程，虽然比陆上的"丝绸之路"远些，但是，它却没有像陆上商路那样经常中断和受阻的情况。况且，随着航海知识的积累和航海技术的提高，海上惊涛骇浪的艰险，比起"丝绸之路"沿途所经过的那些戈壁沙漠和雪山峻岭来，艰险的程度也日益缩小了。就中国的情况而言，从晋代以后，由于北方的长期战乱和南方相对来说比较安定，也由于东南沿海的社会经济不断发展，海外客商所需要的丝绸，已可以在中国的海外贸易港所集中的东南地区获得④。在晋代以后迅速发展起来的中国瓷器，又受到海外的广泛欢迎，日益成为同丝绸可相匹敌的大宗海外贸易商品。这种重要的出口商品，无论从产地还是货物本身的特质，由海路运输都比陆路运输要更便利得多。这种种因素，都使得海上航路比起陆上的"丝绸之路"，在西亚和南亚的商人眼中逐渐具有更大的吸引力。

因此，从汉代到唐代，我国的海外贸易一直能持续不断发展。海外贸易在对外贸易中所占的比重也一直在逐步增加。在唐代中期通西域的陆上道路再次受阻后，"丝绸之路"的贸易活动就从此衰落下去，汉、唐两代那种繁荣的景象，从此就成为历史的陈迹。海上航路却从此取代了陆上的"丝绸之路"的位置，成了中国对外经济联系和贸易往来的主要渠道。正因为如此，在唐代中期，广州尽管发生过残杀"商舶之徒"，并"没其家财宝"⑤的事件，以及广州官吏"侵刻过深"及"招怀失所"等原因，海外各国的船舶也曾一度"多往安南市易"，而

---

　　① 《梁书》卷 54，《海南诸国传》。顿逊国，是当时南海航路上的一个重要商埠。其具体地点，有人认为在今缅甸丹那沙林附近，有的人认为在今泰国六坤一带。还有人认为它泛指马来半岛北部。

　　② 见张星烺：《中西交通史料汇篇》，第八编第一章《两汉时期中国与印度之交通》所引之《印度航业史》。

　　③ 《新唐书》卷 43 下，《地理七下》。

　　④ 《南齐书》卷 31，《荀伯玉传》，记载齐武帝萧赜在东宫时，曾"度丝锦与昆仑舶营货"。

　　⑤ 《旧唐书》卷 122，《路嗣恭传》。

不到广州来①。但是，这个海港城市并未因此衰落。从唐代中期以后，却有更多的胡商蜂拥而至广州，以至于在黄巢起义军攻入广州以前，在广州的海外商人竟达十几万人②，数量之大远远超过此前的任何时期。在广州，为了改变"土人与蛮獠杂居"的情况，曾设立蕃坊，"俾华、蛮（指居住在广州的外国商人——引者）异处。③

三、海外贸易对社会经济和社会生活的影响

随着海外贸易的不断发展，海外贸易对中国社会经济所发生的影响也不断扩大。

从汉代至唐、五代时期，有不少有经济价值的植物品种自海外传入中国。晋代嵇含所撰的《南方草木状》曾记载："苏枋树，类槐花，黑子，出九真，南人以染绛，渍以大庾之水，则色愈深"；"龙眼树，如荔枝……出九真、交趾"。苏枋可染绛红色，是纺织业的重要染色原料。苏枋自越南传入中国，对中国的纺织业的发展有重要意义。龙眼则是后来中国南方闽、广的重要经济果木，龙眼果实焙乾，就是驰名中外的滋补品桂圆。这两种重要经济植物，在晋代以前显然都已经移植到中国境内。在这时期由海外移植到中国的果木，还有"波斯枣"④"偏桃"⑤ 等等。

由于许多中国所无的新异植物自海外移植到中国，当时像《南方草木状》、《南州异物志》等介绍南方新异物产的著作也不断出现。这些著作使中国内地的人们对海外异物有了更多的了解。其中特别值得提出的就是对棉花和棉纺织业的介绍。《南州异物志》曾记载说：

> 五色斑布……吉贝木所作。此木熟时状如鹅毛，中有核如珠珣，细过丝緜。人将用之，则治其核，但纺不织……欲为斑布，则染之五色，织以为布。

---

① 陆贽：《陆宣公集》卷18，《论岭南请于安南置市舶中使状》。
② 据《苏莱曼东游记》记述，黄巢攻入广州城后，"当时在城里做买卖而被杀死的回教徒、犹太教徒、耶教徒、马士德教徒共有十二万人"。这个数字虽然可能被夸大，但它却反映了当时广州的外商数量之多。
③ 《旧唐书》卷177，《卢钧传》。
④ 刘恂：《岭表异录》卷中记载："波斯枣，广州郭内见其树。"
⑤ 段成式：《酉阳杂俎》卷18说："偏桃，出波斯国……状如桃子而形偏，故谓之偏桃……西域诸国并珍之。"

所谓"古贝",又称"吉贝",出于马来语之 Kapas 或 Karapasa[①],就是棉花。《南州异物志》这样的介绍,无疑是以后棉花由东南亚传入中国的先声。从现存的文献考察,在后代成为人们衣着主要材料的棉布,最迟在南北朝时期就已通过南海航路传入中国。《宋书》曾记载:"呵罗单国(在今印度尼西亚的苏门答腊岛)……元嘉七年(430年)遣使献……天竺国白叠古贝、叶波国古贝等物。"[②] 梁武帝所使用的"木緜皁帐"[③],很可能也是从南海航路输入的舶货。这一切,无疑是宋元时期棉花生产和棉织业在闽、广地区普遍发展并由闽、广传入江南的先导。

阿拉伯地区出产的"火油"(即煤油),也在唐末五代时期输入吴越统治下的两浙。据《吴越备史》卷2记载:"火油得之海南大食国,以铁筒发之,水沃其焰弥盛。"吴越统治者在同南唐打仗时,曾把"火油"使用到战场上,在两军相接仗时,纵火油焚之,烧掉敌方船只四百余艘。据此可知,当时"火油"虽然还只为吴越所掌握,但"火油"由海外输入并用在火器上,海外贸易同军事技术的发展显然也已经发生了关系。

中国同海外各国进行贸易的海上航路,因以输出陶瓷为大宗,被后代誉为"陶瓷之路",以别于陆上的"丝绸之路"。海外贸易的发展,陶瓷之路的繁荣,对这时期制瓷业的发展,也有一定的促进作用。五代时割据闽南地区的留从效政权曾以"陶瓷铜铁,泛于番国,取金贝而还。民甚称便"[④]。既然以陶器到海外换回金贝,"民甚称便",当然会致力于发展这种手工业。东南沿海地区的制瓷业在五代以前不断发展,同海外贸易对这类商品需求的不断增加,显然是有关系的。

从汉代到唐五代时期,海外贸易的发展不仅对社会经济的发展起一定的积极作用,对社会生活也产生一定的影响。《南方草木状》不仅记载"耶悉茗花、末(茉)利(莉)花,皆胡人自西国移植于南海。南人怜其芳香,竞植之";还记载"指甲花……与耶悉茗、末利花皆雪白,而香不相上下,亦胡人自大秦国移植于南海……彼人多折置襟袖"。这些从海外移植而来的名花,成了一些地区人们日常生活中所喜爱的装饰品和点缀品。那些统治阶级上层人物则不仅利用海外贸易广求奢侈品,肆意挥霍,还大量使用由海路贩来的肤色较黑的人种为奴婢,这种奴婢称为"昆仑奴"。《宋书·王玄谟传》记载宋孝武帝刘骏"宠一昆仑奴子,

---

① 李思纯:《学海片鳞录》,《文史》,第三辑,1963年。
② 《宋书》卷97,《蛮夷传》。
③ 《梁书》卷3,《武帝纪》。
④ 《(泉州)留氏宗谱·鄂国公传》,转引自庄为玑:《宋元明泉州港的中外交通史迹》,《厦门大学学报》,1956年第1期。

名白主，常在左右"。晋代的李太后在为宫人时，"在织坊中，形长而色黑，宫人皆谓昆仑"①。在唐代的传奇小说中；也有"昆仑奴"的传奇故事。在小说作者的笔下，"昆仑奴"被描写成忠实、勇敢而又神奇莫测的奇人。这一切说明，在汉、唐时期，有关昆仑奴的记载已经不少，并且已为许多人在日常生活中所熟知，否则，晋代的宫人就不会把"昆仑"作为一个"形长而色黑"的宫女的外号，唐代的小说家也是不会专为"昆仑奴"写传奇故事，并把故事写得那么神奇。

四、统治者对海外贸易看法的变化及市舶收入对封建王朝财政收入的意义

由于海外贸易的不断发展和海上航路逐渐成为中外经济交流的主要渠道，封建统治者对海外贸易的看法也发生很大的变化。在唐代以前，统治者虽然也很重视海外贸易，但主要是把海外贸易视为获取珠宝以供统治阶级上层人物享用的重要途径，并没有把海外贸易视为财政上的一项重要收入。三国时期吴国的薛综就曾说过，海外贸易的港口"贵致远珍名珠、香药、象牙、犀角、瑇瑁、珊瑚、琉璃、鹦鹉、翡翠、孔雀、奇物，充备宝玩，不必仰其赋入，以益中国也"②。各海外贸易港所获得的利益，也大都归入地方官的私囊。晋代的广州，"前后刺史皆多黩货"③。南北朝时，"外国贾人"的"海舶"来到广州，一般的情况虽然是"州郡以半价就市，又买而即卖，其利数倍"。但这只是地方官相沿袭的陋规，并不是中央政权规定的制度，所获厚利也并不归中央政权。梁朝的王僧孺任南海太守时，看到这种"厉政以为常"的陋规，感慨地说："昔人为蜀部长史，终身无蜀物，吾欲遗子孙者，不在越装。"像王僧孺那样在广州"并无所取"④的官员，可以说是极罕见的。据此可知，当时在广州收购舶货的利益，都归地方官私有，在封建王朝的财政收入中不占什么位置。

但是，随着海外贸易的发展，封建统治者也逐渐认识到海外贸易对增加封建王朝财政收入的意义。东汉章帝元和年间（84—87年），因"是时谷贵，县官经用不足"，有个官员向汉章帝提出了"宜因交趾、益州上计吏往来，市珍宝，收采其利"⑤的建议，但这种建议遭到其他官员的反对。汉章帝虽然认为这种建议

---

① 《晋书》卷 32，《孝武文李太后传》。
② 《三国志·吴书》卷 53，《薛综传》。
③ 《晋书》卷 90，《吴隐之传》。
④ 《梁书》卷 33，《王僧孺传》。
⑤ 《后汉书》卷 43，《朱晖传》。

可取，但并无把这种建议认真付诸实行。这说明，在东汉时期，市舶之利虽然已为统治集团中的部分人所认识，但这种认识在整个统治集团中并不占主导地位，所以封建统治者才没有采取果断措施，开展同地方官员争夺市舶利益的斗争。到了唐代，情况就不同了。封建王朝对海外贸易的真正利益所在，已经看得很清楚了。韩愈曾经说过："若岭南帅得其人，则……外国之货日至，珠、香、象、犀、玳瑁，奇物溢于中国，不可胜用。故选帅常重于他镇"①。唐王朝为了增加市舶收入，不仅选派得力的官员到广州，还在广州设市舶使，派宦官充任市舶官员，专门负责海外贸易的管理和对舶商的征税事宜，并"以岭南帅监领之。设市区，令蛮夷来贡者为市，稍收利入官""蕃舶泊步有下碇税"，规定"番商贩到龙脑、沈香、丁香、白豆蔻四色，并抽解一分"②，唐王朝在广州设立专门的栈房，保存外商的货物直至抽税完毕。还规定了一套外商管理办法，外商在中国各地进行贸易，都要携带地方官给予的身份证明信，及管理市舶的宦官所给予的证明旅行人所带银钱及商货数量的公函。携带上述证件的外商如果在旅途中丢失货物，唐朝官府负责给予查寻。如果外商死在唐朝境内，唐朝的官府则负责为之保存货物，交还其继承人③。

唐朝所规定的这一套市舶管理办法，显然是有利于海外贸易活动的正常进行的，也是有利于增加市舶收入的。唐代广州市舶收入的数量虽然史无明载，但是，从唐玄宗为了对南海神"致崇极之意""册尊南海神为广利王"④一事，可以看出，唐王朝设市舶使后，一定得利甚广。

正因为如此，尽管在唐肃宗乾元元年（785年），广州曾发生"大食、波斯围州城，刺史韦利见踰城走，二国兵掠仓库、焚庐舍，浮海而去"⑤这一事件，唐王朝还是坚持招徕外商、保护海外客商，以发展海外贸易的政策，一再打击那些贪赃枉法、敲诈勒索外商的官员。太和八年（835年），唐文宗还为此专门发布这样一个"上谕"：

> 南海蕃舶，本以慕化而来，固在接以仁恩，使其感悦。如闻比年长吏，多务征求，嗟怨之声，达于殊俗。况朕方宝勤俭，岂爱遐琛。深虑远人未安，率税犹重，思有矜恤，以示绥怀。其岭南、福建及扬州蕃客，宜委节度观察使常加存问，除舶脚、收市、进奉外，任其来往通

① 韩愈：《昌黎文集》卷21，《送郑尚书序》。
② 《新唐书》卷163《孔戣传》，及顾炎武《天下郡国利病书》卷130，有相同的记载。
③ 《苏莱曼东游记》，第33-38页。
④ 韩愈：《南海神庙碑》。
⑤ 《资治通鉴》卷220，"肃宗乾元元年九月癸巳"。

流，自为交易，不得重加率税。①

　　唐王朝统治者这种保护外商的政策，在海外商人中得到良好的反应。《苏莱曼东游记》就盛称唐朝皇帝"对于商人们，是从来不肯待错的"。该书还记载了一个阿拉伯商人从伊拉克买了大宗商货到中国来卖，因与太监争价格，商货被太监没收，这个商人化装跑去晋见唐朝皇帝，皇帝惩治了太监的故事。

　　唐朝统治者这种保护外商，奖励海外商人来华贸易的政策的推行，使得广州等港口的海外贸易活动更加繁荣，唐王朝的市舶收入也更多了。到唐末，当黄巢起义军进军广州时，唐朝的宰相于琮就曾说："南海市舶利不赀，贼得益富，而国用屈"②。广州市舶收入的得失，对唐王朝竟然成了关系到整个中央政府财政是否空竭的大问题。可见，市舶收入在唐王朝的财政收入中的比重之大了。

　　到五代时期，整个中国的海外贸易虽然不如唐代那样繁荣，但是，市舶收入仍然是吴越、闽、南汉这几个东南地区的割据政权收入的重要支柱。北宋中期的宋神宗曾说："昔钱、刘窃据浙、广，内足自富，外足抗中国（指梁、唐、晋、汉、周五个中原王朝——引者）者，亦由笼海商得术也"③。

　　由上述几个问题可以看出，从汉代至唐、五代时期海外贸易的不断发展，对中国社会经济的发展起了一定的促进作用。而对外贸易航路的不断开辟，航海经验的积累、市舶司的设置及市舶条例的初步制订等等，则为后代海外贸易的发展准备了条件。宋、元时期我国海外贸易的空前繁荣同汉唐时期准备下的发展条件是有一定关系的。因此，对汉至唐、五代时期的海外贸易在中国海外贸易史上所占的重要地位，应予充分的肯定。

原载《海交史研究》1981 年（总第 3 期）

---

①　《全唐文》卷 75，《太和八年疾愈德音》。
②　《新唐书》卷 225 下，《逆臣下·黄巢》。
③　《续资治通鉴长编拾补》卷 5，"神宗熙宁二年九月"。

唐代的开放政策与海外贸易的发展

汶 江

唐代是我国历史上一个空前盛大的朝代，在政治、军事、文化方面都有很多建树，封建经济也十分繁荣，7世纪初至8世纪中叶更盛极一时，版图之广，国势之强，均凌驾前代。对外关系之密切，更是前代所无。西北陆路"参天可汗道"上，亚洲各国的使节商旅往来不绝。唐都长安是当时世界上最大的国际都市。海道上，东起日本，西至阿拉伯，甚至东非，都有"唐家子"的踪迹。唐朝在我国航运史上占有承先启后的重要地位。上则继承了两汉以来在造船和航海技术方面的种种成就，并加以改进；从而下开宋、元、明海运大发展的先河。

由于唐时封建经济的迅速发展，农业和手工业产品的大量增加，提供了对外交换的雄厚的物质基础。工商业的兴盛促进了造船业和水陆交通的发展。

一、唐代的商业政策对海外贸易的促进

秦汉以来各朝的统治者都执行"重本抑末"的政策，对商业的发展进行了种种限制。唐朝的统治者却不如此，他们对商业活动不是限制而是鼓励。如《通典》卷2："乐迁就宽乡者，并听卖口分"；注曰："卖充住宅、邸店、碾硙者，虽非乐迁，亦听私卖"。此句的意义就是允许买卖作为永业的口分田来作"邸店"。"邸"指储藏商品的仓库。"店"即商店。同书卷7又说："东至宋汴，西至岐州……南诣荆襄，北至太原、范阳，西至蜀川凉府皆有店肆，以供商旅。"这充分说明唐朝政府对商业活动的态度。在外贸方面，则采取分别对待的办法。西北各地，如突厥、吐蕃，唐时都十分强大，和唐朝的土地又相互接壤，并且和唐朝发生过多次战争，因此对西北各地的贸易有相当多的限制，非经允许，不得私度边关。如《唐律》规定："诸越度缘边关塞者，徒二年。共化外人私相交易，若取与者一尺，徒二年半。三匹加一等，十五匹加役流。私与禁兵器者，绞。共为婚姻者，流二千里。未入未成者各减三等。即因使私有交易者，准盗论。"又如《唐律疏议》引《关市令》："锦绫、罗縠、绸绢、绵布、牦牛尾、真

珠、金、银、铁，并不得度西边诸关。"不准铁器输出，显然是为了安全计，防止西北各族用铁来做兵器。此外，对丝绸、布帛等所进行的限制，不过是为了唐朝政府易于控制其价格，以便换取更多的西北各族的马匹之类牲畜罢了。南海以外各国都和我国相距遥远，不会对我国安全造成直接的威胁，同时陆上的丝绸之路因沿线时有战火，畅通不易，而且较重易碎的商品，如瓷器也难以用陆路运输，因此对南海诸国贸易，不仅不加限制，而且十分鼓励，允许我国商人去海外经商。对于来我国的外商，也给予种种优待与保护。为了促进海外贸易，唐朝中央还专门颁布过禁止重税，保护外商的命令。如文宗太和八年（834年）上谕："南海蕃舶，本以慕化而来，固在接以仁恩，使其感悦。如闻比年长吏，多务征求，怨嗟之声，达于殊俗，况朕方宝勤俭，岂爱遐琛，深虑远人未安。率税犹重，思有矜恤，以示绥怀。其岭南、福建、扬州蕃客，宜委节度观察使，常加存问。除舶脚、收市、进奉外，任其往来通流，自为交易，不得重加率税。"①

表明唐代海外贸易繁荣的情况的，既有丰富的文献可征，又有大量的文物出土为证。近年在广东以及新疆、青海、陕西等地，都出土过不少的唐时流入中国的波斯萨珊王朝银币，有的地方出土的这类波斯金币，数量都相当大。在陕西还出土有唐时流入我国的阿拉伯金币和东罗马金币。国外如在埃及、斯里兰卡和印尼等地，也出土过唐代的瓷器。在今托克玛克南的阿克别希姆古城遗址中，还出土过唐代的"开元通宝""乾元重宝""大历元宝"等货币。又在上述航线上打捞沉船时，也发现有唐代的钱币和瓷器等物。

二、唐代的造船和航海技术

发展海外贸易的重要先决条件之一的造船和航海技术，在唐代都十分发达。唐代我国所造的船，不但质量优良，而且数量庞大。如唐太宗贞观二十二年（648年）一次就在婺、洪等州造船一百艘，次年阎立德又在洪州"造浮海大船五百艘"。又据《嘉庆瓜洲志》引《秋汀偶录》记载："天宝十年大风驾海潮，沉江艘数千只。"足见当时造船之多。仅就沿海各地来说，如山东的登州、莱州，江苏的扬州、苏州、常州，浙江的杭州、绍兴，福建的福州、泉州，以及广州、交州等地也都以造船业著称，仅扬子县（江苏、仪征）一地就有造船场十个。如《唐语林》："（刘）晏初议造船，……置十场于扬子县。"②

唐时所造的内河船，大约就可载万石。如前引《唐语林》卷8："江湖语曰：

---

① 《全唐文》卷75，《太和八年疾愈德音》。
② 王谠：《唐语林》卷1，《政事上》。

'水不载万'。言大船不过八九千石。大历、贞元（8世纪下叶）间，有俞大娘航船最大，居者养生、送死、婚嫁，悉在其间，开巷为圃，操驾之工数百，南至江西，北至淮南，岁一往来，其利甚大，此则不啻载万也。"① 唐代的内河船的实物近年也有所发现，如"文革"期间，如皋曾出土一艘唐代木船。该船残长17.23米，宽2.58米，深1.6米。据推算为载重20吨的内河沙船。该船造船技术也很先进，采用了水密隔舱外，并使用了铁钉及桐油。所谓水密隔舱，就是把船的内舱分隔为若干互不相通的部分，这也是造船技术上的一大进步。因为这样即使船体有部分损伤进水，也不致影响全船的抗沉性，从而保证了安全。由此可知，至迟在唐代，我国就已创造了这一技术，欧洲却直到17世纪才仿效我国而采用了这种构造形式。

　　关于唐代的海船，也有记载。如玄应《一切经音义》卷2《大般涅槃经》第8卷，"大舶"条："'埠苍'大船也，大者长二十丈，载六七百人者是也。"又同书卷10《三具足论》"船舶"条："'字林'大船也，今江南凡泛海舡谓之，昆仑及高丽皆乘之，大者盛受之，可万斛也。"外国一些学者总是力图贬低中国人民的成就，硬说上引是指外国船，终是不值一驳的。二书所注虽是佛经，但所引的却是中国典籍如上述慧琳和玄应所引用的"字林"和"埠苍"，都是中国辞书，所谈的内容也充分表明是中国船，而且搭外国乘客。我们还可以举出好些事实来证明唐时中国所造船舶的优良。那时不但朝鲜和东南亚各国人士喜欢乘坐中国船，就是现代以善于造船和航海著称的日本人，在唐时也是如此。当时往来于中国和日本之间的，约有大部分是中国船（唐舶），即使日本所建造的海船，其造船技术和驾驶员也大都是中国人（唐人）。② 中国船以船身大，载重量多，结构坚固，抵御风涛力强见长。中国船员以擅长驾驶，善于利用信风而驰名。阿拉伯作家对此有所记载。在《中国印度见闻录》一书中就说中国船特别巨大，能抵御波斯湾的惊涛骇浪。也由于船身庞大，吃水深，在波斯湾内一般只航行到西拉夫为止，以西则改用阿拉伯小船转运货物。③ 又说各国船舶到达南印度的故临国时，都要纳过口税。中国船由于载重量特别大，要纳一千迪尔汗。别国船只比中国船小得多，只需按其重量纳税一至十第纳尔不等（一千迪尔汗约合五十第纳尔）。又，《中国印度见闻录》的法译者索瓦杰在其绪言中就充分肯定中国人对阿拉伯海运的贡献。他说："应该承认中国人在开导阿拉伯人远东航行的贡献。

---

　　① 王谠：《唐语林》卷8，《补遗》。
　　② ［日］木宫泰彦著，陈捷译：《中日交通史》上卷，商务印书馆，1932年，第138页。
　　③ 波斯湾的平均深度仅40米左右，湾头通往乌剌等处的航道更多浅滩与漩涡。穆根来、汶江、黄倬汉译：《中国印度见闻录》，中华书局，1983年，第8页。

波斯湾的商人乘坐中国的大船才完成他们头几次越过中国南海的航行。"[1]

唐时除帆船外，还能制造用人力推动的轮船。《旧唐书》卷131《李皋传》："常运心巧思为战舰，挟二轮，蹈之，翔风鼓浪，疾若挂帆席。"又《新唐书》卷80《曹王明·嗣曹王皋》也说："教为战舰，挟二轮，蹈之，鼓水疾进，驶于阵马。"唐朝设有都水局和舟楫署，其主管官吏称为水衡监和舟楫令，专门管理公私船只及漕运事宜。

唐朝时国内水陆交通都很发达。关于内河航运，《旧唐书》卷94《崔融传》上有生动的描绘："天下诸津，舟航所聚，旁通巴、汉，前指闽、越，七泽十薮，三江五湖，控引河洛，兼包淮海。弘舸巨舰，千轴万艘，交贸往还，昧旦永日。"

当时长江下游的船只可以溯流而上到四川。杜甫诗"蜀麻吴盐自古通，万斛之舟行如风。"又从他在草堂所作的诗句"门泊东吴万里船"，表明当时江苏的船只可以远达成都。

开元二十二年（734年）起，又对漕运的方法与运河河道进行了改革和整理。最盛时天宝三年（744年）曾达到"岁漕山东粟四百万石"至京师的纪录。海运的发展也大大超过前代。近海航行方面，是唐朝开始用海运调运南北物资。如杜甫《后出塞》："云帆转辽海，粳稻来东吴。"又《昔游》："吴门转粟帛，泛海凌蓬莱。"据敦煌发现的唐代"水部式"记载，山东登、莱、沧等州，就有海运水手三四千人。当时还海运粮食至越南，如《唐会要》卷87："咸通五年（894年）南蛮（南诏）攻安南府，连岁用兵，馈挽不集，诏江淮盐铁巡院和雇用船，运淮南、浙西道米至安南。"远洋航行方面，向东往日本的航线就有两条，向西至印度洋的航线已延伸至东非。

唐代对于航海的知识也非常发达。如代宗年间（762—779年）出现过一部研究海洋潮汐的专著，即浙东处士窦叔蒙的《海涛志》。姑且不谈三国时，吴国人严峻所著的《潮水论》，因原书散佚，不详其内容。窦氏书中对于潮汐现象作了相当全面的研究，如潮汐的成因、涨落的循环规律等。根据他的推算，"积日日二千八百九十九万二千六百六十四"，而潮汐循环次数为"积涛五千六百二万一千九百四十四"。由此可以算出一个潮汐所需的时间为12小时25分14.02秒，两次潮汐循环推迟的时间为50分28.04秒。这与现代一般计算正规半日潮每日推迟50分相差甚微。又他在《论涛时》一章中对高低潮时的推算建立了一种科学的图表法，可算是我国最早的"高低潮时推算图"，这比现存的英国《伦敦桥涨潮时间表》（1213年）要早450年。[2]

---

[1]　《中国印度见闻录》，"法译本序言"，第25页。

[2]　徐瑜：《唐代潮汐学家窦叔蒙及其〈海涛志〉》，《历史研究》，1978年第6期。

唐人对于帆船的主要动力——风，也很有研究，已经将风力分为 8 个等级。即：①动叶；②鸣条；③摇枝；④堕叶；⑤折小枝；⑥折大枝；⑦折木飞砂石；⑧拔大树及根。这比英国蒲福氏风力等级的规定约早 1 000 年。

唐代的地理学也很发达。仅《新唐书·艺文志·地理类》所著录的就有 106 种，1 292 卷之多。虽然其中相当一部分不幸散佚，但全书或一部分保存下来的仍不在少数。贾耽（730—805 年）的著作就属于后一种情况。[①] 他所著的《古今郡国县道四夷述》及《皇华四达记》原书已佚，所幸《新唐书·地理志》后面录有他所述唐时通往四邻的主要交通线 7 条，其中两条是海道。一为登州入高丽渤海道，一为广州通海夷道，即为广州通往波斯湾及东非的航线。贾耽的著作是研究印度洋的航运史以及我国与亚非国家友好关系史的珍贵资料，素来为全世界东方学家所重视。其成书比阿拉伯学者伊本·霍达伯所著的《道程及郡国志》一书约早 50 年，对贾耽所述的陆道已有多人做过研究。对他所记这条起自广州的海道，研究者更多。[②] 广州至波斯湾头这段航程经过多人的研究，其中大多数地名已得较为确切可靠的结论，争议虽有，一般不算太大。[③]

> 自婆罗门南境，从没来国至乌剌国，皆缘海东岸行，其西岸之西，皆大食国。其西最南，谓之三兰国。自三兰国正北二十日行，经小国十余，至设国。又十日行，经小国六七，至萨伊瞿和竭国。当海西岸，又西六七日行，经小国六七，至没巽国。又西北十日行，经小国十余，至拔离谓摩难国。又一日行，至乌剌国，与东岸路合。[④]

上述这段中的地名，颇难考证，研究的人较少，而这少数人之间分歧却不小。藤田丰八认为上述的三兰为 Sirendib（锡兰）的对音。我们认为他这一看法

---

① 贾耽（730—805 年），字敦诗，沧州南皮人，德宗贞元时（785—805 年）曾被征为右仆射、同中书门下平章事（即宰相职务）。《旧唐书》卷 138，《新唐书》卷 166 有传可资参考。

② 如沙畹在其《西突厥史料》中研究过西安通西域的路线。伯希和在其《交广印度两道考》中研究过安南通天竺道。我国学者张星烺对航线的全程进行过一番研究，见其著《中西交通史料汇编》第二册第 154-159 页。冯承钧研究过广州至波斯湾航线，见冯著《中国南洋交通史》第六、七章。岑仲勉对波斯湾以西这段作过考证，见岑著《中外史地考证》下册，《自波斯湾头至东非中部之唐人航线》，第 401-414，415 页。汶江：《评唐代广州至波斯湾的海上交通》；于豪亮：《我国古代海上交通中几个地名的考证》，以上二文均见《文物》1978 年第 1 期。日本桑原骘藏：《唐宋贸易港研究》，杨炼译，第 22-30 页（对夏德、柔克义的错误颇能纠正）。藤田丰八考证过波斯湾以西诸港，见何健民译《中国南海古代交通丛考》第 225-229 页。法国伯希和研究过广州至锡兰这段，见冯承钧译本《交广印度两道考》下卷。又，费琅：《昆仑及南海古代航行考》，冯译本，第 116-122 页。此外，德国人夏德与美国人柔克义在其合译的《诸蕃志》英译本序言中，也曾考证过广州至波斯湾这一段航程。

③ 岑仲勉：《中外史地考证》下册，第 411-414 页。

④ 《新唐书》卷 43 下，《地理七下》。

是错误的①。

也有人认为三兰即亚丁。我国张星烺先生说得对："综计由乌剌国至三兰国，共需四十八日，由广州至米罗之长途仅行八十九日，而三兰至乌剌需时一半有余。由巴士拉绕阿拉伯半岛至亚丁港，不需此长时间。三兰必在更南，东非沿岸，已无疑矣。"② 其理由是很充足的。岑仲勉认为，三兰即坦桑尼亚的达累斯莎拉姆。③ 这也是很可取的。不仅里程相当，对音很近，我们还可以举出一些旁证以支持他的意见。④

设国，一般认为是阿拉伯半岛南部的席赫尔，此字原意为海岸。古代是半岛南部沿海地带的通称，后来专指一个港口，即《诸蕃志》所记大食属国之一的施曷，今也门人民共和国的席赫尔。

萨伊瞿和竭国，据贾耽所记应在半岛的东南角。这一带地区唯有马斯喀特以南的卡尔卡特，即《诸蕃志》中的伽力吉与此字的对音相似，但距下述的没巽似乎近了一些。

没巽，公认为是阿曼的苏哈尔的古名的对音。据中世纪阿拉伯作家的记载：此地是一重要港口，赴中国的船只多由此地出发，这一考证是可靠的。

关于拔离谓摩难国，尚待继续研究。岑仲勉认为是巴林岛上的麦纳梦Manama，并拟还原为 Qual-al-Manama，⑤ 虽然以磨难对 Manama 的音韵基本上可

---

① 藤田说："……三兰为 Sarendib 之对音。贾耽书中记此岛名曰师子国。然贾氏只知北行四月至没来中之为师子国，是故乃以为另一国，而译作三兰国。"（《中国南海古代交通丛考》第 226 页）。这种说法十分牵强，因为，首先，师子国和中国交往开始很早。三国时康泰的《吴时外国传》中就提到斯调。3 世纪末，晋时支僧载的《外国事》，刘宋时竺枝的《扶南记》上都有"私诃条"一名。"斯调"和"私诃条"都是 Sihadipa 的对音，这是无可怀疑的。5 世纪初，法显曾在锡兰住过两年，他的《佛国记》上首先使用师子国一名，并对此国有详细记载。此后中锡之间的交往日益密切，正如锡兰国王书信上所说："虽山川阻隔，而音讯时通。"大约在贞观二十年（648 年）前后成书的玄奘《大唐西域记》，对此国也有所记载，称为僧伽罗（Simhala—执师子）。7 世纪末，义净也译成诃罗国（但同时也使用师子国或师子州）。唐人著作中提到师子国的还多，可知这是中国人所熟知的国家。其次，贾耽书中所记方位十分明确：全部航程以乌剌为中心，前段是沿波斯湾东岸航行的，即"皆沿海东岸行"。后段，所谓"其西岸之西皆大食国"。很明显是指阿拉伯半岛及其以西地方。再次，藤田既然认为设国是阿拉伯半岛南端的席赫尔，如果三兰即锡兰，请问如何航行法？席赫尔在锡兰西北，而不是正北，锡兰向北航行的航线前段已经写得很清楚了。

② 《新唐书》引用贾耽所述的前段航程中，从伽蓝州至师子国间有十日的遗漏，前段航程应为九十九日，即使这样，三兰至乌剌间所需的日数也约为前段航程的一半。又，张星烺：《中西交通史料汇编》第二册，中华书局，1977 年，第 159 页。

③ 岑仲勉：《中外史地考证》下册，第 402-404 页，波斯语 Bandar，港口之义。

④ 公元 1 世纪时，阿拉伯人的足迹就已到达桑给巴尔附近的拉普塔，波斯萨珊王朝的开创者阿尔塔希一世曾和非洲层檀国王建立友好关系。大食帝国与东非的关系更加密切。19 世纪时，坦噶尼喀的卡金格瓦地方出土过唐、宋时代中国古钱 176 枚之多。段成式《酉阳杂俎》中有不少关于东非的记载，等等，均足以证明当时中国也曾到达过这一带地方。

⑤ 岑仲勉：《中外史地考证》下册，第 402-404 页。又 Qual-al-Manama 这字是岑氏杜撰的，阿拉伯字典中并无此字。如有，这字的意思应是为"磨难港之白莲岛"，而非岑氏所说的"白莲岛之磨难港"。

以，但里程相差太远。巴林岛至乌剌与至没巽的距离相差无几，约为 2∶3，航行的日数决不应相差十倍之多。因此岑氏的考证难于成立。藤田认为应在距乌剌国一日程的提罗卢和罗国附近寻觅拔离谓摩难国的意见倒较为合理。

综上所述，唐代我国的船舶不仅到达波斯湾头和阿拉伯半岛南部诸港，而且远到东非沿岸桑给巴尔附近。

贾耽所记这条航线直至 16 世纪以前，是人类所定期使用的最长的航线。[①] 这是亚非人民共同努力所取得的辉煌成绩。对这条航线的开辟，就连偏见极深的胡兰尼也不得不赞叹说是一桩非凡的成就。亚非许多国家都循着这条航线东来，和唐帝国展开频繁的海上交通。

三、中国和阿拉伯之间的海上交通

远在伊斯兰教兴起之前，中、阿之间就已有交往。汉朝的使者甘英曾到达过条枝，穆罕默德也曾要他的弟子向中国求学问。虽然东晋的法显已在锡兰遇见过萨波商人，但阿拉伯与中国之间的直接的海上交通却开始于唐朝。

唐代和中国交往最密切的还要算阿拉伯。自唐高宗永徽二年（651 年）以来，有史可考的，阿拉伯派遣使臣到唐朝共达 37 次之多。翁米亚王朝多次派遣使者到唐朝，贡献方物。《旧唐书》卷 198："永徽二年始遣使朝贡，其王姓大食氏，其名嗽密莫末腻。"唐朝对阿拉伯使者也极为优待，甚至授以官职。如开元二十九年（741 年）"大食首领和萨来朝，授金吾将军，赐紫袍，金钿带"。又开元十六年（728 年）"大食首领提卑多等八人来朝，并授郎中将"。[②] 然而 8 世纪初大将屈底波进军中亚时，也和中国的势力发生过尖锐矛盾。有名的高仙芝西征，就是在翁米亚王期的末期，他的随军人员中有蓝田县人杜环，在恒罗斯之役为大食人所俘，天宝十年（751 年）至西海，此后旅居阿拉伯十余年，宝应初（762 年）才乘中国商人船舶回至广州。

杜环所著《经行记》一书中，以赞扬的口吻描绘白衣大食首都大马士革的繁荣情况："郛郭之内，里閈之中，土地所生，无物不有。四方辐辏，万货丰贱。锦绣珠贝，满于市肆。驼马驴骡，充于街巷。刻石蜜为卢舍，有似中国宝辇。"杜环在大食时正当翁米亚和阿拔斯两王期更替之际，可惜他所著的《经行记》一书散佚，只有因杜佑在其《通典》中所引用而残存下一部分，否则我们还可

---

① 现代从达累斯萨拉姆至广州的航线长达 10 320 千米，这还是由东非横越印度洋直驶苏门答腊的。古代绕行波斯湾及阿拉伯半岛南部至三兰的航线估计不下于 14 000 千米——广州至巴士拉 10 040 千米，巴士拉至马斯喀时约 1 200 千米，马斯喀特至桑给巴尔 3 542 千米。

② 《册府元龟》卷 975，《外臣部·褒异第三》。

能获得许多关于阿拉伯的珍贵史料和关于这条航线的第一手资料。[①]

公元 750 年，成立阿拔斯王朝，即《唐书》中的黑衣大食，该王朝与我国的关系更为友好。中、阿之间的定期航运就开始于这段时期。黑衣大食国土虽然略为缩小，[②] 但经济文化却更为繁荣。当时阿拉伯处于世界交通枢纽，首都巴格达是西亚最大都市，水陆交通中心，亚非商旅云集之地。《天方夜谭》中那位有名的国王，哈伦·拉西德（786—809 年）时代，尤其人才辈出，科学、文学、艺术空前繁荣，是阿拉伯文化的黄金时代。此时阿拉伯海运的发展极为迅速，《天方夜谭》中有名的航海家辛巴德的冒险故事，就反映出这一情况。

在黑衣大食的初期，阿拉伯人来中国的已经相当多。如前所述，大食人能与波斯人联合攻打过广州，抢劫仓库，焚毁庐舍，此时虽因安史之乱后，广州兵力薄弱，但在广州的波斯阿拉伯人数之多，也由此可见。这番举动引起广州一度封闭，禁止外商。这段时期阿拉伯船舶东来的终点改为交州。公元 792 年，广州重新开放，阿拉伯船才能直抵广州。关于这条航线最早的记载之一就是前引贾耽的著作。

为了扫清中、阿之间航运上的阻碍，公元 852 年阿拉伯人曾由巴士拉派遣一支强大海军讨伐巴林岛上的海盗。这批匪徒十分猖狂，经常抢劫阿拉伯、波斯、中国、印度的商船。《印度珍异记》一书中所载第一个定期往返航行于中国、阿拉伯之间有名的船长阿巴拉的故事，大致就发生在这段时期。

四、唐代我国与南亚及东南亚的海上交通

距我国较近的南亚及东南亚诸国，在唐时和我国的海上交通就更为方便了。

我国去这些地方的商船为数不少。如前引《旧唐书》卷 151《王锷传》就说他："日发十余艇，重以犀象珠贝，称商货而出诸境，周以岁时，循环不绝。"上文所述，一般商船可能比贪官王锷的私货船还要多些，因为他的私货船是与众多的商船混在一起，蒙混出境的。根据其航程，往返需时一年来看，这些船很可能到达南亚，至少也能到达东南亚各国。

师子国——驶往南亚地区来中国的船也不少，其中最重要的，首先要算师子国（锡兰），该国东航的船只很多，如 8 世纪初叶金刚智从印度来中国时："自

[①]　王国维的《古行记校录》中辑录有散佚于《通典》及《太平寰宇记》中《经行记》残文。惜所据版本不善，致多讹误。此外，有丁谦：《经行记校注》，收入《浙江图书馆丛书》第二集。张一纯：《经行记笺注》也可参考。

[②]　西班牙部分在阿卜都拉曼之下独立为绿衣大食，又称为后翁米亚王朝，因为直至公元 1009 年该国仍沿用翁米亚王朝的称号。

师子国登舟，共三十五舟，一月至佛逝，留五日，复由此登舟赴支那。"[①] 而且该国的船型大，运载量多。如李肇《国史补》卷下："南海舶，外国船也。每岁至广州、安南。师子国舶最大，梯而上下数丈，皆积宝货，至则本道奏报；都邑为之喧阗。"

南亚次大陆除贾耽提到的没来（即故临今拔旭）、提㕙西等海岸港口外，东海岸的那伽钵亶那、躭摩立底、占波等国和我国也有海上交通。

那伽钵亶那，即现在印度的马德拉斯邦的内格巴丹，是南印度东岸良港，与我国和印度尼西亚各岛都有交往。和义净同时的无行禅师就是从室利佛逝出航，到达马来半岛西岸的羯荼，由该地到此港，然后再赴师子国。汪大渊也到过此地，他的《岛夷志略》称此地为八丹。宋、元时中国人来此的众多，当时该地古塔上的中国旅行家的题词，一直保存至 12 世纪中叶。汪对此有记载。

躭摩立底，即《佛国记》中的多摩梨帝国，在恒河三角洲上，是印度和东亚海上交通的重要港口，法显归途就是由此地乘船启程的。玄奘也曾到过这里，他本来想由此乘船往师子国，后因海上风涛险恶，才改由陆路南下。义净赴印度时，是在公元 672 年先到羯荼，由此北航经裸人国而到达此港。他回国时也是由此启程，乘船而到达佛逝。此后到过躭摩立底的高僧，还有大乘灯和道琳，后者在此地住过三年，学习梵文。

占波即《佛国记》的《大唐西域记》中的瞻波，位于恒河下游，与我国也有海上交通。据《册府元龟》卷 940 记载：有一位名叫严怀志的小军官，在平凉劫盟中，为吐蕃所俘虏，被拘留十余年后，他终于历尽艰险，逃到印度，并在印度人民友好的协助之下，才从占波乘船泛海归国的。"严怀志以泾原稗将随浑瑊，会吐蕃背盟，怀志等陷没，居吐蕃中十余年，逃入以西诸国，为所掠卖。又脱走，经十余国，至天竺占波国，泛海而归。贞元十四年（789 年），始至温州。征诣京师，德宗以怀志处蕃中久，不欲令外出，囚之杖内。顺宗即位（805 年），乃释之，初怀志之陷，父母俱存。及归，父母皆没，妻嫁他人。"[②] 这位勇士的遭遇实在太不幸，使他不能有所著述，否则中西交通史上又多一珍贵史料。

东南亚各国的船只统称昆仑舶。我国古籍中的昆仑诸国，范围十分广大，北起占城（林邑），南至爪哇，东抵婆罗洲（加里曼洲），西至马来半岛，甚至远

---

① 《贞元释教录》卷上，《金刚智传》。
② 《册府元龟》卷 940，总录部《患难》11 077 下。

达马尔加什岛。狭义的昆仑即指昆仑山。① 唐人著作中一般使用昆仑一词的广义。南海诸国人习于航海，有不少优秀的水手，所造的船舶也很好。如慧琳《一切经音义》卷 61《根本说一切都有部·昆奈耶大律》第 32 "破舶" 条："司马彪注《庄子》云：'海中大舡曰舶。'《广雅》：'舶，海舟也'。入水六十尺，驶使运载千余人，除货物，亦曰昆仑舶。运动此船，多骨论，为水匠用椰子皮为索连缚，葛览糖灌塞之，令水不入。不用钉，恐铁火生，梠木枋而作之，板薄恐破，长数里。前后三节，张帆使风，非人力所能动也。" 上文中的骨论（即昆仑）。又其中 "数里" "千余人" 虽不免夸张，但船的庞大却是事实。又从不用铁钉，而用椰索这点，可证明是典型的印度洋船型。

这种昆仑舶常航行于中国和东南亚各港口之间，鉴真在广州看见过这种船。唐人张文成的《龙筋风髓判》卷 2 说："波斯、昆仑等舶到，给食料。" 前述金刚智的弟子不空回印度时，也是附昆仑舶，离南海至诃陵（爪哇）国界。② 这也促进了我国与印度及印度尼西亚等地的文化交流。

唐以前，我国去印度留学的人，大都取道西域陆路，法显去印度时也是这样。唐时取道海路的人数大为增加，有名的义净就是其一。他来回都取海路，在他所著的《大唐西域求法高僧传》所载的 60 人中，取海道去印度的就有 33 人。再加上《续高僧传》等书的记载，唐时往来于南海中的僧人，有记载可考的就达 40 余人，商人与水手那就更多了。

唐时室利佛逝，简称佛逝，是东南亚大国，领域包括马来半岛、爪哇和苏门答腊全岛，地当东南亚与南亚海上交通的要冲。7—10 世纪时，中国印度之间海上贸易，很大程度受到该国的支配。该国有船队开往中国和印度，如义净由室利佛逝去印度时，就是乘坐该国王的船只。该国和我国的关系也很好。中国僧徒路经该国时，都受到优待。义净的《大唐西域求法高僧传》中所记载的高僧，大多数都经过该国。前述梁武帝时遣使来我国的干拖利就是室利佛逝的前身。唐时该国也多次遣使来我国。《新唐书》卷 222 下《室利佛逝传》："室利佛逝……咸亨至开元间（670—741 年）数遣使者朝……又献侏儒、僧祇女各二及歌舞，官使者为折冲，以其王为左威卫大将军，赐紫袍、金钿带。后遣子入献，诏宴于曲江，宰相会，册封宾义王，授右金吾卫大将军，还之。"

爪哇在我国古籍中称为叶调（《后汉书》）、诸薄（《太平御览》卷 788）、杜薄（同书同卷）、阇婆（《高僧传》），上述各名中，社薄应是杜薄之讹，均为 Yavadvipa 的译音。刘宋元嘉十二年（435 年）遣使来我国。《宋书》卷 97 称

---

① 费瑯：《昆仑南海古代航海考》，第 56 页；伯希和：《交广印度两道考》，第 65—74 页。
② 《宋高僧传》卷 1，《不空传》。

为阇婆婆达（后二字是衍文），唐时称为诃陵，乃 Kalinga 的对音。《新唐书》卷222下《诃陵传》："诃陵，亦曰社婆，曰阇婆，在南海中，东距婆利，西堕婆登，南濒海，北真腊……王居阇婆城。其祖吉延东迁于婆露伽斯城。旁小国二十八，莫不臣服……贞观中（627—649 年）与堕和罗、堕婆登皆遣使者入贡，太宗以玺诏优答……大历中（766—779 年），诃陵使者三至。元和八年（813 年）献僧祇、五色鹦鹉、频伽鸟等。宪宗拜内四门府左果毅，使者让其弟，帝嘉美并官之。讫大和（806—820 年）再朝贡。咸通（860—873 年）中遣使献女乐。"这表明该国与我国关系良好。诃陵也是中国印度航线上的重要中间站。往返于中、印之间的两国僧侣，常愍、法振、道琳、不空及其弟子多人都在诃陵停留、学习或换船。义净对该国相当推重，并建议去印度的人都应先在此国住一二年学习声明（梵文文法）等学识。当地通行的古马来语（或古爪哇语）称为昆仑语。义净、运期和贞固的弟子孟怀业都通晓这种语言，这不仅有助于他们的翻译工作，也增进了我国与印度人民之间的相互了解。根据现有资料，我国与菲律宾的经济往返，可以追溯到隋、唐时代。近年在菲律宾群岛各地，陆续出土有我国唐代的陶瓷等文物可以为证。

中国和东南亚各国的相互影响。对亚非各国来讲，我国丰富的工农业产品和先进的生产技术，由海道输送到这些国家，也丰富了当地人民的物质和文化生活。

从唐时起，我国人开始大量移殖于东南亚各地。如据爪哇记载，公元 922 年（后唐庄宗同光二年）有中国大沙船一艘，在爪哇三宝珑附近沉没，船员漂流上岸，献货物于直葛国王，得到国王允许，留居该地，为中国人定居于爪哇之始。[①] 我国的先进文化与生产技术，也随着移民而大量传播于东南亚各地。如在加里曼丹北部，曾发现过唐时中国人铸铁场的遗址。当时该岛还处于铜器时代，冶铁技术的输入，对当地生产的发展，无疑是很大的促进。

五、唐代我国对外贸易诸港口

唐时我国海上贸易的港口如下：交州，自汉代起就是我国往印度洋航线的起点，也是从印度洋东来的船舶的第一个登陆站。隋、唐时交州的海外贸易也十分繁荣。《隋书》卷 31《地理下》上说："南海、交趾各一都会也，并所处近海，多犀象、瑇瑁、珠玑，奇异珍玮，故商贾至者，多取富焉。"

扬州，是江淮之间的大镇，很古的时候就已发展海上交通。如《禹贡》上

---

① 转引自李长傅：《中国殖民史》，商务印书馆，1936 年。

就说扬州"沿于江海，达于淮泗"。大运河建成后，扬州水上运输更为方便，"夜桥灯下连星汉，水郭帆樯近斗牛"，因此日益繁荣。唐代此地是江南盐、铁、粮食向北方转运的中心，富甲天下，有"扬一益二"之称。益，即成都。扬州不但市场规模宏伟，如张估所谓"十里长街市井连"（《纵游淮南诗》），而且还有夜市，如杜牧诗"春风十里扬州路，天末楼台横北固……夜深灯火见扬州"，可见其繁华情况。唐代扬州也是国际贸易港。直至中唐以前，扬州距长江口较近，海潮可到达此地，海船可直抵扬州，所谓"鸬鹚山头微雨晴，扬州廊里暮潮生"。大历（767—779 年）以后，由于长江口东移，海潮已不能到达扬州。开成年间（836—840 年），仍有外国船舶到达扬州的记载，日本、波斯、阿拉伯等国船舶来此的很多，有所谓"隔海城通舶，连河市响楼"。扬州又在长江与运河的交叉点上，既可上溯长江，远至巴蜀，又可以从此沿运河，经洛阳、潼关而至长安。又如前引《新唐书·田神功传》上记载，一次战乱中，扬州的波斯、阿拉伯商人死难的竟达数千人。又唐人笔记小说，如《太平广记》等书中，经常提到扬州的"波斯邸"，扬州地方志书中，也有"波斯庄"的地名。又在扬州出土的唐代陶俑中，有不少波斯人的形象，等等。均足以说明此地波斯人的众多。

旅居扬州的外侨不限于波斯人和阿拉伯人，也有印度和东南亚等国人士。如开元二十年（736 年）日本第九次遣唐使团由扬州归国时，同船前往的就有南天竺婆罗门僧菩提仙那、林邑僧人佛彻等。扬州山光寺所在地，江都县临湾坊附近，还建有供婆罗门僧居住的"梵寺"。又，1964 年在扬州的瓜州附近发现了一座埋葬婆罗门僧骨灰的舍利石塔，塔内出土有一尊灰陶的婆罗门僧造像，从面型不难看出是一位印度僧人。至于到达扬州的日本人，那就更多了。自唐初至唐文宗开成初，约 200 年间，日本派来的"遣唐使"就有 10 多次，随行人员每次少则 200，多时竟达 600 人。

泉州在唐代开始成为对外贸易港，但此城的历史相当古老。早在三国时，吴景帝永安三年（260 年），在此地建立东安县，为建安九郡之一。自三国至唐朝约 500 年间，此城先后称为东安、晋安、南安、丰州等。隋开皇九年（589 年），才改丰州为泉州。此港海外交通也开始得很早，如《续高僧传》卷 1 记载，陈永定二年（558 年），天嘉六年（565 年），两次来泉州的拘那罗陀，即由此乘船往稜伽修国。下至宋、元、明，泉州一直是阿拉伯人来华贸易的主要港口。唐朝在泉州设有录事参军，掌出使导赞，负责接待外宾的工作。当时来泉州的外国人已经很多，有"市井十州人，还珠入贡频"的盛况。五代时泉州为闽国所辖，是对海外交通要地。五代后期该城曾经扩建以适应海外交通的需要，此后至马可波罗时，泉州大有超过广州之势。

　　号称"雄藩夷之宝货，冠吴越之繁华"的广州，在海外交通的地位上更为重要，历史也更为古老。早在汉代，此地就已成为对外贸易的港口。《史记·货殖列传》："番禺亦其一都会也，珠玑、犀、玳瑁、果、布之凑。"《汉书》卷28下《地理志》也说："处近海，多犀、象、瑇瑁、珠玑、银、铜、果、布之凑，中国往商贾者多取致富焉。番禺，其一都会也。"东晋法显时（4世纪末），广州和爪哇、苏门答腊一带已有需时50日的直达航线，海舶常往来，贸易日趋繁荣，东南亚各国的冶铁技术就是由广州传去的。《晋书·庾翼传》："时东土多赋役，百姓乃乃从海道入广州，刺史邓嶽大开鼓铸，诸夷因此知道造兵器。"《晋书·吴王隐之传》："广州包带山海，珍异所出，一箧之宝，可资数世。"因此贪官污吏视此地为肥缺，由此也反映出广州贸易额之庞大。如《南齐书·王琨传》："世云：'广州刺史，但经城门一过，便得三千万'也。"唐时由于海外交通更为发达，广州进而成为岭南重镇。韩愈《送郑尚书序》中谈到此事："外国之货日至，象、犀、玳瑁，奇物溢于中国，不可胜用，故选帅尝重于他镇。"《旧唐书》上提到广州海外贸易情况的文字很多，如该书卷89《王方庆传》："广州地际南海，每岁有昆仑乘舶以珍物与中国交市。"卷177《卢钧传》："南海有蛮舶之利，珍货辐凑。"又卷178《郑畋传》："左仆射于琮曰：'南海有市舶之利，岁贡珠玑。'"唐时广州每年进港的各国船舶之多，当时可数世界第一，《唐大和尚东征传》载鉴真在广州时，曾见珠江中有婆罗门、波斯、昆仑等国舶，不知其数，并装有香药、珍宝，积载如山。《旧唐书》卷131《李勉传》："（大历）四年，除广州刺史……前后西域舶泛海至者岁才四五，勉性廉洁，舶来都不检阅，故末年至者四十余。"又《新唐书·王锷传》："迁岭南节度使……诸蕃舶至，尽有其税，于是财蓄不赀，日十余艘载皆犀象珠琲，与商贾杂出于境。"

　　侨居广州的外国商人比扬州的还多，前引《唐大和尚东征传》载，广州有婆罗门寺三所，并梵僧居住，可见印度人不少。在《中国印度见闻录》一书中说，广州是阿拉伯商人云集之地。阿浦赛德·哈桑在该书的增补中说，唐末黄巢起义攻下广州时，混乱中死于战争的外国人约12万至20万人之多。这个数字当然是很夸张的，但也不难由此窥见广州外商的众多。

六、市舶使的设置

　　"广州地当会要，俗号殷富，交易之徒，素所奔凑。"（陆贽：《论岭南请于安南置市舶中使状》）为了管理这样繁难的国际贸易和外侨事务，唐朝曾专门在广州设置了市舶使，又能称市舶务。有时由节度使兼任，这一官职至迟在开元二年（714 年）就已设立。《册府元龟》卷 161："开元二年十二月，右威卫中郎将周庆立为岭南市舶使。"又，《新唐书》卷 112《柳泽传》："开元中，转殿中侍御史，监岭南选。时市舶使，右威卫中郎将周庆立造奇器以进。"市舶使又称"监舶使""押蕃舶使"，其职务是外国船舶进口时，对所带货物作检查、保管、征收关税以及收购政府的专卖品。《中国印度见闻录》对此有所记载："海员从海上来到他们的国土，中国人便把商品存入货栈，保管六个月，直到最后一船海商到达时为止，他们提取十分之三的货物，把其余的十分之七交还商人。这是政府所需的物品，用最高的价格现钱购买，这一点是没有差错的。"① 上述的十分之三似乎太高，很可能有地方官吏从中舞弊。因为据顾炎武《天下郡国利病书》记载说："贞观十七年（643 年）……番商贩到龙脑、沉香、丁香、白豆蔻四色，并抽解一分。"表明法定税额只是十分之一。官吏舞弊的行为是唐朝中央政府所禁止的，情况严重的甚至要判处死刑。如《旧唐书》卷 98《卢怀慎传》："南海郡利兼水陆，瑰宝山积。刘巨鳞、彭杲相替为太守、五府节度，皆坐赃巨万而死。"除征税外，市舶使还负责外侨的招待和保护工作："蕃舶泊步有下碇税，始至有阅货宴。"又："旧制，海商死者，官籍其资，满三月无妻子诣府，则没入。"② 所以市舶使，也称"结好使"。顾炎武《天下郡国利病书》卷 104："自唐设结好使于广州，自是商人立户，迄宋不绝，诡服殊音，多流寓海滨湾泊之地，筑石联城，以长子孙。"

广州有蕃坊——唐朝政府还在广州划出一个专门供来华外侨居住的区域，称为"蕃坊"。关于来华外国商人相互间争执与日常生活问题，则由侨商中间选出负责的人"蕃长"自行管理。如李肇《国史补》："南海舶，外国船也，每岁至安南、广州……有蕃长为主领。"③《中国印度见闻录》也有记载："在商人云集之地广州，中国官长委任一个穆斯林，授权他解决这个地区各穆斯林之间的纠纷，这是照中国君主的特殊旨意办的。每逢节日，总是他带领全体穆斯林做祷告，宣讲教义，并为穆斯林的苏丹祈祷。此人行使职权，做出的一切判决，并未引起伊拉克商人的任何异议。"④

七、海上交通与丝绸、瓷器的大量输出

唐代我国的传统商品丝绸，更多的由海道输出。《中国印度见闻录》卷 2，

---

① 《中国印度见闻录》，第 15 页。
② 均见《新唐书》卷 163，《孔戣传》。
③ 李肇：《国史补》卷下。
④ 《中国印度见闻录》，第 7 页。

哈桑所著的增补中，有一描写当时我国豪华的丝织品之精美。说有一个宦官身上穿了五件这种丝织品所做成的衣服，还能看见他胸口上的黑痣。哈桑赞叹说："在真主创造的人类中，中国人在绘画、工艺，以及其他一切手工方面都是最娴熟的，没有任何民族能在这些领域里超过他们。中国人用他们的手，创造出别人认为不可能做出的作品。"① 此外，我国所产的陶瓷，也从唐代起开始大量外销，唐朝和五代是我国陶瓷史上的一个大发展时期，制陶工艺有很大的进步，制瓷的窑场数量和分布区域，均有所增加，生产规模也有扩大。如隋代陶瓷窑址，目前发现的还只限于今河北、河南、安徽、江西、浙江、湖南、四川 7 个省的 10 个县内。到了唐代，扩展到共 12 个省 50 个县，现已发现的唐瓷窑址也比隋窑多了5 倍，这为唐瓷的外销提供了丰富的物质基础，也为宋代陶瓷业的繁荣做了准备。《中国印度见闻录》上也有一段关于唐代瓷器的描写："他们有精美的陶器，其中陶碗晶莹得如同玻璃杯一样，尽管是陶碗，但隔着碗可以看见碗里的水。"② 他这番话并非夸张，因为李肇的《国史补》上也说唐代瓷器："青如天，明如镜，薄如纸，声如磬。"对我国瓷器的外销，波斯、阿拉伯人有相当大的功劳，正如波斯诗人萨第在其《玫瑰国》中用他和巴格达某商人的对话所反映的那样："'啊，萨第，我想再作一次旅行，这个愿望实现以后，我就此退休，不再经商了。'我问道：'什么旅行呢？'他回答说：'我准备把波斯的硫黄运到中国去卖，就我所知，硫黄在那里，可以售得高价，然后我再把中国的陶器（即瓷器）运到希腊，把希腊或威尼斯的锦缎运到印度，再把印度的铜带到阿勒颇，把阿勒颇的玻璃运到也门，然后带着也门的条纹衣料回到波斯。'"

前引贾耽所记的东西洋航线上沿途各地都发现有唐瓷碎片，日本陶瓷学者三上次男因此称这条航线为"瓷器之路"③。如 1974 年浙江宁波余姚江唐代出海口附近，发现一条唐代沉船。船内和船体附近发现有几百件越窑青瓷和长沙窑青釉褐彩器以及少量黑釉器等，沉船旁还发现有一块方砖，上面刻有"乾宁五年"字样，证明这是一艘唐船，可能是运载瓷器前往日本、朝鲜等国的海船。又如巴基斯坦卡拉奇东郊的班布尔，出土过晚唐时期的越窑青瓷壶和长沙窑碗。另在 1954 年在印度河上的婆罗门纳巴德出土过许多瓷器碎片，其中有越窑青瓷和邢窑白瓷。在印度尼西亚，也出土过唐代越窑瓷和唐三彩。在马来西亚的彭亨，发现过唐代四耳青瓷樽。波斯湾上的重要港口西拉夫，出土过大量中国瓷器碎片，其中有唐代白瓷和越窑青瓷。伊拉克的萨麻拉和巴格达东南的忒息丰附近都曾出

---

① 《中国印度见闻录》，第 101 页。
② 《中国印度见闻录》，第 15 页。
③ ［日］三上次郎著，李锡经、高善美译：《陶瓷之路》，文物出版社，1984 年，第 144-155 页。

土过越窑的青瓷和白瓷。1912 年发掘开罗的古城弗斯塔遗址时，出土过许多唐三彩碎片和越窑残器。上述这些地区出土的唐三彩大都是实用物品，如杯、壶、碗、碟或观赏物品，如小鸟、小龟之类。这与 20 世纪 70 年代前后扬州城考古发掘时出土的中、晚唐时期文化层的大量唐三彩也是同类的日用品，而不是殉葬的明器，表明这些物品是由其原产地陕西、河南、河北经大运河运至扬州，再由北经海道远销国外的。又唐三彩输出后，还影响了日本、波斯等地的陶瓷制造工艺。如日本仿制唐三彩而成的奈良三彩，其彩釉较素雅。波斯仿制成的波斯三彩，则彩釉较凝重。又这些仿制品，也大都是实用器皿或观赏物品。上述事实表明，我国瓷器深受亚非各国人民的喜爱。从唐代起，瓷器成为我国有名的出口商品。即使在动乱的五代，岭南诸国也重视瓷器的生产及其制造工艺的改进，使产品易于出口。如"陶瓷铜铁，远贩番国，取金贝而返，民甚称便"。① 割据福建的王审知也尽力在"招徕海中"蛮夷商贾。

　　综上所述，隋、唐时我国造船和航海技术的发展，大大加强了我国和亚非国家之间的人员往还与物质文化交流，给彼此都带来了互利的结果。对我国来说，海运的发展促进了我国国内经济的繁荣与国际贸易的增加。范文澜同志说得好，"自隋唐时起，航海技术进步，海上贸易比陆上贸易更为有利，增加了中国与外国的交换关系。"这是"支持隋唐以来社会经济上升的主要条件之一"。②

原载《海交史研究》1988 年第 2 期（总第 14 期）

---

① 见泉州海外交通史博物馆藏：《清源留氏族谱·鄂国公传》。
② 范文澜：《关于中国历史上的一些问题》，《中国科学院历史研究所第三所集刊》第一集，第 10 页。

宋代海外贸易和东南亚各国关系

卢　苇

两宋时，由于长期和西夏、辽、金对立，在对外陆路交通几近断绝的情况下，海外通商显得特别重要。宋代，国家控制了海外贸易，建立起完备的市舶制度，通过市舶机构与海外各国发生贸易关系，已成为宋代海外贸易的重要形式和新的特点。活跃的市舶贸易，曾为宋代国家带来了巨额财富收入，大大弥补了政府经费开支的不足。

为了维持和保证市舶收入的增长，宋朝政府除了采取许多有利于海外贸易繁荣的重要措施外，同时也非常注意维护与海外贸易关系重大的东南亚地区的和平，尽力搞好和东南亚各国的关系。

因此，宋代海外贸易对于促进中国和东南亚各国友好关系具有特别重要的意义，它不仅起到一般经济交流的作用，更直接影响到宋朝政府在东南亚地区采取和平友好的方针。对于宋朝政府来说，没有和东南亚各国的和平友好关系，便不会有海外贸易的繁荣，也就不能保证巨额的市舶收入。正是从关心市舶收入出发，宋朝政府需要在东南亚地区采取和平友好方针，必然和东南亚各国结成和平友好关系。由此可见，只有从海外贸易的角度，才能更深入了解到宋代中国和东南亚各国的关系。以下即就市舶贸易在宋代海外贸易中的作用，东南亚地区在宋代海外贸易中所占据的重要地位，以及宋朝政府如何和东南亚各国结成和平友好关系等问题，一一展开论述。

一、以市舶贸易为主的宋代海外货易

宋代海外贸易是继唐代海外贸易之后发展到一个新的阶段，呈现了前所未有的繁荣高潮。

宋代时，海上交通大大发展，中国和广大海外国家发生频繁的贸易关系。据南宋周去非的《岭外代答》和赵汝适的《诸蕃志》两书记载，宋代东西海上交通，东起朝鲜、日本，西至地中海东岸和非洲东部，沿着这条东西海上航线的远东、东南亚、南亚、西亚、埃及和东非以及地中海东岸的许多国家，都曾直接或间接地和中国发生贸易关系。仅据《诸蕃志》所载，宋时和中国发生贸易关系的国家即有 50 多个。

宋代和海外各国发生贸易关系，主要是通过"朝贡贸易"和"市舶贸易"两种形式。

所谓"朝贡"贸易，是海外国家派来使节，以"呈献贡物"名义携来各种物品，宋朝政府则以中国产品通过"回赐"方式，从而达到商品交流的目的。"朝贡贸易"，这是中国封建社会长期存在的产物，它早就是中国和海外国家发生贸易关系的一种形式。正如史家所言："岛夷朝贡，不过利于互市赐与，岂真慕义而来。"① 宋代时，"朝贡贸易"有了进一步发展，远至波斯湾的勿巡，非洲东岸之层檀②，都曾远涉重洋，"来贡"中国③。

但是，在宋代海外贸易中更重要的却是市舶贸易。宋代时于各通商口岸设立了市舶机构，加强了对海外贸易的控制和管理，形成了一整套较为完备的市舶制度。

宋代市舶机构，通称市舶司（次为市舶场和市舶务），全称为提举市舶司，或简称为舶司，其主管官员为提举市舶，简称为市舶使或舶使。关于市舶司的职掌，据《宋史》记载："提举市舶司，掌蕃货、海舶、征榷贸易之事。以来远人，通远物。"④ 简而言之，它的主要职责是：征收商税，经营海货的专买专卖，以及管理海外诸国的朝贡事宜等。当时市舶司向海商征收商税，有"抽解"或"抽分之法""抽解成数"，各时期不同，并有粗细色货物之分等等，甚为复杂。按通常情况，政府抽解全部货物价值的十分之一，所谓"大抵海舶至，十先征其一"，有时也高达十分之四⑤，但是，这种情况不多。当商品经过"抽解"之后，又有政府的"禁榷"及"博买"。所谓"禁榷"即是对若干货物，如镔铁、珊瑚、玛瑙、乳香等，全由政府收买专卖。所谓"博买"或"和买"，是商品经过"抽解"后，再由政府收买若干，其余的才由海商于州界内贩卖。如若海商出州界贩卖，则需并列货物名称和数量，向所在舶司领取公凭文引，然后许其往来居住。如无公凭文引者，一经告发，则按偷税法治罪。

宋代时，于九处通商口岸先后设置过市舶司（市舶场、市舶务）。这九处通

---

① 马端临：《文献通考》卷 331，《四裔考八·干陀利》。

② 勿巡即《诸蕃志》的勿拔，层檀即该书的层拨。冯承钧撰《诸蕃志校注》认为这两个地方一在波斯湾，一在非洲东岸。

③ 《宋史》卷 490，《外国六·层檀》。

④ 《宋史》卷 167，《职官志》。

⑤ 《宋会要辑稿》86 册，《职官》44 之 25。

商口岸是：广州、泉州、明州、杭州、温州、秀州、江阴、密州和澉浦，其中以广州、泉州、明州、杭州四处最为繁荣。

"市舶贸易"是和"朝贡贸易"完全不同的另一种贸易关系。虽然"朝贡贸易"和"市舶贸易"都能达到商品交流的目的，但是前者是国家和国家之间发生关系，后者是宋朝政府和私人海商发生关系；前者的"贡品"直接收入朝廷或者赏赐与贵族、功臣，后者通过市舶司的商品绝大部分要投入市场，散布于民间。更重要的是，前者对于宋朝政府来说，不能带来任何经济利益，后者却直接为宋朝政府提供巨额财富。按照宋代通例，海外贸易是采取"通其公献，而征其私货"①，这就是说：宋代国家对"贡品"一律不征税，征税的只是海商物品。尤其是在"朝贡贸易"中，宋朝政府对来使的"回赐"，往往是大大超过"贡品"本身的价值。与此相反，在"市舶贸易"中，通过对商品的"抽解"和"博买"等，却为宋朝政府带来十分可观的经济收入。

关于宋代时的市舶收入，在《玉海》一书中明白记载："海舶岁入，象、犀、珠宝、香药之类，皇祐中五十三万有余，治平中增十万，中兴以后岁入二百万缗"。② 可见，宋代时市舶收入不断增长，尤其到南宋时，岁入竟达二百万缗。查南宋绍兴末年，政府每年总收入约四千万缗，其中市舶收入竟占全年总收入的二十分之一，这不能不说是一笔巨额款项。

正是由于"市舶贸易"能直接带来经济利益，因而引起了宋朝政府的十分重视。宋朝的历代统治者，都把"市舶贸易"看做是不可忽视的重大问题。如神宗熙宁五年诏中，即有"东南之利，舶商居其一"。③ 高宗绍兴七年（1137年）上谕中重申："市舶之利，颇助国用"④，等等。尤其是为了保证市舶收入的增长，宋朝政府采取了优待海商和鼓励中国商人出海贸易等种种措施，从而大大促进了宋代海外贸易的繁荣。总起来看，这些措施有以下几方面：

其一，大力招诱、奖进海商。如北宋初年，太宗雍熙时曾遣内侍八人"赍敕书金帛"⑤ 招致蕃商。并有因招诱舶货而赏赐官阶者，如蔡景芳因招诱舶货有功而补承信郎，大食蕃客蒲啰辛以所贩乳香直 30 万缗，亦补承信郎⑥。孝宗绍兴六年（1136 年）又下诏："诸市舶纲首，能招诱舶舟，抽解物货，累价五万贯、十

① 曾巩：《元丰类稿》卷 47，《秘书少监赠吏部尚书陈公神道碑铭》。
② 王应麟：《玉海》卷 186。
③ 《宋史》卷 186，《食货志》。
④ 熊克：《中兴小纪》卷 32。
⑤ 《宋史》卷 186，《食货志》。
⑥ 《宋史》卷 185，《食货志》"香"条。

万贯者，补官。"①

其二，优待来华舶商。按宋时规定，每年十月由市舶司排晏犒赏海商，如"广州……每年发舶月分，支破官钱，管（筵）设津遣，其蕃汉纲首、作头、梢工等人，各令与座，无不得其欢心"②。泉州也是"每年十月内，依例支破官钱三百贯文，排办筵晏，系本司提举官守臣犒赏诸国蕃商等"③。按《宋会要辑稿》所载，每年宴请海商，诸州所费不下三千万贯。当时来华海商，受到宋朝政府礼遇，地方官吏对他们皆"以客礼见"④。

其三，保护舶商的生命财产。按宋朝政府规定：如有海商因海风而漂泊至中国沿海州县者，当地官吏需要置酒犒赏，居于官舍，不仅负责置办衣物，并代鞍马、舟船相送。甚至宋朝政府有规定，如沿海官吏发现有遭风害飘来之无主海舶，不仅应立即打捞，并要"录物货，许其亲属召保认还"⑤。

其四，维护舶商的正当利益，尽量防止官吏们对其勒索、骚扰，注意对舶货的"抽解"事宜。

在中国封建社会中，官吏们对海商的侵渔十分厉害，宋时虽不能尽免，却是注意到这方面问题。如宋朝政府曾多次下诏，明令禁止"市舶司监官及知州、通判等收买蕃商杂货及违禁物色。如违，当重置之法"⑥。高宗建炎元年（1127年）："及有亏蕃商者，皆重置其罪，令提刑按举闻奏。"南宋时更有规定，如有官吏"巧作各色，违法抑买"海商货物时，特许"蕃商越诉，犯者计赃坐罪"⑦。

至于对舶货的征税，宋朝政府也注意到了抽解事宜。一度时间，市舶司对海货抽解成数达到十分之四，当即遭到海商们的反对。为此，宋朝政府立即加以调整降低。如据《宋会要辑稿》所载："先是（高宗）绍兴十四年，一时措置，抽解四分，以市舶司言蕃商陈诉抽解太重"。因此在十七年十一月四日，高宗即下诏："今后蕃商贩到龙脑、沉香、丁香、白豆蔻四色，并依旧抽解一分，余数依旧法施行"⑧。所谓旧法，即是按长期以来施行的抽解成数十分之一。因此《宋史》中所说的"大抵海舶至，十先征其一"，不是没有根据。

宋朝政府除了采取上述措施招致海商来华贸易外，同时也鼓励中国商人的出海贸易。

---

① 《宋史》卷185，《食货志》。
② 《宋会要辑稿》86册，《职官》。
③ 《宋会要辑稿》86册，《职官》。
④ 《宋史》卷446，《忠义一·苏缄》。
⑤ 《宋会要辑稿》86册，《职官》。
⑥ 《宋会要辑稿》86册，《职官》。
⑦ 《宋会要辑稿》86册，《职官》。
⑧ 《宋会要辑稿》86册，《职官》。

宋代时，中国商船出海贸易，只需"召本土有物力户三人委保"，负责不夹带禁物，不至禁地，并在返航后按照规定对物货如数"抽解"及"博买"等，即可获得市舶司发牒，允许出海贸易。①

宋代时，不仅没有出现过像以后元、明时期的"海禁"，并且鼓励中国商人的出海贸易。在当时的市舶贸易中，中国海商返回本国时，可以享受到外商所受到的种种优遇。因此在两宋时期，中国商人出海贸易十分频繁。当时的中国商船，不仅在南海、印度洋、波斯湾，甚至在地中海沿岸和东非地区出现。与此相联系，宋代造船技术有很大发展，并在航海技术上也达到很高水平，如作为航海工具的指南针，就出现在宋代。

宋代海外贸易的繁荣，无疑是和宋朝统治者所采取的上述措施有关，而推动宋朝政府采取上述措施的，又主要是关心市舶收入的增长。但是，要保证市舶收入的增长，达到市舶贸易的繁荣，仅仅采取上述措施是不够的，还必须注意维护和海外国家的友好关系，从而有利于海商的来华贸易。宋代时，不像以后的元、明时期，国家并不组织"官船"贸易，海外贸易收入主要是依靠市舶司对海货的"抽解"和"博买"。正是这种以市舶贸易为主的宋代海外政策，才大力招致海商来华贸易，同时也十分注意和海外国家的关系，而在海外国家关系中，关键又是注意和东南亚各国的关系。这是因为东南亚地区在宋代海外贸易中，占据着特别重要的地位。

二、东南亚地区在宋代海外贸易中占有重要地位

宋代时，中国海外贸易范围，包括东起日本、朝鲜，西至地中海沿岸和东非广大地区。但是，东南亚地区却在宋代海外贸易中具有特别重要的地位。这不仅因为东南亚地区是作为宋代海外贸易中的重要对象，还由于它处于东西方海上交通的要冲，在中国和大食等国贸易中起到了转运和居间的重要作用。

作为中国近邻的东南亚地区，早就以它丰富的出产物输入中国境内。到了宋代时，东南亚地区的产品更在中国进口商品中占有重要地位。据《宋史·食货志》所载，当时进口的海外物品中，主要是："香药、犀、象、珊瑚、琥珀、珠琲、镔铁、鼍皮、瑇瑁、玛瑙、车渠、水精、蕃布、乌楠、苏木等物"，除去少数外，其大多数都为东南亚地区所出产。如香药一项，曾在宋代海外贸易中具有重要地位，而在东南亚地区所产的香料就很多。此外，胡椒、豆蔻，各种药材、

---

① 《元祐编敕》："诸商贾许由海道往外蕃兴贩，并具人船物货名数，所诣去处，申所在州。仍召本土有物力户三人委保。"见《东坡全集》卷58，《奏议一十二首·乞禁商旅过外国状》。

木材、吉贝布、象牙、犀角、玳瑁、珊瑚等，也都为东南亚地区出产，并且主要是输入宋代中国。

东南亚地区不仅为宋代海外贸易提供了大量物品，同时它又是宋代中国产品的重要销售市场。宋代向海外输出的物品很多，包括金、银、铅、锡、铜和铜钱、丝织品、精粗瓷器、漆器以及米、盐、糖、酒乃至印本书籍等等，其中又以瓷器、丝织品和铜钱输出为最大宗，而这三大宗产品中，很多都是输向东南亚地区。

作为中国传统出口的瓷器生产，在宋代时有了突飞猛进的发展。宋代瓷器在东南亚地区获得广泛欢迎，成为当地人民最喜爱的中国产品之一，在今印度支那半岛、缅甸、马来亚、菲律宾和印度尼西亚的许多地方，都曾发现过宋代瓷器，说明宋代瓷器大批输往到东南亚地区。中国丝绸，更是久已闻名于世，它很早就输送到东南亚地区，并在东南亚各国人民中赢得了声誉。到宋朝时，随着东南亚地区经济生活的提高，中国丝绸已成为东南亚各国王公、大臣乃至富人们的重要装饰物和衣着原料。宋代输入东南亚地区的丝织品，不仅数量众多而且种类复杂。至于铜钱，原本是中国禁运物资，但是，由于宋铜钱质量很高，成为了包括东南亚地区在内的海外各国的珍品。宋朝政府对于铜钱外流虽然法禁甚严，甚至规定"钱出中国界及一贯文，罪处死"①，但仍然不能禁止铜钱大批外流，所谓"边关重车而出，海舶饱载而回"，甚至出现"钱本中国宝货，今乃与四夷共用"的局面②。宋铜钱曾大批流入东南亚地区，如南宋时，交阯同广南地区"贸易金、香，必以小平钱为约，而又下令其国，小平钱许入而不许出"③。尤其是阇婆来中国贸易"往往冒禁，潜载铜钱博换，朝廷屡行禁止兴贩，番商诡计，易其名曰苏吉丹"④，可见宋铜钱流入东南亚地区之多。此外，从考古发掘中，曾在印度尼西亚和新加坡一些地方都发现过宋代铜钱。

宋代时，不仅东南亚各国商人把大批中国产品输送到东南亚地区，同时出海贸易的中国海商，也运载中国产品兴贩于东南亚一带。《诸蕃志》书中，记载了中国商人在东南亚地区受到当地人民热情接待的情况。如在阇婆，中国"贾人至者，馆之宾舍，饮食丰洁"，在苏吉丹，当地人们"厚遇（中国）商贾，无宿泊饮食之费"；在渤泥，中国商贾抵岸三日，"其王与眷属率大人到船问劳"。这些都表明了东南亚各国人民需要中国产品，因此才对中国海商如此欢迎。

---

① 张方平：《乐全集》卷26，《论事·论钱禁铜法事》。
② 《宋史》卷180，《食货志·食货下二·钱币》。
③ 《建炎以来系年要录》卷69，"绍兴三年十月戊戌"。
④ 《诸蕃志》卷上，《阇婆国》。

总之，在为宋代海外贸易提供进口商品和销售中国产品方面，东南亚地区都不失为宋代海外贸易中的重要对象。不过，东南亚地区之所以对宋代海外贸易特别重要，不仅仅因为它是重要贸易对象，还由于它在东西海上交通中所处的重要地位。

作为东南亚地区来说，它正位于东西海上交通的要冲，成为了连接东西海上贸易的纽带和桥梁。一切往来于东西的海舶如果到达中国，必须要经过东南亚地区。因此，当时东南亚一些国家，如交阯、占城、阇婆、三佛齐等曾处于东西海上贸易的居间地位，为转运中国和海外国家商品发挥了重要作用。特别突出的是当时的三佛齐，由于横跨于马六甲海峡两岸，居于东西海上往来的要道，"扼诸蕃舟车往来之咽喉"，所有东西往来的商船都必须经过这个国家。例如大食，是当时十分富有的国家，所谓"诸蕃国之富盛多宝货者，莫如大食国"，[①]它在宋代海外贸易中也确实居于重要地位。但是，大食商舶如若泛海来中国贸易，也必须经过三佛齐。正如《岭外代答》所载："三佛齐在南海之中，诸蕃水道之要冲也，东自阇婆诸国，西自大食、故临诸国，无不由其境而入中国者"。[②] 另一方面，许多大食产品（甚至来自西亚、东非的产品）并不直接运来中国，而是运至三佛齐，然后由三佛齐商人再转贩于宋代国家，这在《诸蕃志》书中记载明白。大食是以"本国所产多运载与三佛齐，贸易商贾转贩以至中国"。[③] 三佛齐却是集中了大食等国家的珍珠、乳香、蔷薇水等产品，《诸蕃志》说它是以"大食诸蕃所产，萃于本国"。[④] 由此可见，即使是非东南亚地区产品，如大食等国的出产物，也必须经过东南亚地区然后才和中国产生贸易关系。同样，当时中国的产品，也要经过东南亚地区才能和其他海外国家进行交易。这就充分说明，东南亚地区在宋代海外贸易中占有十分重要的地位。

正是由于上述原因，所以宋朝政府在考虑和海外国家关系时，首先要考虑和东南亚各国关系。只有和东南亚各国结成和平友好关系，才能保持东南亚海上交通不受阻碍，有利于海商来华贸易，从而促进海外贸易繁荣，达到市舶收入的增长。因此，从关心市舶收入出发，宋朝政府需要和东南亚各国维持和平友好关系。

---

① 周去非：《岭外代答》卷3，《航海外夷》。
② 周去非：《岭外代答》卷2，《三佛齐国》。
③ 《诸蕃志》上，《大食国》。
④ 《诸蕃志》上，《三佛齐国》。

三、宋代各国和东南亚各国的和平友好关系

《宋史》中有一段关于宋朝政府和东南亚各国关系的记载，按该书所说："交阯、占城、真腊、蒲甘、大理滨海诸蕃，自刘𬬮、陈洪进来归，接踵修贡。宋之待遇亦得其道：厚其委积而不计其贡输，假之荣名而不责以烦缛，来则不拒，去则不追；边圉相接，时有侵轶，命将致讨，服则舍之，不黩以武。"① 这就是说，宋代中国和东南亚各国往来建立在相互有利和自愿基础上，并非宋朝政府以大国身份强制执行；如果宋朝有过对外战争，也是为了维护国家主权，并非武力征服和扩张政策。这既是当时实际情况的反映，也是宋朝政府在东南亚地区所采取的和平友好方针。

宋朝政府在东南亚地区正是遵循上述和平友好方针，从而实现了和东南亚各国和平友好关系，之所以得出这一结论，并非虚构，而是基于下列事实。

第一，优待各国来使，并给以丰厚的"回赐"，这是宋朝政府对东南亚地区采取的一贯措施。

宋代与东南亚许多国家发生"朝贡贸易"，市舶司根据"其国远近、大小、强弱与已入贡国家为比"② 等，决定对各国来使采取相应的礼仪。总的说来，宋朝政府对东南亚各国使节都是十分优待的。按规定，各国使节到时，先由市舶司迎入广州怀远驿或泉州来远驿中，若赴京师则由沿途州军"并用妓乐迎送"，入京后更有一番隆重礼仪。有时，迎邀来使参加"封禅"大典，"上元观灯"以及游览寺观等③。各国使节返国时，也有一番相应隆重仪礼。是否热情接待各国来使，反映出宋朝政府对东南亚各国的关系问题。对于宋朝政府来说，更为注意的，是以相应的礼节对待同等的国家。如交阯和占城都为宋朝列为大国，应受同等的礼遇。但是由于占城反对交阯的入侵，一度在中国的"占城使者乞避交要"④。而为了平等对待两国来使，又不至于引起两者冲突，因此宋朝政府在接见两国来使时，安排为"遇朔日朝文德殿，分东西立，望日则交人入垂拱殿，而占城趋紫宸；大晏则东西坐"⑤。

除了热情接待各国来使外，并对各国"贡品"给以优厚的"回赐"。宋代

---

① 《宋史》卷485，《外国一·夏国上》。
② 《宋会要》卷197，《蕃夷四·占城》。
③ 《宋史》等书：如三佛齐使者则参加过泰山"封禅"大典及谒"会灵观"、游"太清寺"等；此外，蒲甘、大食、三佛齐使者还应邀"上元观灯"。
④ 《宋史》卷489，《外国五·占城》。
⑤ 《宋史》卷489，《外国五·占城》。

的"回赐"物品分作两类，一部分是对"贡品"本身的折价，另一部分是赠送来使私人，即包括使团中的副使、判官和防援官等，礼品是相当丰盛的，这在《宋史》等史籍中都有明确记载。尤其是对"贡品"本身的"回赐"，不仅仅是"偿其所值"，而是大大地超过"贡品"本身的价值。《宋史》诸籍中，经常以"赏赐甚厚""优赐遣归""厚赐币帛"等来说明"回赐"的丰厚。例如，崇宁三年（1104 年），宋朝一次"回赐"占城的礼品即有"银绢各一千匹两，宽衣一对，二十两镂金带一条，细衣著一百匹，金花银器二两，衣著一百匹"①。又如元丰中，宋朝一次"回赐"三佛齐的礼品是"赐钱六万四千缗，银一万五百两"。② 可见其"回赐"品不管在数量上和价值上都是十分可观的。

宋朝政府正是通过优待来使和丰厚的"回赐"来促进和东南亚各国的频繁通使。有宋一代，占城来使达到 40 多次，三佛齐来使也有 30 次之多，其他如交阯、蒲甘、阇婆、渤泥等国也曾多次派遣使节来到中国，这绝非宋朝政府单方面强制所能达到的。

第二，尽量满足东南亚各国提出的各种要求，这是宋朝政府促进东南亚各国通使中国的又一重要因素。

宋代时，东南亚国家派遣使节来中国，除了通过"朝贡贸易"达到经济上的需要外，并常常提出各种要求。一般来说，宋朝政府都是"从其所请"，并未加以拒绝。

例如，占城多产牛而无马，曾多次向宋朝提出"赐马"。宋朝原本禁止马匹出口，但为了满足其要求，直到淳熙二年（1175 年）前，几乎每次占城来使都曾得到宋朝赐予的马匹。此外，宋朝也应占城所请，"赐与介胄戎器"等。尤其是占城王杨卜麻叠，曾向宋朝提出"身縻化外，不沾禄食，愿得薄授奉给，壮观小国"，宋朝不仅同意给予俸禄，甚至"自是每遇恩，辄降制加封邑"。③对于占城来说，更为重要的是宋朝政府同意将流落到中国的大批占城人民送归占城。由于占城遭交阯侵略，许多占城人民避难来中国。而《宋史》所载：雍熙三年（986 年），"儋州上言，占城人蒲逻遏为交州所逼，率其族百口来附"。次年（987 年），又有"占城夷人斯当李娘并其族一百五十人来归"。端拱元年（989 年），"广州又言占城夷人忽宣等族三百一人来附"。对于所有避难来中国的占城人民，宋朝政府曾应占城国家要求，并根据占城人民意愿，愿回者都由占城使者

---

① 《宋会要辑稿》卷 197，《蕃夷四中》。
② 《宋史》卷 489，《外国五·三佛齐国》。
③ 《宋史》卷 489，《外国五·占城》。

带回占城。① 三佛齐，也是和宋朝通使往来频繁的国家，对于他所提出的各种要求，宋朝政府也是从不拒绝。如咸平六年（1003 年），三佛齐来使"且言本由建佛寺以祝圣寿，愿赐名及钟"。宋朝政府曾赐"承天万寿"寺额，并送铜钟一口。元丰二年（1079 年），三佛齐使者群陀毕罗，提出要求买金带、白金器物及僧紫衣、师号牒等，宋朝政府也是"皆如所请给之"②。

其他，如阇婆来使要求赠与"良马戎具"；渤泥来使要求劝告占城不要截留渤泥商船，宋朝政府都是尽量满足其要求。③

即使是经常侵犯宋朝边境的交阯，宋朝政府对其要求也未拒绝过。宋朝政府曾应交阯国家要求，将大批逃亡到中国境内的交阯人民遣送回交阯，这事在后面还要专门谈到。大中祥符三年（1010 年），交阯来使"表求甲胄具装"，宋朝政府也是"诏从其请"，照数给予。大观初年，交阯要求购买书籍，"有司言法不许"，但是宋徽宗却"诏其慕义，除禁书、书筮、阴阳、历算、术数、兵书、敕令、时务、边机、地理外，余书许买"④。甚至交阯国王李公蕴要求太宗御书，宋朝政府也是"诏赐百轴"。

宋朝政府这种尽量满足东南亚国家要求，无疑是招致东南亚各国通使中国的又一重要因素。

第三，坚持开展正常的经济贸易而不赞同掠夺和抢劫行为，这是宋朝政府在东南亚地区贯彻执行和平友好方针的又一明显事实。宋朝政府虽然非常重视市舶贸易收入，却是通过"招诱""奖进"海商等各种正当措施，从未采取过任何不正当手段来达到目的，更不必说对外侵略了。宋朝政府不仅本身坚持如此，对于东南亚国家也是这样要求。最突出的例子是对待占城，即使占城国家和宋朝关系十分友好，但是对于它经常劫掠外国商船，对于其"异时诸国舶舟类为其所虏"⑤ 的行为并不赞成。如乾道三年（1167 年），占城国送宋"贡物"是劫掠大食商人物品，当宋朝政府知道此事后，决定对这种掠夺物品"劫而不受"，考虑到两国关系，后来以"优支价钱"进行收买，但是却向占城国家提出警告："见拘大食人宜尽放还本国"。为此，还在当年拒绝了占城王邹亚娜所提出的赐予封号的要求。⑥ 另一件突出例证是，乾道八年（1172 年），占城至中国买马，因中国一直严禁马匹外流，曾遭到琼州地方官理所当然的拒绝，于是引起占城不满而

---

① 《宋史》卷 489，《外国五·占城》。
② 《宋史》卷 489，《外国五·三佛齐国》。
③ 《宋史》卷 489，《外国五·阇婆》《外国五·渤泥》。
④ 《宋史》卷 489，《外国五·交阯》。
⑤ 周去非：《岭外代答》卷 2，《外国五·占城国》。
⑥ 《宋会要辑稿》卷 197，《蕃夷四·占城蒲端》。

大掠琼州，并掳掠了当地中国居民为奴隶。宋朝政府对占城这种抢劫和掠夺行为十分不满，为了坚持正常的经济贸易，维护国家主权，宋朝不仅在淳熙二年（1175 年）重申"严马禁，不得售外藩"，并在次年向占城提出严正警告，"令所还人口等，自今不得生事"，甚至在当年拒绝了占城提出的通商要求。①

正是由于宋朝政府坚持正常的经济贸易，反对掠夺和抢劫行为，因而获得了东南亚各国的赞许和信赖。以至渤泥国家曾向宋朝提出，希望宋朝政府能阻止占城截留渤泥国来中国的商船。② 由此可见，坚持正常的经济贸易，维护东南亚海上往来的畅通，不仅是宋朝政府的需要，也是完全符合东南亚国家的要求。

第四，为了贯彻执行和平友好方针，宋朝政府从未在东南亚地区挑起过矛盾和冲突，也绝不利用东南亚各国间的战争从中获利。宋代时，东南亚出现了动荡不安，当时交阯的兴起，不断向外侵略扩张，引起了和占城之间的战争；三佛齐和阇婆，为了争夺南海中心地位，也发生了尖锐的矛盾、冲突和斗争，此外，占城和真腊之间也发生过战争。面临着这种相互战争，斗争不休的局面，作为大国的宋朝政府说来，正处于举足轻重的地位，他只要偏袒交战中的任何一方，都会使力量对比发生变化。但是，宋朝政府一直保持中立，采取了绝不介入的态度。

宋朝不仅没有利用过交阯和占城的战争来攻击交阯，就是对于交阯国内出现的矛盾也不利用和进行干预，绝不乘其所危，进行报复。至于当时三佛齐和阇婆之间战争，占城和真腊之间战争，宋朝政府更是态度明朗，坚持中立，绝不卷入。

因此，宋代中国一直和东南亚各国维持着和平友好关系，宋代中国和东南亚的三佛齐、阇婆、渤泥、占城、真腊、蒲甘等各国，从没有过冲突，更未发生战争，只有在熙宁八年（1075 年）时，宋朝反击过交阯的一次大规模入侵，这是交阯在多次侵犯中国边境时，误将宋朝政府的忍让视为软弱可欺，于熙宁八年以三路大军连续侵占宋朝的廉、白、邕、钦四州，杀死当地军民数十万，并掳掠宋朝官吏近千人，这才迫使宋朝政府命安南行营经略招讨使郭逵率领大军讨伐交阯。宋军很快连克邕、廉，至到富良江，大败交阯兵，斩杀李乾德子洪直，交阯遭此惨败，不得不"上表求和"。不久，宋朝军队又主动撤出交阯，为此，"当时多罪逵不深入，乘胜覆其巢穴也"③。可见宋朝此次出兵交阯，完全是为了保卫国家领土，维护国家主权的正义行为，并在取得这场战争胜利后，宋朝军队又主动撤出交阯，嗣后也未对交阯进行过报复。这就说明，熙宁八年宋朝反对交阯

---

① 《文献通考》332，《四裔考·占城》。
② 《宋史》卷 489，《外国五·渤泥》。
③ 刘延世：《孙公谈圃》卷上。

侵略的战争，不仅没有违背上述宋朝政府在东南亚地区所采取的和平友好方针，相反，这正是和平友好方针的具体体现。

由此可见，宋朝政府在东南亚地区一直贯彻执行和平友好方针，从而实现了和东南亚各国的和平友好关系。

综上所述，海外贸易为宋代国家带来了巨额财富收入，大大弥补了政府经费开支的不足，从而引起了宋朝政府的重视。宋代海外贸易的收入，主要是来自市舶贸易。为了保持市舶收入的增长，宋朝政府大力招致海商来华贸易，为此又需要搞好和海外国家关系，关键是搞好和东南亚各国关系，因为东南亚地区在宋代海外贸易中具有特别重要的地位。因此又影响了宋朝政府在东南亚地区采取和平友好的方针，从而才出现了宋代中国和东南亚各国的和平友好关系。可是，宋代中国和东南亚各国和平友好关系的形成并非偶然，这和海外贸易有着密切联系，这就是本文所要阐明的中心问题。

原载《海交史研究》1985 年第 1 期（总第 7 期）

元代的开放政策与我国海外交通的发展

汶　江

　　13 世纪蒙古崛起于大漠之北，瞬息之间，混一欧亚。"自今碧眼黄发客，犹自惊魂说拔都！"草原骑士一跃而为世界征服者，庞大帝国之内各民族都是其臣民，所征服的各国之间，各国与上都之间，畅通无阻，自然而然地形成一种历代所无的开放局面。入主中原的忽必烈汗所执行的，不是前代那种区分夷夏，而是一种世界主义的政策。这在对异民族，对外国文化与事物上都充分表现出来。

　　首先是对各宗教采取兼收并容的政策。早期蒙古各帝、后之间就有不同的宗教信仰。如成吉思汗与窝阔台信仰萨满教，窝阔台之妻，阔端和贵由之母，乃马真皇后，信仰景教。其他蒙古贵族，如忽必烈之母，唆鲁禾帖尼别吉和他的长兄蒙哥，也都信景教。后来元朝帝室虽多信喇嘛教，但对其他宗教仍不排斥。据马可波罗记载，大汗在大都不仅在基督教的主要节庆，大汗本人及"一切高官大臣举行同一敬礼""对于回教徒、犹太教徒、偶像教徒之主要节日执礼亦同"。元朝的政府机构还专门设立有管理各种宗教事务的官职，其中专门管理景教事务的为："崇福司，秩（从）二品，掌领马儿哈昔列班也里可温十字寺祭享等事……至元二十六年置。延祐二年，改为院，置领院事一员，省并天下也里可温掌教司七十二所，悉以其事归之。七年，复为司，后定置已上官员"。① 上文中的马儿（Man，主教）、哈昔（Kasis，修士）、列班（Rabban，法师）都是景教的神职人员。也里可温为基督教各派总称，十字寺指基督教各派教堂而言。

　　元朝统治者对于"南人"虽不无歧视，但对金人及汉人中的人才也能放手使用，如对耶律楚材和邱处机就是其一例。对来自西域各国的"色目人"就更为重用。有记载可考的，元代色目人担任丞相、平章政事之类中央政府高级官职的，就有 32 人之多；担任地方官，如达鲁花赤之类职务的人就更多了。这致使西域人大量来华，从而大大促进中西文化交流。有不少西域人散居我国各地，相继华化并参与了我国文化、政治生活的各个方面。元曲中至今还保存有"浪子回

---

　　① 《元史》卷89，《百官五·崇福司》。

回赏黄花""丁香回回鬼风月"之类剧目。他们也对我国文化发展做出过贡献，诗人萨都刺、学者瞻思就是其中有名人物，中国文化也为他们所深深喜爱。陈垣先生的《十四世纪南俄人之汉文学》及《元西域人华化考》对此有专门论述。

元朝统治者在经济上可说是重商主义。对各国商人来华，更为欢迎。马可笔下的汗八里城："有若干城门，即有若干附郭。此十二大郭之中，人户较之城内更众。郭中所居者，有各地往来之外国人，或来入贡方物，或来售货宫中……附郭之中外国人甚众……外国巨价异物及百货之输入此城者，世界诸城无能与比。"

对南海诸国商人也同样开放。如《元史·世祖本纪》：至元十五年（1278年）八月诏行中书省唆都、蒲寿庚等曰："诸蕃国列居东南海岛砦者，皆有慕义之心，可因蕃舶诸人宣布朕意，诚能来朝，朕将宠礼之，其往来互市，各从所欲"。又，"三十一年（1294年）成宗诏有司勿拘蕃舶，听其自便"。

元朝统治者还采取了许多措施来发展水陆交通。

陆上，蒙古西征的铁骑重新踏开了一度闭塞的欧亚通道，引起了旧世界交通的空前变化。从朝鲜半岛南端直至太和岭（高加索）之西，畅通无阻。元时陆上交通的站赤（驿站）设备之完善使马可波罗惊叹不已！"应知诸道之上，每二十哩或三十哩，必有此种驿站一所。设备如上述。由是诸要道之通诸州者，设备皆如此。赴大汗所辖诸州者，经行之法如此……此种驿站备马逾三十万匹，特供大汗使臣之用。驿邸逾万所，供应如上述之富饶，其事之奇，其价之巨，非笔墨所能形容者也。"

中原地区的驿站，"星罗棋布，脉络通通，朝令夕至，声闻必达"。[①] 边远地区，如越南、朝鲜，西北远至高加索等地都设置驿站。如《元史·地理志》"别失八里"条下注有"（至元）十八年，从诸王阿只吉请，自太和岭至别失八里置新站三十"。素来号称险阻难行的西藏高原上也设置驿站。如《元史·世祖本纪》："诏于吐蕃，西川界立宁河驿"。又同书《英宗本纪》："至治三年（1323年），遣教化等西蕃抚初附元民，征畜牧，治邮传。"藏族地区所设置的驿站数目，据《永乐大典》所记载共大小三十五站。"乌斯藏等除小站七所勿论，其大站二十八处"，据《元史》则为三十七站。驿道上不仅官方文书能以每天四百里的速度传递，而且沿途还提供各种旅行上的方便。"于是四方来往之使，止则有馆舍，顿则有供帐，饥渴则有饮食，而梯航毕达，海宇会同，元之天下，视前代所以为极盛也。"元末人王礼曾形容当时交通的方便说："适千里者，如在户庭，之万里者，如出邻家。"

入主中原之初，蒙古骑士的确不长于水上生活。但为了进军江南的需要，他

---

① 《永乐大典》卷 19416，《站赤》。

们下了不少工夫来学习水战。《元史·刘整传》："（整）与阿术计曰：'我精兵突骑，所当者破，惟水战不如宋耳，夺彼所长，造战舰，习水军则事济矣'。乘驿以闻，制可。既还，造船五千艘，日练水军。"此后，他们逐渐学会了水战技术，并在不长的时间内，建成了一支颇具规模的水师。在至元十二年（1275年）伯颜平江南时元军已有"战舰万计，相踵而至"。此后他进攻南宋首都临安时，其左军就能"以舟师自江阴循海趋澉浦、华亭"①。平定江南以后，元人更进一步继承和发展了宋人的航行和造船经验，伯颜一攻下临安以后就立即开始利用海运了。"伯颜师之入临安，得其书及图，乃命以宋库藏及图籍仪器由海道运燕京。"② 上文中所说的"书及图"是指南宋末年一位学者金履祥在襄阳樊城被围时，对宋朝政府所提出的具体建议："请以重兵由海道直趋燕蓟，则襄、樊之师不攻自解，且备海舶所经，凡州县及海中岛屿，难易远近，历历可提以行。宋廷不能用。"③ 昏庸误国的宋朝君臣不能用的爱国志士所献的良策，却为元朝统治者充分利用了！始而用于运输所收宋朝的库藏和图籍，继而用于有关国计民生的大事——海上运粮。

　　元世祖定于大都（北京）后，此城迅速发展，可是该地距离江南产粮区很远，首都的粮食供应成为亟待解决的大问题。"元都于燕，去江南极远，而百司庶府之繁，卫士编民之众，无不仰给于江南。"④

　　最初元朝采用的漕运办法是"自浙西涉江入淮，由黄河逆水至中滦旱站，陆运至淇门，入御河，以达于京"。⑤这种水陆联运的办法，不仅费时费事，而且远不能满足大都的需要，因为中滦一处每年尽力也只能运粮 30 万石，而大都每年所需却要 200 万石。以后还采用过海河并用的办法，"开胶莱河道通海"，即粮船由淮河入海，再取海道沿岸东北行，至胶州湾，穿胶莱运河，经莱州洋而达直沽，再陆运至大都。但这条线每年也只能运 10 万石。以上两个办法的结果都是"劳费不赀，卒无成效。"这不能不使伯颜回忆往事："至元十九年（1282 年），伯颜追忆海道载宋图籍之事，以为海运可行，于是请于朝廷，命上海总管罗璧、朱清、张瑄等，造平底海船 60 艘，运粮 46 000 余石，从海道至京师。"⑥ 海运试行之初，其效果还不曾为元朝统治者所了解，以至在至元二十年（1283 年）还采纳王积翁的建议，大造新运河，但其效果不佳，新河中："船多损坏，民亦苦

① 《元史》卷 127，《伯颜传》。
② 《新元史》卷 237，《儒林列传》。
③ 《新元史》卷 237，《儒林列传》。
④ 《元史》卷 93，《食货一·海运》。
⑤ 《元史》卷 93，《食货一·海运》。
⑥ 《元史》卷 93，《食货一·海运》。

之"。而"海运之舟悉皆至焉"。两相比较，海运与运河漕运的优劣是显然的。此后海上运粮的数字逐年迅速增加，到至元二十六年（1289 年）已猛增至每年90 万石。

随着海运的发展，运输办法、航线和航行技术也都得到改进。首先是改变每年运粮一次为每年春秋二次，以增加运输量。其次是航线的改进，最初的一条航线是"自平江刘家港（江苏太仓刘家河）入海，经扬州路通州海门县黄连沙头，万里长滩开洋……"即沿黄海海岸北上，绕山东半岛而进入渤海，沿渤海南部入界河（海河）口而抵直沽。这条航线因距岸不远，沙滩很多，只能使用平底海船，运载量受到限制，又受自北向南的东海寒流影响，逆水行舟，航速不大，全程需时两月，沿途又多危险。因此之故，至元二十九年（1292年），朱清等人开辟一条新航线，从万里长滩附近，不再靠近海岸航行，而是向北直驶，经青水洋、黑水洋，抵成山后再折而向西进入渤海。这条航线从刘家港到直沽，如遇顺风，只需半月，即使风、水不便，也不过需时一月上下，自然比前一条航线快捷。第二年，即至元三十年（1293 年），"千户殷明略，又开新道，从刘家港入海，至崇明州三沙放洋，向东行，入黑水洋，取成山转西至刘家岛，又至登州沙门岛，于莱州大洋入界河。当舟行风信有时，自浙西至京师，不过旬日而已。"[①] 这样，船过崇明岛后，一直向东驶入黑水洋，航行时可借助于由南向北的黑潮暖流与东南风，所以能在十天左右航完全程，比头一条快多了，可称是当时最佳的一条近海航线。此后航线的南北两端都向前延长：北端，船到沙门岛开始分綜北上，经砣矶、牵牛、大竹等岛而至辽东，主要用来运军粮。南端，自皇庆元年（1312 年）以后延长至庆元（宁波），以便装运东南各省的米粮，元朝末年还延长至福建长乐，以运载华南各地的粮食。明代地理学家郑若曾在其《海运图说》一书中评论这条南北航线说："元时海运故道，南自福建梅花所（今长乐县东，闽江口南岸）起，北至太仓刘家河起，迄于直沽，南北不过五千里，往返不逾二十日，不惟转运便捷，国家省经费之繁，亦货物相通，滨海居民咸获其利，而无盐盗之害。"《元史·食货志》也评论说："……江南之粮分为春秋二运，盖至于京师者一岁多至三百万余石，民无辗输之劳，国有储蓄之富，岂非一代之良法欤！"[②] 上述这条航线不仅大大促进了我国南北物资的调运，而且后来还为南海诸国所利用，发展为一条国际航线。"迤南番海船，皆从此道贡献，仿效其路矣。"[③] 又《太仓州

　　① 《元史》卷 93，《食货一·海运》。
　　② 《元史》卷 93，《食货一·海运》，关于元代海运详情，请参考陈有和：《元代海上粮运初步研究》，《亚洲文明论丛》，四川人民出版社，1986 年。
　　③ 《山东通志》卷 20，《海疆志·海运各道并胶莱河故迹》。

志》也说:"至元十九年宣慰朱清、张瑄自崇明徙居太仓,创开海道漕运,而海外诸蕃因得于此交通市易,是以四关居民,闾阎相接,粮船、海舶、蛮商,夷贾辐凑云集,当时谓之六国码头。"

大规模的海运也促进了造船业的发展。至正十九年(1282年),海运开始时所用的平底船60艘,共运粮46 000石,平均每艘不过运粮760石。航线改进后,远海航行,可用吃水较深、"下侧如刃"的尖底海船,其运载量也大为增加。据元人记载,海运之初"成造船只,大者不过一千,小者三百石"。可是到了"延祐(1314—1323年)以来,各运海船,大者八、九千石,小者二千余石,是以海道富盛,岁运三百六十万石,供给京师,甚为易便"①。又《续文献通考》卷31也记载:"元之海漕……大都船九百余艘,漕米三百余万石,船户八千余户。"这8 000多艘中即使大小船都有,平均每艘船的载重量也达2 186石。元时每石重120斤,2 000石约合户120吨,运载8 000石的大船,其载重量可达450吨上下。

更重要的是航海技术的改进。为了确保运粮船的安全,元朝统治者和船主们不得不采用我国劳动人民在长期航海实践中所总结出的经验,并在继续实践中加以丰富:"惟凭针路定向行船,仰观天象,以卜明晦,故船主高价召募梢工,使司其事,凡在船官粮,人命皆所系焉,少有差失为害甚大"②。我国航海家还总结其长期经验,编成有关潮汛、风信、气象的口诀,"屡验皆应"。兹摘其一为例:"日落生茸于东北,必起风雨莫疑惑;落日若如糖饼红,无雨必须忌风伯;日没观色如胭脂,三日之中风作厄;东南海门闪电光,五日之内云泼黑;虽然无雨不足奇,必作风水大便息;东北海门闪电光,三日须防云如织,否则风水必为忧,屡尝试验无差忒。"③

我国近海浅滩暗礁很多,黄海、东海沿岸更甚,这严重威胁航行安全,船损人亡事件时有发生。对此,船员们又创造了"立林指浅"的办法。最初是在暗沙处停泊"指浅船",船桅上竖立旗缨,以示该处不能航行。后来由于界河河口附近没有高山峻岭一类显著标帜,加上沙涌泥淤,容易发生搁浅事故。船员们又发明了在岸上设立"望标"的办法,即在平坦地方,"高筑土堆,四傍石砌,以布为幡。每年四月十五日为始,有司差夫添力竖起,日间于上悬挂布幡,夜则悬点火灯,庶几运粮海船,得立瞻望"。这种"立标指浅"的办法,最初仅使用于东海黄河沿岸,后来还推广到长江下游、江阴下港等地。到了明朝初年更推广到

---

① 《山东通志》卷20,《海疆志·海运各道并胶莱河故迹》。

② 《大元海运志》卷上。

③ 《经世大典·海运》。

东南各沿海地区,如上海宝山县,就得名于明初在该地用人工堆成的望标。原台址四方每边长十丈,高二十丈,昼则举烟,夜则明火,以示航向,往来船只,无不称便,故誉为"宝山"。

综上所述,元代近海航运的发展,在我国历史上是空前的。

为了促进海外贸易,元代的远洋航运也很发达。

最初元朝的统治者对海外贸易是采取"官营"办法。"(至元)二十一年,设市舶都转运司于杭、泉二州,官自具船给本,选人入蕃,贸易诸货。其所获之息,以十分为率,官取其七,所易人得其三。凡权势之家,皆不得用己钱入蕃为贾,犯者罪之,仍籍其家产之半。其诸蕃客旅就官船卖买者,依例抽之。"[①]

为了垄断海外贸易,元朝政府曾几次下令禁止私商下海,但都收效不大。元成宗即位后就下令不要拘留海商,听其自便。元英宗至治三年(1323年)又重申:"听海商贸易,归征其税。"至于上述禁止"权势之家"从事海外贸易的规定后来也取消了,只不过要他们"依例抽分"罢了。"不拣什么官人每,权豪富户每,自己的船只里做买卖去呵,依照百姓每的体例与抽分者。"[②] 在这种情况下我国有大批人去海外从事贸易。元代官方文件《通制条格》卷27《杂命》里称,当时泉州"做买卖的"海船远到"回回田地里""忻都田地里"。前者指阿拉伯半岛诸国,后者即 Hindustan 一字译音兼义,指印度半岛上各国。这说明当时泉州与远如西亚、近如南亚诸国都有频繁的海上交通,至于更近的东南亚就不在话下了。

和海上交通的发展相适应,元代的造船业十分发达。当时中国拥有船舶之多,居世界第一。马可波罗对此有所记载:"哈喇木连大河(黄河)是一极大河流,宽逾一里,水甚深。大船可航行于上……河上有大汗之船舶,逾一万五千艘,盖于必要时运输军队赴印度海诸岛者也。"[③] 他谈到长江上航运情况时说:"此江甚长,经过土地城市甚众。其运载之船舶、货物、财富,虽合基督教民之一切江河海洋运载之数,向不逮焉……马可波罗阁下曾问大汗之收航税者言,每年溯江而上之船舶至少有二十万艘,其循江而下者,向未计焉。"[④] 欧洲注释家和东方学者往往认为马可上述这番话是夸张的说法,但我们一核对汉文典籍,就可以证明他并未言过其实。如《续文献通考》卷131载,至元七年(1270年)元军攻襄阳时就造战舰 5 000 艘,十年练水军时又"造船五千艘",十一年"七月宋张世杰以舟师万艘驻焦山东",二十年"泉府所统海船一万五千艘"。又,

①　《元史》卷94,《食货二》

②　《元典章》卷22,《户部八》。

③　冯承钧译:《马可波罗行纪》中册,第523页。

④　同③,第554页。

前述《元史·伯颜传》所记："战舰万计，相踵而至。"此外，1322 年鄂多立克到达辛迦兰（广州）时也曾写道："该城有数量极其庞大的船只，以致有人视为不足信，确实，整个意大利都没有这一个城市的船只多。"① 这些都足以证明马可波罗的话并非夸张。

元时中国所造的船不仅数量多，质量也很好。元代人曾描绘当时的海船说："尝观富人之舶，挂十丈之竿，建八翼之橹，长年顿指南车坐浮庋之上。百丈建鼓，番体整如官府令，拖碇必良，绋缆必精，载必异国绝产。"②

马可波罗对中国海船的描绘更详细："应知其船用枞木制造，仅具一甲板，各有船房五六十所，商人皆处其中，颇宽适。船各有一舵，而具四桅，偶亦别具二桅，可以竖倒随意。船用好铁钉结合，有二厚板叠加于上，不用松香，盖不知有其物也，然用麻及树油掺和涂壁，使之绝不透水。每船舶上，至少应有水手二百人，盖船甚大，足载胡椒五六千担，无风之时，行船用橹，橹甚大，每具须用橹手四人操之。每大舶各曳二小船于后，每小船各有船夫四五十人，操棹而行，以助大船。别有小船十数，助理大舶事务，若抛锚、捕鱼等事而已，舶张帆之时，诸小船相连，系于大舟之后而行。然具帆之二小舟，单行自动，与大舶同。"③ 伊本白图泰对中国船也有所记载："中国船共分三等，大的称为艟克（复数是朱努克），中者为艚，小者为舸舸姆，大船有十帆，至少是主帆，帆系用藤篾编织，其状如席，常挂不落，顺风调帆，下锚时亦不落帆，每一大船役使千人，其中海员六百，战士四百……随从每一大船，有小船三艘，半大者，三分之一大者，四分之一大者，此种巨船只在中国的刺桐城建造，或在隋尼凯兰（广州）建造……船上皆有甲板四层，内有房舱、官舱和商人舱，官舱的主室附有厕所，并有门锁，旅客可携带妇女、女婢，闭门居住……水手们则携带眷属子女，并在木槽内种植蔬菜鲜姜。船总管活像一大官。登岸时射手、黑奴，手执刀枪前导，并有鼓号演奏……中国中拥有船只多艘者，则委派船总管分赴各国，世界上没有比中国更富有的了。"④

上引不仅说明中国船的坚固庞大，而且最后几句还说明元代中国海外贸易的发达，有的海商派有代理人分驻各国，又其中记载水手用木槽种植鲜菜一事，表明当时我国海员已了解长期航行中所产生的坏血病的治疗方法。欧洲人在三百年之后哥伦布远航美洲时还不知道此事，这足以说明我国人航海经验的丰富。

元代南海诸国与中国有官方交往的，仅《元史》所载就有二十余国，其范

---

① 何高济译：《海屯行记·鄂多立克东游录》，第 64 页。
② 任士林：《松乡集》卷 4，《送叶伯几序》。
③ 冯承钧译：《马可波罗行纪》下册，第 619—620 页。
④ 马金鹏译：《伊本白图泰游记》，第 490—491 页。

围较前代为广。

首先在元初因爪哇侮辱中国使者孟琪，至元二十九年（1292 年）世祖下诏，由福建、江西、湖广三省共出兵二万，发舟千艘，附粮一年，于泉州会师，远征爪哇。此役使大量的中国人移殖于印尼各国与当地人和睦相处。如汪大渊《岛夷志略》"勾栏山条"："国初，军士征阇婆，遭风于山下，辄损舟，一舟幸存，唯存丁灰。见其山多木，故于其地造舟一十余只，若樯柁、若帆、若篙，靡不具备，飘然长往。有病卒百余人不能去者，遂留山中。令唐人与番人丛杂而居之。"同书"渤泥条"："尤敬爱唐人，醉也则扶之以归歇处。"又"麻逸条"称中国商船到达后："蛮贾议价，领去博易土货，然后准价舶商。守信事终如始，不负约也。"

南亚方面，自杨庭璧三次出使之后，至元二十三年（1282 年），先后有俱兰、马八儿、须门那、僧急里、南无力、马兰丹、那旺、来来（Lar）等十余国来与中国建立外交与贸易关系。据《元史》记载马八儿、俱兰等国都曾遣使来华，先后达十次之多。中国也曾九次遣使报聘。《元史》卷 210 "马八儿等国"传上说："海外诸蕃国惟马八儿与俱兰足以纲领诸国，而俱兰又为马八儿后障。"马八儿国一位王子还亲自来中国入贡，并终身侨居泉州。伊本白图泰也说俱兰、马八儿是与中国交往的头一座城市，中国人来此地的很多。[①] 中国与这些国家的贸易额很大，远远超过西亚北非诸国。《马可波罗行纪·俱兰国》："蛮子，地中海东，阿剌璧诸地之商人乘舟载货来此，获取大利。"马八儿国"船舶自极东而来者，载铜以代沙石。运售之货有金锦、绸缎、金银、丁香及其他细货香料，售后就地购买所欲之物而归。此国输出之粗货香料，大半多运往蛮子大洲，别一部分则由商船西运至阿丹，复由阿丹运至埃及之亚历山大，然其额不及运往极东者十分之一，此事颇注意也。"伊本白图泰奉使中国，由古里启程，时亲见停泊在该港内的中国大船就达十三艘之多，他本来准备搭乘其中的一艘，怎奈船上往返的官舱都为中国人订下了，他只好改乘别的船只。又据他记载，中国派往德里的使者，因船破到达俱兰时，由该地中国商人供给他衣物，并资助他回中国。这些都说明元代旅居印度的中国人之多。伊本白图泰还说中印之间的海上交通都掌握在中国人手里。中国船舶坚固而设备完善。曾任印度驻华大使的历史学家潘尼迦曾对元代中印之间的海上交通有所评述："海上交通的重要性日益增长，尤其是对于南印度，在葡萄牙人封锁中国海岸之前，（海上交通）对中印关系极为重要，在十三、十四世纪南印度的文学作品中经常提到中国的大艍和舢板。西海岸的故临定期有船舶开往华南各港口，孟特卡维诺大主教（Archibishop Monte-

---

① 马金鹏译：《伊本白图泰游记》，第 493 页。

Carvino）就是乘坐其中之一而来游远东的。"[1]

统治波斯的伊儿汗与元朝的关系相当密切。约在公元 1290 年波斯国王阿鲁浑，在其妃子死后，曾向元世祖请婚。忽必烈同意，赐宗室女阔阔真与阿鲁浑为妃，特派马可波罗等护送，由海道前往波斯。马可波罗一行除水手外，共六百人，分乘具有四桅、十二帆的大海船十三艘，自泉州出航，经爪哇，越孟加拉湾，绕南亚次大陆，辗转两年到达波斯后，阿鲁浑已死，阔阔真遂为其子合赞汗的王妃。此后 1297 年，合赞汗遣使法克尔哀丁，由海道来华，拜谒元成宗，颇受优渥，并与元朝贵族联姻。他留居中国很久，1305 年才回波斯。当时中波之间民间交往也很不少。如伊本白图泰就曾在泉州遇见过波斯依斯汗罕、塔布里兹（Isphalian Tabrig）地方的商人和教士。大德十一年（1307 年）护送合赞汗使者的海运千户杨枢，就曾在波斯忽鲁模斯登陆。杨枢原本是一位官本船的代理商，他率领船队去海外贸易，返航时搭载了合赞汗的使者那怀等人来华。后者完成其使命后，请求杨枢护送他回波斯。元朝政府同意这一请求，并特封杨枢为忠显校尉海运千户。他们于大德八年（1304 年）出航，大德十一年抵忽鲁模斯。"是役也，君往来于长风巨浪中，历五星霜，凡舟楫、粮食、器物之须，一出于君，不以烦有司。"杨枢还购买了大量的波斯土特产，如白马、琥珀、葡萄酒之类，运回中国，并在宸英殿受到元武宗的召见。[2] 访问过忽鲁模斯的还有一位佚名的人物。1953 年在泉州发现一座残存墓碑，上书"大元进贡宝货，蒙圣恩赐赏。至于大德三年内，悬带金字海青牌面，奉使火鲁没思田地勾当，蒙哈赞大王特赐七宝货物呈献朝廷，再蒙旌赏，后自回泉州本家居住，不幸于大德八年……"由于以下碑文残缺，不知死者姓名，但据杨钦章同志考证，认为此人是不阿里。[3]

元代阿拉伯各地和中国的贸易不如唐宋之盛，因为 1257 年巴格达为旭烈兀大军攻下之后，五百年的大食帝国就此灭亡，繁荣的伊斯兰首都残破不堪，居民减少，沦为一次要城市，阿拉伯文化中心已经移至埃及。大食故国生产被摧毁，商业凋零，海外贸易一蹶不振，不过元代中阿之间文化交流仍在继续进行。中国火器随蒙古大军而传入阿拉伯。纳西尔·丁·土西奉命在伊尔汗首都马拉加建立天文台时，旭烈兀曾派中国天文学家傅孟吉前往协助。阿拉伯天文学家扎马鲁丁也奉命带着七种天文仪器献给忽必烈，此事见于《元史》。其中提到阿拉伯人所制地球仪说："其制以木为圆毬，七分为水，其色绿，三分为土地，其色白，画江河湖海，脉络贯其中，画作小方井，以计幅之广袤。"中阿之间的医学交流始

---

[1] K. M. Panikar, *India and China*, pp. 14-15.

[2] 均见《金华黄先生文集》卷 33。

[3] 杨钦章：《元代奉使波斯碑初考》，亚洲史学学术讨论会论文。

于宋代，至元代更盛。元朝的太医院中有专门研究阿拉伯医药的"广惠司"，下设"大都回回药物院"和"上都药物院"。蒙古军中有不少阿拉伯工匠，有名的"回回砲"（一种投石机），就是他们制造并传入中国的。

元代中国与非洲的交往也比宋代密切。摩洛哥大旅行家伊本·白图泰来过中国。我国大旅行家汪大渊也访问过非洲。伊本·白图泰在其书中盛赞中国瓷器的精美，并说中国瓷器不仅贩运至印度等地，而且远销到摩洛哥。他到中国后曾在"康阳府"遇见到摩洛哥船主阿尔伯胥利，在杭州会见过埃及人鄂托曼·宾·阿梵的子孙。

最能表明元代中国人在海外活动范围的，无过于汪大渊的《岛夷志略》一书。大渊，字焕章，江西南昌人，约生于元武宗至大四年（1311 年），"少负奇气，为司马子长之游，足迹几遍半天下矣""当冠年，尝两附舶东西洋，所过辄采录其山川、风土、物产之诡异，居室、饮食、衣服之好尚，与夫贸易费用之所宜，非其亲见不书，则信乎其可征也"[①]。他所撰写的《岛夷志略》约成书于元顺帝至正九年（1341 年），次年附于《清源续志》之后，刊行于泉州。该书中记载有 90 多个国家，范围包括东南亚、南亚、西亚以至东非等广大地区。这是研究中西交通史的一部重要典籍，其价值不在《马可波罗行纪》及《伊本白图泰游记》等书之下。汪氏这部书不仅所述范围广阔，而且又都是作者亲历之地，文辞朴素无华，翔实可靠。《四库全书总目》对其作过公允的评价："诸史外国列传秉笔之人，皆未尝身历其地，即赵汝适《诸蕃志》之类，亦多得于市舶之口传，大渊此书则皆亲历而手记之，究非空谈无征者比。"这里仅摘录该书中关于东非层拔罗一条，可以表明其文笔的简洁翔实："崖无林，地多淳，田瘠谷少……俗古直，男女挽发，穿无缝短裙，民事纲罟，取禽兽为食。"

为了鼓励和接待外国来华贸易商人，元朝设置了市舶司七所，其所征收的进口税都相当低。最初细货收十分之一，粗货十五分之一，泉州甚至只收三十分之一，后来各地一律只收三十分之一。《元史·世祖本纪》至元三十年（1293 年）条："夏四月己亥，行大司农燕国公楠翰林学士，承旨留梦炎言：'杭州、上海、澉浦、温州、庆元、广东、泉州置市舶司凡七所，唯泉州物货三十取一，余皆十五抽一，乞以泉州为定制。'从之。"这比宋朝时一般征收十分之一低多了。

上述七所市舶司先后合并，上海、澉浦、温州并入庆元，杭州与当地税局合并，所以仅留下庆元、泉州、广州等市舶司三所。

庆元（宁波）的历史可以追溯到秦始皇时的会稽。唐时称为明州，并开始在该地置"博易务"（即市舶司），那时已和东方的日本、高丽，以及南海中的

---

①　前段见《岛夷志略》"吴序"，后段见"张序"。

环王和室利佛逝，以至阿拉伯诸国贸易。阿拉伯的火油（石油）就是在五代时开始输入明州的。宋代的明州不仅是繁荣的贸易港，也是造船业的中心。南宋宁宗庆元元年（1195 年）明州升为庆元府，元代称为庆元路，其繁荣超过宋代，可说是宁波港的黄金时代。那时的庆元兼有军港和商港两者的重要意义。

作为军港，元代几次大规模的海军远征，都以此地为出发港或归宿地。如《元史·哈剌䚟传》："至元十一年（1274 年），元帅哈剌䚟从国兵征日本，遇飓风，舟回，还戍庆元。"又"至元二十九年（1292 年）九月，征爪哇，会军庆元，登军浮海。"

作为商港，它在近海和远洋航线中都起了中转港的作用。近海航运方面，如前所述，元代的海上运粮，最初只有从刘家港至直沽的一条航线。后来，皇庆元年（1312 年），绍庆千户所建议："庆元地居东南，既于本处装讫粮米，再入刘家港取齐，多有沙险去处，若就定海港口放洋，迳赴直沽交卸，实为便益。"又据《昭毅大将军平江路总管府达鲁花赤兼管内劝农事黄头公墓碑》记载："粮之登舟，自温台，上自福建，凡二十余处，皆取客舟载之至浙西，复还浙东入海，公请移粟庆元，海舟受之，自烈港入海，无反复之苦。"于是增辟了一条由庆元至直沽的新航线，元末此线还延长至福建长乐专供运输浙江及福建粮食之用。

远洋航行方面，北至朝鲜、日本，南至东南亚各国，如阇婆、真里富（真腊）、占城、暹罗、渤泥、麻逸、三佛齐以至阿拉伯各地，都有海上贸易。输出品以丝绸和瓷器为大宗，有名的土产，如宁波的草席也远销东南亚一带。1975 年在南朝鲜汉城西南 200 英里木浦海西，发现了一艘中国沉船，至 1982 年 9 月为止，先后从船舱里打捞出文物 18 000 多件，其中瓷器占绝大部分，共有 16 792 件之多。除宋瓷钧瓷及景德镇瓷器之外，成箱成批的是龙泉窑青瓷，此外还有"开元通宝""至大通宝"等大量铜钱。其余为少量铜、铁器和漆器。值得注意的是其中一枚铜质砝码，上有"庆元路"字样。因此大多数专家认为这是一艘从庆元启航，运输货物到朝鲜的商船。由此也可以窥见庆元出口商品的情况。输入的商品，据《至正四明续志》卷 5 载，有倭金、苏木、丁香、吉贝等 220 余种，比宋时此地的进口货还多 60 多种。这也表明此港在元代比宋代更为繁荣。元人张翥在其《送黄中玉之庆元市舶》一诗中写道："是邦控岛夷，走集聚商舸，珠香杂犀象，税入何其多！"这几笔勾勒出当时庆元的盛况。

元代的泉州（刺桐）是当时世界最大的国际贸易港。马可波罗写道："应知刺桐港即在此城。印度一切船舶运载香料，及其他一切贵重货物，咸莅此港，是亦为一切蛮子商人常至之地。由是商货、宝石、珍珠，输入之多，竟至不可思议，然后由此港转贩蛮子境内。我敢言亚历山大或他港运载胡椒一船赴诸基督教国，乃至此刺桐港者，则有船舶百余，所以大汗在此港征收税课，为额极巨。"①

伊本白图泰也写过泉州："该城的名称即是刺桐，这是一巨大城市。此城织造的锦缎和绸缎，也是刺桐命名。该城港口是世界大港之一，甚至是最大的港口。我看到港口停有大艚克约百艘，小船多得无数。"②

元人记载中也说："泉，七闽之都会也，番货远物，异宝奇玩之所渊薮。殊方别域，富商巨贾之所窟宅，号为天下最。其民往往机巧趋利，能喻于义者鲜矣。而近年为尤甚，非自初而然也。"③

宋末元初是泉州海外贸易的极盛时期。《岛夷志略》中所记载元代与泉州有贸易关系的国家比《诸蕃志》中所记的增加了数十个。近如东南亚，远如南亚、伊朗以至于非洲等地。

据伊本白图泰记载侨居泉州的波斯、阿拉伯人不少。波斯的毛毯、兵器、铜器等物，由泉输入中国内地，而瓷器则由泉州出口远销到印度等地区，直到北非马格里布。这是瓷器中最美好的。此外近年在元代刺桐城的城墙遗址出土有大量湿婆雕像及印度教寺院遗址，足以说明侨居泉州的印度人之多。④

广州在宋末元初遭到很大破坏。元军凡"三入广，广州始平"。当地居民"或罹锋镝，或被驱掠，或死于盗寇，或转徙于他所，不可胜计"⑤。损失自然是很大的，但广州并未因此一蹶不振。这个唐宋以来的重要贸易港，在各方面都有其良好基础。前述广东招讨使杨庭璧出使俱兰时，就是以广州为其出发港的。在他第二次出使之后，南亚和东南亚十多国纷纷来广州贸易，并与元朝建立外交关系。广州的海外贸易很快就得恢复和发展。"视昔有加焉。""而珍宝之盛，亦倍于前志所书者。"⑥ 搭剌海哈出使任广东宣慰使之后，又对广州进行了一番整顿："清廉不犯，蕃商大悦，其后舶舟至者常倍焉。"⑦ 以致元仁宗时，宫廷还专门派人来广州采购蕃货。据元成宗大德八年（1304 年）所刊行的《南海志》中所记载，当时来广州贸易的国家和地区，在 140 个以上。其中有些地名也不见于前代其他著述，可知其范围之广的确超越前代。外国旅行家，如鄂多立克称赞广州船舶之多，已见前述。并说广州之大三倍于中世纪欧洲名城威尼斯。伊本白图泰也说广州"是一大城市，街道美观。最大的街市是瓷器市，由此运往中国各地和印

---

① 冯承钧译：《马可波罗行纪》中册，第 608 页。
② 马金鹏译：《伊本白图泰游记》，第 551 页。
③ 吴澄：《吴文正公集》卷 16，《送姜曼卿赴泉州路录事序》。
④ 杨钦章：《略论泉州印度教保护神毗湿奴石刻》，中外关系史学术讨论会论文。
⑤ 《永乐大典》卷 11907，《南海志》。
⑥ 《永乐大典》卷 11907，《南海志》。
⑦ 《广东通志》卷 241，《宦迹录》。

度、也门"①。《岛夷志略》也记载元代我国瓷器外销的范围大大超过宋代，见于该书中与我国瓷器贸易的国家和地区共 44 个。出土文物也证实并补充了汪大渊的记载，近代考古学家在该书所记的国家与地区中都发掘出元代的中国瓷器。前述在南朝鲜新安海底沉船内打捞出的大量的完整瓷器，更进一步表明元代外销瓷器在窑口、器物、品件等方面的齐全与丰富。

综上所述，元代的开放政策在促进我国航海事业与海外贸易都取得卓然成效。

原载《海交史研究》1987 年第 2 期（总第 12 期）

---

① 马金鹏译：《伊本白图泰游记》，第 552 页。

元代海外贸易发展的积极作用与局限性

喻常森

元代是中国历史上通过海路对外贸易最繁荣的朝代之一，它上承唐、宋，下接明、清，在我国古代海外贸易史上占有十分重要的位置。

元代的海外贸易与唐、宋相比，确实取得了重大的发展。这不仅表现在海外贸易的范围更加扩大，贸易的规模和形式更加多样化，而且还特别表现在官方对海外贸易的管理更加制度化和正规化。①

同其他封建王朝对外贸易一样，元代海外贸易的发展也明显存在着二重性的倾向，即一方面它对当时社会经济、对外关系等方面产生过许多积极作用；另一方面，由于时代的局限，又存在着许多不足之处。本文将借助大量客观生动史料，对元代海外贸易发展的积极作用与局限性作一番初步探索，帮助人们正确认识元代海外贸易发展的历史地位。

一、元代海外贸易发展的积极作用

"海外贸易是可以利用人类一切进步的特殊经济部门。"② 元代海外贸易的发展对促进中国乃至亚、非各国经济发展，加强中外联系和中外人民传统友谊等方面产生了许多有益作用。

（一）舶货的大量进口，丰富了国内商品市场，极大地满足了人们生产、生活的各种需要

元代开放市舶贸易之初，就本着"损中国无用之资，易远方难致之物"的精神，③ 鼓励商人们大量进口海外货物，促进国内经济发展。《大德南海志》在谈到海外贸易的重要性时也曾指出："山海为天地宝藏，珍货从中，有中国之所

---

① 参阅拙作：《元代海外贸易》，厦门大学南洋研究所博士论文，1992年5月。
② 王绍熙：《中国对外贸易理论和政策》，中国对外经济贸易出版社，1991年，第51页。
③ 苏天爵：《元文类》卷40，《经世大典序录·政典·市舶》。

无。风化既通，梯航交集。以此之有，易彼之无，古人贸易之良法。"①

元代海外贸易的发展，进口舶货数量和品种都倍于前代，且呈不断增长趋势。据《大德南海志》卷7"舶货"条开列，元代前期经广州港进口的舶货计有7类70多种。② 元代后期，海外贸易全面繁荣，舶货进口量剧增。王元恭《至正四明续志》卷5"市舶物货"条记载，由四明（又名庆元，即今浙江宁波）进口的市舶物货高达224种，③ 比元前期翻了三番。这224种舶货中按其价值高低分为粗、细两档。价值较高的细色货物有珊瑚、玛瑙等134种，价值较低的粗色货物有红豆、牛皮、筋角等90种。

值得注意的是，在品种繁多的进口货物中，纯粹奢侈品的数量较前代有明显减少，而用于生产、生活的日用品比例大大增加，如元后期进口货物中，仅布匹一项就有吉贝布、吉贝纱、三幅布罩、香花棋布、毛驼布、鞋布、袜布、丝布、油崖布、焦布、手布、生布等10余种；金属及金属制品有铜青、铜钱、铅、锡、倭金、倭银、丁铁、炉铁、高丽铜器等项，这充分说明海外贸易对国计民生的重要性不断得到体现。

舶来品输入中国沿海港口以后，通过商贩们的转运，销往全国各地。于是，不但沿海港口，而且内地都市，舶货随处可见。泉州是元代最大的进出口港口，那里"各种货物堆积如山，仅胡椒一项，数量非常可观。但运往亚历山大供应西方世界各地的胡椒，就相形见绌了，恐怕不过它的百分之一"。④ 江南最繁华的都市杭州，是元代最大的舶货聚散地，政府在此设有市舶仓库，专门贮存从各地转运来的舶货。杭州本身也是最大的舶货消费城市，"仅胡椒一项，每日销量竟达四十三担，每担重九十公斤"。⑤ 也就是，杭州市民每日消费胡椒3 870公斤，数目之大，令人咋舌。元大都（今北京）虽远离东南沿海贸易港口，但由于它是元朝统治中心，达官贵人，三教九流，富商大贾云集于斯，拥有大量的舶货消费者。所以，不论是政府官方，还是民间商贩，都不惜长途，将各国商品转运来此经销。当时的大都，"凡是世界上最为稀奇的东西，都能在这座城里找到，特别是来自印度的商品，如宝石、珍珠、药材和香料"⑥。

海外产品的源源输入，大大地满足了人们生产、生活的需求。当时，民间不

① 陈大震：《大德南海志》卷7，《舶货诸番国附》。
② 陈大震：《大德南海志》卷7，《舶货诸番国附》。
③ 王元恭：《至正四明续志》卷5，《土产·市舶物货》。
④ 陈开俊等译：《马可波罗游记》，福建科学技术出版社，1981年，第192页。
⑤ 陈开俊等译：《马可波罗游记》，第177-178页。
⑥ 陈开俊等译：《马可波罗游记》，第111页。

乏"洗白复生高丽毛丝布"的例子。① 从海外进口的"倭扇",由于其"巧艺夺天工",而深得士大夫们钟爱。至于那些"切金削玉"的"西番刀",更是为江湖勇士们所乐道。② 外国进口的药材、各类纺织品及其他手工制品,进入千家万户,受到普遍的欢迎。以皇室为代表的元朝统治阶级则是最大的舶货消费者,海外进口的药物、香料、奇珍异宝,是他们须臾不可少的必需品。由于各阶层人们都喜欢使用舶货,逐渐建立了对进口商品很大程度上的依赖性。所以,一个时期内,舶货进口多寡,不但深系市场荣枯,而且直接关联到人们的日常生产、生活。如元中期,从至大四年到皇庆二年(1311—1313 年)间,元政府曾实行"海禁",导致"番货、药物销量渐少,民用缺乏",③ 不得不重新开禁。元代后期,由于政府全面开放私人海外贸易,舶货进口剧增,于是东南沿海地区出现了"薰陆胡椒腽肭脐,明珠象齿骇鸡犀;世间莫作珍奇看,解使英雄价尽低"④ 的舶货充溢、供过于求的现象。

(二) 我国大量农业、手工业产品和文化用品的输出,有利于促进海外各国人民生活水平的提高和社会文明进步

由于当时我国文明发展的总体水平较高,生产的各种农业、手工业品,以及文化用品、文物制度等等,早已蜚声海内外,深得各国人民喜爱和效仿。元代海外贸易的繁荣和发展,使中国商品的出口不断增加。因为,在当时情况下,国际贸易大多是以物物交换形式进行的,故出口量和进口量基本上是持平的。元代通过海上贸易,向海外各国出口的物品数量和品种较之前代均有显著增加。特别是元代后期,我国出口货物的品种高达 150 多个。⑤ 这 100 多种商品可按其性能分为七大类型:①纺织品,又分为丝织品和棉纺织品两种。丝绸及其制品有诸色绫罗匹帛、南北丝、建宁锦、苏杭五色缎;棉布及其制品有小印花布、五彩红布、青布、海南布、五色布等;②陶瓷器,如粗碗、青白花碗、青白处州瓷器、瓷器盘、青白花瓷器、青器、大小水罐、大小埕瓮等;③金属及其制品,如金、银、铜、铁、铜线、铁器、铜鼎、铁条、铁锅等;④药物,如川芎、朱砂、大黄、良姜、白芷等;⑤农副产品:如谷米、酒、茶叶、荔枝、盐、糖之类;⑥日用小商品,如牙箱、伞、针、木梳、篦、篘子手巾等;⑦文化用品,如纸札、乐器(阮、琴、鼓、板、瑟之属)、书籍,等等。

---

① 《元曲选》下册,《朱太守风雪渔樵记》。
② 张宪:《西番刀歌》。
③ 《通制条格》卷 18,《关市·市舶》。
④ 《元诗选》二集卷 11,宋本《至治集》"舶上谣"。
⑤ 参见汪大渊:《岛夷志略》。

　　由于从中国输出的商品，不但是中国工艺的结晶，而且许多都是实用型的，适合不同层次消费者的需要。所以"唐货"成为各国人民梦寐以求的东西。真腊（今柬埔寨）"其地想不出金银，以唐人金银为第一，五色轻缣帛次之。其次如真州（今江苏仪征）之锡镴（铜锡合金），温州之漆盘，泉州之青瓷器及水银、银珠、纸札、硫黄、焰硝、檀香、草芎、白芷、麝香、麻布、黄草布、雨伞、铁锅、铜盘、水珠、桐油、篦箕、木梳、针，其粗重则如明州之席"。[①] 中国产品的输入，对当地人民的生产、生活产生了深刻的影响。真腊自从引进"唐货"以后，人民的生活习俗为之一变，"盛饭用中国瓦盘或铜盘"（注：原用树叶盛饭，以手抓食），"地下所铺者，明州之草席"，然"近有用矮床者，往往皆唐人制作也"；[②] "伞皆用中国红绢"；[③] "在先无鹅，近有舟人自中国携去，故得其种"。[④] 位于印度西南海岸的下里，"地产胡椒，冠于诸番"，[⑤] 但"采椒之人为辛气薰迫，多患头痛。饵川芎可愈"。[⑥] 川芎，又名草芎。多年生草木，盛产于我国四川、陕西、湖南等地，可供药用，有活血、止痛之功用。宋、元时期大量出口，成为采椒工人必备止痛药。中国商品在东洋受欢迎的程度，绝不亚于南海、西洋诸国。东洋的高丽（今朝鲜）、日本二国，早已实行"汉化"，中国商品和文物制度盛行二国。元代，通过海上贸易输往高丽的中国产品有沉香、玉香盒、玉器、金带、铁杖、彩缎、彩帛、弓矢、佛玉香炉、屏风、书轴、《玉海》、《通志》、山水精画、美酒、孔雀、羊，等等。[⑦] 元代输往日本的产品更多，而尤以铜钱和瓷器为大宗，如新安沉船遗物中就有铜钱 22 吨、瓷器 16 420 件。[⑧] 此外，元代中国输往日本的商品尚有茶叶、茶具、书籍、绘画、文具等项。[⑨]

　　中国出口产品在海外各国人民日常生活中占有如此重要的地位，以至一些地区形成了对华商的依赖性，交趾"其俗以商贩为业，饮食衣服，皆仰北客（华商）"[⑩]。苏门傍（今印尼爪哇三发）"赖商贾以资其国"。[⑪] 文老古（今印尼摩鹿加群岛）人民更是"每岁望唐舶贩其地，往往以五枚鸡雏出，必唐船一只来，

①　周达观：《真腊风土记》21，《欲得唐货》。
②　周达观：《真腊风土记》30，《器用》。
③　周达观：《真腊风土记》40，《国主出入》。
④　周达观：《真腊风土记》24，《走兽》。
⑤　汪大渊：《岛夷志略》，《下里》。
⑥　赵汝适：《诸蕃志》卷上，《志国·下里》。
⑦　[朝]郑趾麟：《高丽史》，并参见吴晗：《朝鲜李朝实录中的中国史料》"茶王世家"卷上。
⑧　台湾文化财管局：《新安海底遗物》。
⑨　[日]木宫泰彦：《日中文化交流史》。
⑩　《大越史记全书》卷5，《陈纪》。
⑪　汪大渊：《岛夷志略》，《苏门傍》。

二鸡雏出，必有二只，以此占之，如响斯应。"① 曾几何时，中国商船竟成了海外各国人民众盼之所归。

（三）海外贸易的发展，有力地刺激了国内生产发展，并进一步带动了沿海经济开发，促进了社会进步

随着海外贸易的发展，中国农副产品和手工业制品的出口增加，必然会刺激国内农业和手工业生产的发展。中国农副产品的出口，农产品商品化程度提高，农民收入增加，导致农业技术的推广和农田水利建设事业的发展。② 而品种繁多的手工业制品的大量出口，促进了国内生产这些产品的手工业行业的繁荣，推动手工业技术的进步。如传统的丝绸和瓷器的大量出口，使纺织业和制瓷业成为元代国内两个最大的手工业行业。《岛夷志略》所列举的丝绸织品有十几个品种，如南北丝、苏杭五色缎等。说明当时出口的纺织品有南北两大类型，而以苏、杭等地生产的各色丝绸最为畅销。元代瓷器出口增多，南北各瓷窑争奇斗艳。《岛夷志略》记载的出口瓷器品种就有青白处州瓷器（浙江龙泉窑系列），青、白花瓷器（江西景德镇系列），以及东南沿海为适应外销需要而新兴的仿青、白瓷系列，如福建德化白瓷、泉州青瓷，特别是德化白瓷非常著名。近年发掘的屈斗宫窑遗址，主要是为外销而生产的。③ 而泉州青瓷器主要是仿龙泉窑技术制作，大量销往海外。此外，如广州、潮州各窑，广州西村窑，浙江温州地区的产品也大量行销海外市场。瓷器的生产就是为了满足广大市场的需要。元代海外贸易的发展对瓷器生产形成了巨大的刺激力量。"沿浙江省瓯江和松溪两岸分布的大量新增窑场，就是为了满足海外市场的巨大需要而建造的。龙泉窑的薄胎厚釉工艺进一步得到发挥。"④ 海外贸易的发展同样也给江西景德镇的制瓷业带来了兴旺的契机，当时景城就有各色大小瓷窑 300 多处，除了生产著名的枢府白瓷外，元末一种新型先进工艺瓷——白底青花瓷在此研制成功，投入批量生产，成为外销瓷器的拳头产品。汪大渊《岛夷志略》中记载的"青白花器"可能就是指青花瓷。据称，最初青花瓷的釉料苏渤尼青（又称苏麻离青、回回青）就是从海外进口的。⑤ 这有力地证明了海外贸易与国内生产发展之间的相互依赖良性互动关系。海外贸易也促进了国内棉纺织业的发展，棉纺织印染业是元代新兴的手工业生产

---

① 汪大渊：《岛夷志略》，《文老古》。

② 邓端本：《广州古港史》，海洋出版社，1985 年，第 129 页；陈高华、吴泰：《宋元时期的海外贸易》，天津人民出版社，1981 年，第 219 页。

③ 李辉炳：《关于屈斗宫窑之我见》，《文物》，1955 年第 2 期。

④ ［韩］尹武炳：《关于新安发现的文物调查报告》，《中外关系史译丛》，第 5 辑，第 335 页。

⑤ 韩槐准：《南洋遗留的中国古代外销陶瓷》，新加坡青年书局，1960 年，第 12 页。

部门，元后期，棉纺织品成了大宗出口商品。《岛夷志略》中列举的出口棉织品就有 32 种之多，几乎可以同丝、瓷并论。

海外贸易的发展，带动了沿海经济开发，昔日的荒滩变为通商大埠和东南巨镇。元代太仓、澉浦、上海兴起无不得益于海外贸易。

江苏太仓，"旧本墟落，居民鲜少"①。至元二十四年（1287 年），朱清、张瑄迁居于此，"剪荆棘，立第宅，招徕番舶，屯聚粮艘，不数年间，凑集成市"。② 为了便于海舶出入，朱、张二人又组织"开刘家港，导娄江入海"③，使刘家港一跃成为"可容万斛之舟"的良港。④ 太仓因此也成了商贾云集的"六国码头"⑤。太仓的经济在海外贸易的带动下迅速成长，元代中期，诗人形容太仓是"市舶物多横道路，江瑶价重压鱼虾""山城近海金汤固，市舶通番食货稠"。⑥ 自从刘家港开辟成为海运基地和海外交通港口以后，原来居民不足百家的太仓，发展成为东南巨镇，至被作为昆山州治。"官第甲于东南，税家漕户，番商胡贾，云集阛阓；粮艘商舶，云集如林；琳宫梵宇，朱门大室，不可胜计。"⑦ 值得一提的是，直到明初，郑和下西洋仍以太仓刘家港为基地，这和元代刘家港的兴盛是分不开的。

如果说太仓的兴起并不完全缘于海外贸易的话，那么浙江澉浦的兴起，海外贸易无疑是第一的和主要的驱动力。澉浦（今海盐县）在宋代以前还是一片盐碱地，鲍郎盐场即设于此。南宋末年，逐渐成为"商旅阜通"⑧。元初，成为最早设立市舶司的港口。同时，由于身兼"浙东西市舶总监"的福建安抚使杨发"占籍"于此，更加突出了它的重要性。杨氏以此为据点，筑室招商，组织海外贸易，使得"番舶咸萃于此。居民贸易，遂成村落"。⑨ 元中期，澉浦作为杭州外港，发展成为一个"远涉诸番，近通福、广的冲要之地"⑩。

元代上海的崛起，同海外贸易息息相关。上海原名华亭，至元十四年（1277 年）立市舶司。后来由于"市易口盛""户口繁多""民物富庶"等原因，至元

---

① 杨惠：《至正昆山郡志》卷 1，《风俗》。
② 杨惠：《至正昆山郡志》卷 1，《风俗》。
③ 夏定域：《元朱清张瑄事迹录》，第 4 页。
④ 杨惠：《至正昆山郡志》卷 1，《风俗》。
⑤ 杨惠：《至正昆山郡志》卷 1，《风俗》。
⑥ 谢应芳：《龟巢集》卷 2，《过太仓》；卷 3，《送梅州判之昆山》。
⑦ 《嘉庆太仓州志》卷 3，《城域沿革》。
⑧ 常棠：《澉水志》卷 7，黄寅：《还朝诗》。
⑨ 顾祖禹：《读史方舆纪要》卷 91，《嘉兴府·海盐县》。
⑩ 《元典章》卷 59，《工部·造作》。

二十九年（1292 年），"割华亭东北五乡，立县于（上海）镇，隶松江府"。① 元代上海辖地，包括今天的市区和上海、青浦、南汇、川沙四县。元代上海设县，无疑是上海发展史上的一个重要里程碑。设县以后，上海的对外贸易更加繁荣，成为重要的外贸物资生产基地，如棉花和棉布的主要产地就是以上海为中心的长江三角洲。上海县民众踊跃投身海外贸易行列，元末的一个时期，上海县从事对外贸易的"海船舶商梢水五千六百七十五人"②。由此可见，海外贸易在上海社会经济生活中占有重要的位置。

海外贸易的发展，对社会公益事业也有不少帮助。海商经营获利以后，一些人以"周穷援急"③"散积济贫"④ 为己任，积极投资社会福利事业，不少海商为地方公益建设慷慨解囊。如广州市舶司造库房，"舶商欣然出私钱相助，不逾月而告成"。⑤ 又如澉浦海商集团首领杨氏，利用经营海外贸易所获利润，"饭僧写经建刹，遍两浙三吴"。⑥ 以刺桐闻名中外的泉州，元代后期的市政建设成绩卓著，部分资金即由当地各族海商踊跃捐赠的。⑦

除了物质的东西外，元代海外贸易发展所带来的结果中还包括了精神财富在内，这就是，受海外贸易浪潮冲击，人们的思想观念得到了更新。

传统的"农本商末"教条在巨大的商品经济洪流面前愈来愈显得理屈词穷，"男耕女织"的传统自然经济劳作模式在海外贸易的厚利诱惑下不得不更弦易张。受海外贸易潮的冲击，元代后期，人们的思想出现了一次重大解放，商品经济思想更加深入人心，熊禾《勿轩集》卷 5 "上致用院李同知书"中描写了当时人们在选择农业经济和海外贸易经济过程中激烈的思想斗争。"寒机冻女手，汗粒頮农肩；织衣不上体，舂粟不下咽；伤哉力田家，欲说泪涕涟""何如弃之去，逐末利百千，矧此贾舶人，入海如登仙；远穷象齿徼，深入骊珠渊；大贝与南琛，错落万斛船""上资国脉寿，下拯民瘝癏"。⑧ 书中非常生动地描述了东南沿海广大农民挣脱传统自然经济束缚，投身海外贸易的痛苦经历和明智抉择。也正是这样思想解放，才迎来了更大一波的海外贸易热潮。受这股思想解放风气驱使，东南沿海商业竞争意识不断增强。如广海"贾舶所辖""人

　① 《弘治上海县志》卷 1，《风俗》。
　② 《嘉靖上海县志》卷 4，《志赋役·户口》。
　③ 王彝：《王常宗集》，《补遗·泉州两义士传》。
　④ 《泉州林李宗谱》，"始祖李文斋"，转引自庄为玑：《古刺桐港》，厦门大学出版社，1989 年，第 276 页。
　⑤ 黄潘：《黄学士集》卷 34，《王公墓志铭》。
　⑥ 《光绪海盐县志》卷 10，《市舶》。
　⑦ 庄为玑：《古刺桐港》，第八章 "元代交通史迹"。
　⑧ 熊禾：《勿轩集》卷 5，《上致用院李同知书》，《元诗选》"初集·甲集"。

罔市利，则商民杂处，故礼让之风少，而趋竞之日滋"。① 刺桐城的人们，争"效陶朱致富""往往机巧趋利，能喻于义者鲜也"。② 这里所谓的"义"，不外乎是指封建思想的礼仪，而"人周市利""趋竞之风"和"机巧趋利"，则是封建文人对商品经济活动的贬语。海外贸易思潮波及之处，不但"小民争相效慕"，③ 而且上至王公贵族、官僚地主，甚至知识分子及宗教界人士，也跃跃欲试，裹挟加入。④

（四）随着海外贸易的开展，中外人民的传统友谊得到进一步加强，中外文化交流更加繁忙

在大多数情况下，元政府总是采取积极主动姿态，同海外各国建立和发展外交关系。同时实行"厚往薄来"为指导思想的朝贡贸易，激励各国君主遣使来华。而对于民间市舶贸易，元政府始终奉行"往来互市，各从所欲"的开放政策。每当海外朝贡使节或外国商人来到中国沿海港口以后，所在官司设法进行招待，印度马八儿国国王就曾经因为"本国船到泉州时，官司亦尝慰劳，无以为报"，而感念于怀。⑤ 元代政府颁布的市舶法则中就专门列有保护外商合法权益的条款，禁止权豪富户"诡名请买"外商急于出手的货物，避免权贵对外商的剥削，而由政府根据市场供需情况，好坏搭配，一并出售。⑥ 对因遭暴风雨袭击或其他意外事故漂至东南沿海的外国商船，元政府一律给予人道救援。如延祐年间，婆罗公（今菲律宾）国和倭国（日本）商船遭风飘至浙江温州沿海，当地政府妥善安置，待他们交易完毕后，设法遣送他们回国。⑦

海外贸易开辟的航线，成了中外使节往来的友谊之路，马可波罗于至元二十八年（1291年）伴送蒙古公主远嫁波斯王汗；成宗大德三年（1299年）元朝遣使火鲁没思（今波斯湾口霍尔木兹）；罗马教皇本笃十二世于元顺帝至正二年（1342年）遣马黎诺里出使元廷，以及旅行家鄂多力克、伊本白图泰来华，都是由最大的贸易港口泉州放洋或登岸的，都是经由海外贸易往来所沟通的南海航线。华南的泉州同波斯湾的火鲁没思之间的航路，不仅是当时最为繁忙的东西贸易通道，而且也是联结元朝中国同阿拉伯，乃至整个西方世界友谊的纽带。海外贸易的商船，不仅递运着互通有无的货物，而且有时还搭载官方往来信使。如大

---

① 刘仁本：《羽庭集》卷5，《送呈仲明赴广东帅阃经历序》。
② 吴澄：《吴文正集》卷28，《送姜曼卿赴泉州路录事序》。
③ 《光绪海盐县志》卷10，《市舶》。
④ 参阅拙作：《元代海外贸易》，第三章"元代海外贸易发展的三个阶段"。
⑤ 《元史》卷210，《马八儿等国传》。
⑥ 《元典章》卷22，《户部八·课程·市舶》。
⑦ 汤日照：《万历温州府志》卷18，《杂志·番航》。

德三年（1299 年）为修复中日邦交，元廷"遣僧一宁，加妙慈弘济大师，附商舶往使日本"。① 大德年间，官本船商人杨枢搭载伊儿汗国贡使那怀来元，后来又"自备舟楫糗粮"，护送那怀西还。②

元朝中国商船在从事中外海上互市贸易的同时，又自觉或不自觉地承担起国际贸易的任务。中国海商同各国土著商人之间由于业务往来，而发展到亲密的合作及友谊。在苏禄群岛，当中国商人将铜鼎、铁块、五彩红布、红绢、牙锭等中国产品运达以后，当地"蛮贾议价领去博易土货，然后准价舶商，守信事终如始，不负约也"③。

华商所到之处，以华夏文明风范严格要求自己，一举一动，深得海外各国人民的崇敬和爱戴。当地人民"见唐人颇加敬畏，呼之为佛，见则伏地顶礼"。④ 有的华商长期"以宝货往来海上，务有信义"，⑤ 被外国人目为"义士"，称羡不已。⑥ 由于华商美名远播，海外各国"其俗以其至唐，故贵之也""国人以尊长之礼待之，延之上坐，虽父老不得与争焉。"⑦ 以上事实雄辩地证明了中国人民与海外各国人民的传统友谊又发展到一个新阶段。

由于中外人民传统友谊的加深，为华侨定居海外创造了良好的条件。由于商务及其他原因，当时有不少中国人开始定居海外，成为第一批华侨。缅甸乌爹，"俗厚民泰""故贩其地者，十去九不还也"。⑧ 华侨且与当地人民通婚，结为秦晋之好。在真腊，"国人交易皆妇人能之，所以唐人到彼，必先纳一妇人者，兼亦利其能买卖故也"。⑨ "唐人之为水手者，利其国（真腊）中不着衣裳，且米粮易求，妇女易得，屋室易办，器用易足，买卖易为，往往皆逃逸于彼"。⑩ 元末明初，东南亚的一些交通要道地区开始出现了最早的华人社区。如勾栏山（今印度尼西亚格兰岛）"唐人与番人丛杂而居之"；⑪ 龙牙门（今新加坡）"男女兼中国人居之"。⑫ 爪哇的革昔儿（今华侨称其为锦石）原为荒滩一片，14 世纪后期，大批中国人来此创居，遂成村落，名曰"新村"。⑬

① 《元史》卷 208，《日本传》。
② 黄潛：《黄金华文集》卷 35，《松江嘉定等处海运千户杨君墓志铭》。
③ 汪大渊：《岛夷志略》，《麻逸》。
④ 周达观：《真腊风土记》，《贸易》。
⑤ 王彝：《王常宗集》，《送朱道山还京师序》。
⑥ 王彝：《王常宗集》，《泉州两义士传》。
⑦ 汪大渊：《岛夷志略》，《三岛》。
⑧ 汪大渊：《岛夷志略》，《乌爹》。
⑨ 周达观：《真腊风土记》，《贸易》。
⑩ 周达观：《真腊风土记》，《流寓》。
⑪ 汪大渊：《岛夷志略》，《勾栏山》。
⑫ 汪大渊：《岛夷志略》，《龙牙门》。
⑬ 马欢：《瀛涯胜览》，《旧港》。

　　同时，随着往来的增多，特别是元政府保护外商利益的政策及包容各种宗教文化的做法，吸引了大批外侨定居中国。沿前代之习，东南沿海各大城市都设有安置外侨的特定区域——番坊。从广州到杭州，外侨活动踪迹随处可觅。广州的穆斯林居住区，内有清真大寺和教堂，并设有法官和谢赫（总教长）。[①] 泉州城南，靠近后渚港一带，成为"殊方异域，富商巨贾之所窟宅"。[②] 而杭州荐桥附近，"皆富实回回所居"，[③] 是番坊所在地。

　　随着外侨居住的增多，东南沿海各大城市染上了一层浓浓的异国情调。广州就是"闽姬越女颜如花，蛮歌野曲声咿哑"，[④] 而杭州则出现了"苍南苍北痴儿女，把臂牵花学番语；黄金白璧骑西马，明珠革贝输南船"的场面。[⑤] 更加有趣的是，据说当时杭州城里活跃着一支可用波斯语、汉语和阿拉伯语三种文字演唱的中西合璧乐队。[⑥] 这无疑是中外文化交流的一朵奇葩。

　　元代，随着中外交通、贸易的繁荣，外国文化和科学技术成就不断传入我国，形成中外文化交流的一次高潮。其中，特别是阿拉伯文化中的精华部分天文学、医学和航海术，正是在此时大量传入中国的。元初，阿拉伯天文学家札马鲁丁将七种天文仪器献给元世祖忽必烈，元中央设有回回司天监，专门研究运用阿拉伯天文学，一些来自阿拉伯世界第一流的天文学家供职其中。阿拉伯医学素称发达，独树一帜。元朝在中央太医设有广惠司，下属回回药物院，采用阿拉伯医药和医学成果。阿拉伯名医随船，"不远万里，来到中国"，为我国人民带来了"海上奇方"。[⑦] 阿拉伯航海术，是人类智慧宝库中的精华，元代传入我国受到朝野普遍欢迎和高度重视。元政府就曾动用中书省权力，下令各地搜集阿拉伯航海资料。至元二十四年（1287 年）二月二十六日，"奉秘书台福建道边海行船回回每，有知海道回回文字喇特纳，具呈中书省行下合属取索者，奉此"。[⑧] 所谓"道回回文字喇特纳"，据考证，就是阿拉伯航海地图或手册。[⑨] 阿拉伯航海术的传入，必将进一步推动我国航海事业的发展。

　　综上所述，海外贸易对中外经济发展，中外人民友谊和文化交流上的促进作用，充分证明了中国古代的海外贸易是在和平、友好、互惠互利的气氛中进行

---

① 马金鹏译：《伊本白图泰游记》，宁夏人民出版社，1981 年，第 552 页。

② 吴澄：《吴文正集》卷 28，《送姜曼卿赴泉州路录事序》。

③ 陶宗仪：《辍耕录》卷 28，《嘲回回文》。

④ 《光绪广州府志》卷 15，《风俗》，引孙蕡《广州歌》。

⑤ 潘纯：《子素集》，《送杭州经历李金初代归》，载《元诗选》三集。

⑥ 马金鹏译：《伊本白图泰游记》，第 558 页。

⑦ 王沂：《伊滨集》卷 5，《老胡卖药歌》。

⑧ 王士点：《元秘书监志》卷 4。

⑨ 陈得芝：《元代海外交通的发展》，《江海学刊》，1985 年第 1 期。

的，这一点与欧洲中世纪末年资本原始积累时期，以殖民掠夺为宗旨的欧洲海外贸易是有着本质的不同。

二、元代海外贸易发展的局限性

元代海外贸易的发展，尽管有上述积极作用，但由于时代的局限，不能不重重打上封建商业经济的烙印，存在着许多不足之处，表现在以下几个方面。

（一）封建官方的严格控制，束缚了海外贸易的正常发展

元代官方控制海外贸易的手段主要有二：一是实行官方贸易，并佐之以"海禁"政策，极力排斥私人海外贸易活动；二是制订和健全市舶制度，将海外贸易纳入封建法制管理轨道，使海商不敢越雷池一步。

元朝立国之初，为稳定统治和恢复经济，确实曾经采取过一些鼓励海外贸易和扶植海商的措施，收到了一定的效果。但不久以后，随着元朝对全国统治的进一步巩固，封建统治者终于暴露了其专制和剥削的面目，于是，一系列旨在加强政府控制和提高剥削的政策纷纷出台。

在元代前、中期（1285—1322 年）政府制订的对外贸易政策中，始终贯穿着控制和垄断两大宗旨，极力排斥民间海外贸易。而官方贸易的主要形式有二：一是朝贡贸易。朝贡贸易是传统的官方对外贸易形式，它兼有政治外交和经济贸易的双重功能。朝贡贸易中实行"厚往薄来"原则，是违背经济规律的亏本买卖；而贸易过程中对百姓的役使，均说明了朝贡贸易对社会经济产生的副作用。朝贡贸易的"贡品"以奢侈品为主，助长了封建统治者的腐败和对人民的剥削压迫。元朝后期，朝贡贸易不断遭到朝野有识之士的抨击，迅速走向衰落，说明了朝贡贸易的局限性。二是官本船贸易。官本船贸易制度是元代官方精心设计出来的控制和经营海外贸易的"良策"。官本船制度巧妙地借用了"翰脱"官本商办精神，以政府雄厚的财力，并佐之以行政强制命令，大规模推行了近 40 年。在官本船贸易期间，"皆不得用己钱入番为贾，犯者罪之，仍籍其家产之半"。[①]私人海外贸易遭到野蛮禁止，成为非法。为了配合推行官本船贸易，元政府多次厉行"海禁"。尽管"海禁"的程度和内容多种多样，私人海外贸易总是首当其冲。元政府实行的官方垄断海外贸易政策及"海禁"，严重地摧残了私人海外贸易，阻碍了海外贸易的正常发展。

元政府控制海外贸易最经常性的途径，是建立和完善市舶管理制度，制订严

---

① 《元史》卷 205，《食货二·市舶》。

格的市舶条例，对海外贸易（主要是私人海外贸易）进行严格管理。

中国的市舶制度虽源起唐、宋，但到元代才真正达到"详密"的程度，[1] 这从元政府两次颁布的市舶则法的有关条文中得到很好证明。元代的市舶则法又叫"市舶抽分杂禁"，共22条。主要包括三个方面内容：一是有关舶货进口抽分（税）税率的规定，及应履行的手续。舶商如不照章纳税，便按"漏舶法"处理，其后果往往是货物被没收，犯人处以杖刑。二是有关进出口贩运许可证——公验、公凭的申请、审批、发放及有关管理规定。无证经营，一律以"私贩法"处置。三是有关违禁物品的查处。元代市舶法列入的禁贩物品前后共有11种。同时，为了加强对舶商的控制，元政府还将"保甲法"推广到海船航运中，要求舶商出海须有岸上"物力户"和"保舶牙人"作保，海船上所有成员每五人结成一甲，封建政府委任"纲首"对其加以管束。这样，一人犯禁，不但整船货物都要被没入，而且所有结甲之人和担保人都要株连坐罪。为了瓦解海商队伍，市舶则法中还明文规定，对举报犯禁者，奖以犯人名下货物三分之一至二分之一。

在政府如此严密控制下，海商必然是动辄得咎，举步维艰的。《元邢统赋疏》举了这样一个例子："泰定二年（1325年）十一月，'江浙省咨：舶商沈莹等告，原经庆元市舶司请给验籍，起发船只往罗斛番经纪，被贼棍赶使至暹番拘勒博易。就委抽分官绍兴路总管王亚中追究。得纲首凌宝所供原情，事不获已'。"后来，沈莹只得上诉刑部和中书省，官司才算了结。[2] 又据《春草斋集》卷5 "转运使掾倪君太亨行状"载："凡舶户有敢私匿舶货者，则尽没入所有而罪其人如律。有商匿龙脑一巨筒于舶中，直百金，适君家童得之。君独念吾为吏耶，家童私其物，吾焉委罪。吾不私而吁之官，则必有受其罪者矣，宁恶乎！乃密沉筒水中。商闻之，拜且泣曰：'微君，吾家为齑粉矣。'"[3] 这种私藏一物则没收全部货物的做法，伊本白图泰称其为"一种暴政"。[4]

（二）官僚、贵族等封建势力对海商的压迫和侵夺、严重地挫伤了海商经营的积极性，阻碍了海外贸易的正常发展

元朝蒙古贵族、官僚地主，及其他封建势力利用特权，染指海外贸易，攫取了大量利润。从诸王、驸马、权豪、势要，到各级行省官、行泉府司官、市舶司

---

① 苏天爵：《元文类》卷40，《经民太黄序录·政典·市舶》。
② 沈仲伟：《刑统赋疏通例编年》。载黄时鉴：《元代法律资料辑存》，浙江古籍出版社，1988年，第206页。
③ 乌斯道：《春草斋集》卷5，《转运使掾倪君行状》。
④ 马金鹏译：《伊本白图泰游记》，第548页。

官、下番使臣人等，以及僧、道、也里可温（景教徒）、答失蛮（穆斯林）等宗教界人士，纷纷通过各自渠道，或间接、或直接经营海外贸易，构成了元代的海外贸易特权商人。这批特权商人不但经常从事非法经营，偷税、漏税，贩卖违禁物品而牟取暴利，而且，经常对普通商人敲诈勒索，肆意侵夺，对中小海商的生存和发展构成了严重的威胁。

特别是元朝各级主管部门官吏利用职务便利，侵渔海商利益的现象更是层出不穷。他们有的乘商船出海之际，"勒令舶商户计梢带本钱下番（博易），回船时，准折重取利息"。① 或者，如有外国船只进港以后，市舶司官"自己根底寻利息上头，船每来也，教军的每看守着，将它每的船封了，好细财物选拣要了。为这般奈何上头，那壁的船只不出来有，咱每的这里人去来的每些小来"②。

元朝官吏的贪污现象愈演愈烈，沿海各贸易港口的商民颇受其害。

广东市舶司，"先是吏胥恣为奸利，凡舶货择其善者出而售之，不善者积久不售。"③ 泉州市舶司，"众所唱利如饥渴"。④ 庆元，"异时富商海舶货江浙省，分遣属官监赋事，侵牟百出"。⑤ 市舶司"或委他官选择未精，法外生弊，舶户病之"。⑥ 澉浦市舶司，"算舶官多利其私"。⑦ 特别是到了元末，"长吏巡檄，上下求索，孔窦百出。每番船一至，则众皆欢呼曰：亟治厢廪，家当来矣。至什一取之犹为未足。"⑧

封建势力不但肆意侵夺舶商财产，甚至公开迫害舶商者也时有出现。如泉州经历林泉生强迫舶商代偿本地所欠全部酒税。⑨ 少数不法之徒"聚党海道劫夺"。⑩ 甚者，还有的封建官吏"诬首海商百十有六人为盗而掠其赀"。⑪

针对官府的压迫和剥削，海商在忍无可忍的情况下被迫进行反抗，他们有的对贪官污吏"露刃相杀"，⑫ 有的不堪"吏卒侵渔，而焚毁衙门"⑬。海商中的破

① 《元典章》卷 22，《户部八·课程·市舶》。
② 《元典章》卷 22，《户部八·课程·市舶》。
③ 黄溍：《文献集》卷 9 下，《中宪大夫淮东道宣尉副使致仕王公墓志铭》。
④ 唐元：《筠轩集》卷 12，《松江府判致仕吕公墓铭》。
⑤ 程端礼：《畏斋集》卷 5，《庆元路总管沙木迪音公去思碑》。
⑥ 程端礼：《畏斋集》卷 5，《监抽庆元市舶右丞资德约苏穆尔公去思碑》。
⑦ 邓文源：《巴西集》卷上，《故征事郎徽杭等处榷茶提举司吴君墓志铭》。
⑧ 姚酮寿：《乐郊私语》。
⑨ 沈庆瑜：《福建通志》卷 18，《列传·林泉生》。
⑩ 《元史》卷 11，《世祖本纪八》，"至元十七年六月"。
⑪ 《元史》卷 136，《阿沙不花传》。
⑫ 姚酮寿：《乐郊私语》。
⑬ 王元恭：《至正四明续志》卷 10，《释道·道观·玄妙观》。

产者不少人后来加入了反元义军行列，成了令封建统治者闻声胆寒的"海盗"。①

三、从海外贸易利润的转化看元代海外贸易的局限性

由于封建官府的严密控制和各种封建势力的重压，元代海外贸易走上了一条畸形发展道路，酿成了悲剧性的结局。本文最后，将从海外贸易普通利润率的估算，海商获利的机会，以及利润的转化三个方面，一步步分析海商资本的一般规律性走向，来阐明海商的两极分化即部分致富海商转化为官僚、地主，成为集官僚、地主和商人三位一体的封建剥削者，而部分破产商人则沦为"海盗"。

（一）元代海外贸易基本利润率的估算

根据利润率高于利息率的原则，② 可以推测，元代海外贸易的基本利润率是百分之百以上。因为，当时海商从事海外贸易很多是靠举借高利贷来筹措资金的，而当时海商贷款支付的利息是百分之百，即所谓"倍称之息"或"举债总一倍"。③ 因此，海商只有在获得百分之百以上利润的情况下方不致亏本。同时，古代海外贸易中的高利润现象，起源于"不发达的两个国家当中的贸易差价"。④ 另外，海外贸易的高利润现象还同海上风险有关。由于海外贸易同其他商业活动相比，具有更大的风险性，它依靠远距离海上航行，期间不但市场变化莫测，而且气候、海盗、海洋地理复杂等原因，"死神"时时缠绕着商人们。故海外贸易的原始利润率必然是很高的。⑤

（二）海商获得利润的机会和可能

尽管元代海外贸易的一般利润率较高，但利润率也不是一成不变的。同时，获利的机会也很难预料。人称："珠玑象犀兼金大贝，产于海外番夷之国，去中国数万里，舟行千日而后，始至风涛之与凌蛟龙之，与争嗜利者必之焉。幸而一遂，可以富矣；而不止也，幸而再遂则大富；而再遂，则不胜其富矣。"⑥ 海外贸易中的这种很强的机遇性，使利润率和获得利润的可能变得很不稳定。汪大渊在《岛夷志略》"第三港"中指出：（中国）"舶人幸当其取之岁，

---

① 张之翰：《西岩集》卷 13，《议盗》。
② 《资本论》第三卷，人民出版社，1975 年，第 1022 页。
③ 朱彧：《萍洲可谈》卷 2。
④ 韩振华：《郑成功时代的海外贸易》，《南洋问题文丛》第一集。
⑤ 《资本论》第三卷，第 1022 页。
⑥ 吴莱：《闻过斋集》卷 3，《知止轩记》。

往往以金与之互易，归则乐数倍之利，富可立致。"① 所以，古人常有"海贾以生易利"的感叹。② 再加上进出口过程中，封建官府的盘剥，一般商人获利的机会并不大。

尽管如此，文献中仍有不少大海商和少数"幸运"的中小海商获利的记录。要不然，通番求富就不会有"趋之若鹜"的轰动效应了。当时，东南沿海普遍流传着"富聚海南船""贾客财常万"的说法。③ 广东黄慧，"善货殖之道，置家殷富"。④ 杭州张存"起家贩舶"。⑤ "嘉定地濒海，朱管二姓为奸利于海中，致货钜万"。⑥ "沈氏因下番买卖致巨富。"⑦ 定海夏仲贤，"为之（海外贸易）数年，泉余于库，粟余于廪，而定海之言富室者，归夏氏"。⑧ 而那些海商集团首领，靠海外贸易聚集的财富更是令人瞠目。如泉州蒲氏海商集团主要成员，家有"珍珠一百三十石，他物称是"⑨。太仓朱清、张瑄二氏"田园宅馆遍天下，库藏仓庾相望，巨艘大舶帆交番夷中"。⑩

当然，元代海外贸易最大的获利者是政府和皇室。元政府通过官方贸易和市舶抽分，获得了"赢亿万计"的巨利。据泰定年间（1324—1327 年）的一份官方档案透露，此时元政府国库中储存有舶货价值达 40 万锭，相当于政府四年的财政收入。⑪ 从这个意义上看，有识之士将海外贸易称为"军国之所资"，⑫ 不是没有道理的。

（三）海商利润的转化

研究海商资本流向和利润转化，有助于我们认识元代海外贸易的性质。海商经营获利以后，其利润除了用于扩大再生产资金，重新返回到海外贸易经营中去外，剩余部分一般有三大流向：一是提高自身的生活消费；二是购买不动产和官爵；三是捐赠社会福利公益事业。

那些"获得不货"的大海商，首先是追求奢侈生活。如杭州"赵梅石孟曦

---

① 汪大渊：《岛夷志略》，《第三港》。
② 汪大渊：《岛夷志略》，《古里地闷》条引柳宗元说。
③ 贡奎：《云林集》，《次王大容经历赋广东二十韵》，《元诗选》初集、丙集。
④ 《嘉庆广东通志》卷 228，《古迹十三·琼州府·连州元处土黄慧墓》。
⑤ 陶宗仪：《辍耕录》卷 23，《圣铁》。
⑥ 宋濂：《文宪集》卷 17，《元故嘉义大夫汪先生神道碑》。
⑦ 陶宗仪：《辍耕录》卷 27，《金甲》。
⑧ 戴良：《九灵山房集》卷 23，《元逸处土夏君墓志铭》。
⑨ 周密：《癸辛杂识》续集卷下《佛莲家赀》。
⑩ 陶宗仪：《辍耕录》卷 5，《朱张》。
⑪ 《元史》卷 175，《张珪传》。
⑫ 《元史》卷 169，《贾昔剌传》。

性侈靡而深峻，家有沉香连三暖阁，窗户皆缕花者，下用抽替打篆香于内，香雾纷郁，终日不绝""又造黑漆大坐船，船中蝗板皆用香楠镂花，其下焚沉脑"。① 又如"元孚乃泉南大贾，挥金不啻于泥沙"。② 那些官僚海商更是"富至僮奴千指"③"钱粟满仓庾"。④

其次，购买不动产和官爵。那些从事海外贸易的大海商，最终都像其他商人通常所做的那样，把自己的商业资本转移到农村，变买土地产业，并不把海外贸易作为自己的终生职业，海外贸易只不过是他们发财致富跻身于地主阶级行列的跳板。南宋洪迈《夷坚志》就曾记述泉州有个姓杨的海商，"为海贾十余年"，在获得四十万贯的利润以后，表示要"携归泉南，置生业，不复出矣"。⑤ 吕祖谦文集也提到一个姓张的大海商，以"数航海"，待至"其货日凑"，就认为"今可止矣。于是买田婺州郭外"。⑥ 由此可见，大海商转化为地主，并不是个别现象。元代，许多大海商本身就是官僚地主，如三大海商集团头目，无不拥有大量田园别业。朱（清）、张（瑄）二氏"田园地宅遍天下，库藏仓庾相望"。⑦ 泉州蒲氏，不但拥有自己大型船队，且有诸如"望海楼""蒲氏香室""蒲氏花园"之类的不动产。⑧ 澉浦杨氏更是"广构屋宇"田园，富盖两浙三吴。⑨ 至于一般中、小商人，也有不少人集商人、地主于一身的。

海商资本除了流向购买不动产外，还有用在巴结官府，交换特权，提高自己的地位上面。元代有不少海商企图通过金钱关系，来为自己牟取名利。泉州大商合即铁即刺、马合马丹曾向元廷进贡"异木沉檀"，⑩ 希望获得朝廷赏赐。官本船商人杨枢甚至不惜"用私钱市其（忽鲁模思）土物白马、黑犬、珑珀、葡萄酒、番盐之属以进"朝廷，而被封为海运千户。⑪ 少数海商同官府勾结，从事不法经营。如广州"豪民濒海筑堰，专商舶以射利，累政以赂置不问"。⑫ 浙江"嘉定地濒海，朱、管二姓为奸利于海中，致赀巨万"。后以事发，"上下受其

---

① 周密：《癸辛杂识》续集卷下，《黑漆船》。
② 陶宗仪：《辍耕录》卷28，《非程文》。
③ 《光绪海盐县志》卷10。"市舶"。
④ 戴良：《九灵山房集》卷23，《元逸处士夏君墓志铭》。
⑤ 洪迈：《夷坚丁志》卷6，《泉州杨客》。
⑥ 吕祖谦：《东莱集》卷5，《大梁张君墓志铭》。
⑦ 陶宗仪：《辍耕录》卷5，《朱张》。
⑧ 庄为玑：《古刺桐港》，厦门大学出版社，1989年，第249页。
⑨ 《光绪海盐县志》卷10，《市舶》。
⑩ 《元史》卷22，《武宗本纪》。
⑪ 黄溍：《黄金华文集》卷35，《松江嘉定等处海运千户杨君墓志铭》。
⑫ 《元史》卷191，《卜天璋传》。

赂，莫敢捕"。① 泉州大商元孚，靠经营海外贸易发家，后由于涉嫌科场贿赂案而受到查办。②

第三，元代海商资本最后还有一个流向就是捐赠社会公益事业。如修桥、铺路、济贫、援难。泉州李广斋"数航海"获利以后，"散积济贫"；③ "泉州两义士"陈宝生、孙天富，从事海外贸易数十年后，移居太仓，"方以周穷援难为务"。④ 宗教事业在古代也往往视为造福于民的社会公益事业，元代海商为了表示对宗教的虔诚，纷纷解囊捐资兴建庙宇。如澉浦杨氏就曾经"饭僧、写经、建刹，遍两浙三吴"。⑤ 又用从日本进口的铜，为海盐悃悦寺铸钟一口，建六丈楼悬挂之，声闻数十里之外。⑥ 海商一时成了寺院最大的施主，"杭州湖延祥观四圣小像并从人共二十身，皆蜡沉香，凡数百两……皆饰之以大珠"。⑦ 广州郊外的崇福夫人庙，"南船往来，无不乞灵于此。珠玉异宝，皆海商所献"。⑧

所以，从上述海商资本利润转化来看，元代的海商资本并不具备向产业资本转化的任何清楚迹象，大海商也没有将"包买主"这个任务加在自己身上，因而也没有产生资本家阶级。而海商将获得的利润投资于不动产和宗教迷信活动上面，更加说明了他只不过是封建地主阶级的一支补充力量；海商同封建官府相勾结，为非作歹，挖空心思捞取政治资本，证明大海商根本不是人们所期待的成为反封建的新生力量代表，而是沦为封建生产关系的附庸。

在这种形势下，获利致富的少数大海商转化为地主或官僚，集官僚、地主、商人三位一体，成为封建统治阶级人物。而广大的中小海商，由于获利机会甚少，或因遭受风暴、海盗侵夺及封建官府压迫而沦为破产者。其中不少人走上了反抗道路，成为统治者心目中的"海盗"。元人张之翰写了一篇《议盗》的文章，揭露说："始则海运之夫，蕃舶之商，终则因海运蕃船而为盗"。⑨ 我们认为，海商队伍的这种两极分化，是中国传统海外贸易难以直接过渡到近代航运业或资本主义商业的根本症结所在。

原载《海交史研究》1994 年第 2 期（总第 26 期）

---

① 宋濂：《文宪集》卷 17，《元故嘉义大夫汪先生神道碑》。
② 陶宗仪：《辍耕录》卷 28，《非程文》。
③ 泉州《林李宗谱》，《始祖李文斋》，转引自庄为玑：《古刺桐港》，第 276 页。
④ 王彝：《王常宗集》，《补遗·泉州两义士传》。
⑤ 《光绪海盐县志》卷 10，《市舶》。
⑥ 《光绪海盐县志》卷 1，《市舶》。
⑦ 周密：《癸辛杂识》续集卷下，《沉香圣像》。
⑧ 无名氏：《湖海新闻夷坚续志》后集卷 2，《神明门·崇福夫人庙》。
⑨ 张之翰：《西岩集》卷 13，《议盗》。

明代海外贸易及其世界影响

——兼论明代中国在亚太地区贸易上的历史地位

陈尚胜

15、16 世纪后的航海贸易是世界历史上具有时代意义的活动。在西方，东方的商品和航海贸易利润直接加速了资本主义的原始积累；在东方，西方的海上扩张和贸易使得很多国家不同程度地被卷入世界性的贸易漩涡之中，并开拓了一系列的反应过程。本文试图就海外世界对明代海外贸易的影响做一考察，并对明代中国在亚太地区贸易上的历史地位进行初步探讨，以助于研究明代中国与海外世界相互影响的历史进程。

一

我曾在《论明代市舶司制度的演变》一文中指出，明前期管理海外贸易的市舶司制度，与宋元时期相比较，已经有了很大变化。[①] 这里，我们拟专门讨论一下外部环境，即世界形势对明前期海外贸易的影响。

洪武初年，明太祖为了争取海外国家对新朝廷的支持和归顺，曾在外交上对海外国家进行了一番超越前代的活动：洪武元年（1368 年）十二月，分别遣使往高丽、安南；洪武二年（1369 年）正月，又遣使分别往日本、占城、爪哇、西洋诸国。[②] 在这些出使海外国家的使节中，唯独出使日本的使节任务有所不同，"修书特报正统之事，兼谕倭兵越海之由"[③]。显然，日本问题，自洪武初年就是明王朝在海上面临的突出的挑战问题。

这种挑战，主要表现为日本海盗对中国沿海地区的抢劫和破坏。洪武二年正月，倭寇山东滨海郡县，掠民男女而去。四月，倭寇苏州、崇明等地。八月，倭

---

① 拙作：《论明代市舶司制度的演变》，《文史哲》，1986 年第 2 期。
② 《明实录》，《明太祖实录》卷 37、卷 38。
③ 《明实录》，《明太祖实录》卷 39。

人寇淮安。三年六月，倭人寇山东，转掠温州、台州、明州等地，又寇福建沿海郡县。① 这种局势，使明太祖与日本人的外交一开始就包含着敦促日本政府禁止日本海盗侵略中国的任务。然而，在经过中日双方使节多次往返访问后，日本海盗并没有停止对中国沿海地区的侵扰，② 使明太祖以解决倭寇为中心的对日外交陷入困境。

洪武十四年（1381年），是明太祖对日外交失败的一年。该年七月，日本方面派如瑶等人来明。由于如瑶非但没有替日本承担倭患之责，反而"陈情饰非"③，使明太祖极为愤怒，分别致书日本国王和幕府将军予以谴责。并在给日本幕府将军的国书中，直接发出了以军事征服日本的严厉警告："若以舳舻数千，泊彼环海，使彼东西趋战，四向弗继，固可灭矣。"④ 想不到，日本方面很快送来态度极为强硬的回书："臣闻天朝有兴战之策，小邦亦有御敌之图。论文有孔、孟道德之文章，记武有孙、吴韬略之兵法。又闻陛下选服肱之将，起精锐之师，来侵臣境。水泽之地，山海之洲，自有其备，岂骨跪途而奉之乎？顺之未必其生，逆之未必其死。相逢贺兰山前，聊以博戏，臣何惧哉。尚君胜臣负，且满上国之意。设臣胜君负，反作小邦之羞。"⑤ 无奈，明太祖鉴于国力和海防实力没有发兵，但洪武时期的中日外交也至此中断。

那么，明初的日本问题对明朝的海外政策以及海外贸易有什么影响呢？

其一，直接导致明太祖取消中国私人海外贸易，实行严厉的"海禁"政策。本来，禁止中国商民出海的"海禁"政策在洪武初年就曾颁布，但最初只是明太祖作为稳定自己在沿海地区统治秩序的临时军政措施。"禁滨海民不得私出海，时国珍余党多入海剽掠故也。"⑥ 但是，随着明太祖对日本外交的失败及对张、方旧部的招抚，"海禁"政策就逐渐变化为禁止中国商民到海外国家进行贸易的重要措施。洪武十四年对日外交陷入失败的次月，明太祖正式公布："禁濒海民私通海外诸国。"⑦ 这与洪武初宣布的"禁濒海民不得私出海"的禁令相比，内容显然有了根本禁止中国商民航海贸易的涵义。此后，明太祖在洪武二十七年、洪武三十年又重申了"申禁人民，无得擅出海与外国互市"⑧ 的禁令。这表明，明太

---

① 参见《明实录》，《明太祖实录》卷38、41、44、53。

② 参见《明实录》，《明太祖实录》卷73、74、83、91。

③ 张统记载如瑶入明为协助胡惟庸谋反。但我考证，这是明太祖的诬陷。参见拙作《胡惟庸通倭问题考辨》，即将刊载于《安徽史学》。

④ 《明实录》，《明太祖实录》卷138。

⑤ 《明史》卷322，列传210，《外国三·日本》。

⑥ 《明实录》，《明史纪事本末》卷55，《沿海倭乱》。

⑦ 《明实录》，《明太祖实录》卷139。

⑧ 《明实录》，《明太祖实录》卷252。

祖在借"海禁"政策，割断中国商民与海外世界的联系，以便抗拒日本海盗的冲击。此后这项政策便作为祖制被明朝皇帝代代相袭。

其二，它促使明代东亚地区海上贸易及国际关系陷入一种畸形格局。明太祖对日外交的失败，意味着中日海上贸易的终止。虽然到永乐时期，中日关系有了较大的改善，但明成祖对于中日海上贸易仍然采取了严格限制的措施，规定日本十年一贡，人员 200，船只 2 艘。后来到宣德时期又把人员扩大到 300，船只 3 艘。但无论如何，比起宋元时代一年多达几十艘甚至上百艘的中日海上贸易来说，① 明代中日贸易便显得微乎其微了。

明太祖的"禁海"措施也影响到中国与朝鲜的海上贸易。洪武初期，朝鲜仍在王氏王朝统治之下，国号高丽。宋元两代，高丽商民通过海上，与中国展开了频繁的贸易往来。洪武初年，高丽通过海上与明朝贸易往来仍然进行。洪武四年（1371 年），就曾有高丽海舶停泊太仓。② 除此以外，登州也是高丽朝贡使节往来的主要港口。但日本海盗在山东等沿海地区的频频侵扰，使明太祖也关闭了海上对高丽交通的大门。洪武六年，明太祖告知高丽来明使节，"教恁官人每往登州过海，三个日头过海的，今后不要海里来。我如今静（禁）海。有如海里来呵，我不答应。不要贪的来，今后其余的海里，不要通连。"③ 从此，高丽以及不久后建立的李氏朝鲜的对明贸易，完全限定于陆路贸易的范围内（即过鸭绿江取道辽东）。这种格局，到清代也相沿未变。

在明代中日、中朝海上贸易分别遭到严格限制或禁止的挫折之时，明朝与琉球的海上贸易却得到异乎寻常的发展。洪武五年（1372 年）正月，明太祖"遣杨载持诏谕琉球国"。同年十二月，"中山王察度遣弟泰期等奉表贡方物"④ 来中国，从此琉球与明朝的官方海上贸易往来不断。

这里还有必要对琉球是否被明朝颁发勘合问题稍加考察的说明。据明人郑舜功记载，洪武时期明朝曾发勘合暹罗、占城、琉球等 59 处⑤，以勘合来维系和限制海外国家官方来华贸易。但在《明太祖实录》和《明会典》等重要的官方文献中却未见载。并且《明会典》清楚地记载明朝发给勘合的 15 个海外国家："暹罗、日本、占城、爪哇、满剌加、真腊、苏禄国东王、苏禄国西王、苏禄国峒王、柯支、渤泥、锡兰山、古里、苏门答剌、古麻剌。"⑥ 显然没有限制琉球。

---

① 陈高华、吴泰：《宋元时期的海外贸易》，天津人民出版社，1981 年，第 38 页。

② 《明实录》，《明太祖实录》卷 68。

③ 吴晗：《朝鲜李朝实录中的中国史料》第 1 册，中华书局，1980 年，第 31~32 页。

④ 《明实录》，《明太祖实录》卷 71、77。

⑤ 郑舜功：《日本一鉴》，《穷河话海》卷 7。

⑥ 《明会典》卷 108。

另外，我们还可以从明朝负责琉球朝贡贸易事务的福建市舶提举司提举高岐所作的《福建市舶提举司志》中得到证明。据记载，当琉球使节到达福建市舶司港口时（成化八年以前在泉州，成化八年以后移置福州），福建市舶司官员会同有关地方官员"前去停泊处译问，差来夷使，果系进贡的，当取彼国符文执明查验，备抄明白。"可见没有勘合限制。事实上，琉球方面也常常是年年来明朝贡贸易，甚至一岁四贡，以后又一般为两年一贡。

显然，明代东亚地区海上贸易关系陷入一种畸形格局，即传统的海上贸易关系受到严格禁止和限制，而社会经济发展比较落后的琉球对华海上贸易却得到发展。从明朝方面看，则是通过发展与琉球关系以便使琉球充当中日关系的中介。如"宣德七年正月，帝念四方蕃国皆来朝，独日本久不贡，命中官柴山往琉球，令其王转谕日本，赐之敕。明年夏，王源义教遣使来。"[①] 从琉球方面说，则是通过加强与明朝的朝贡贸易关系，来增强自己的经济实力和政治联盟，以抵抗日本侵略的压力。"当是时，日本方强，有吞灭（琉球）之意。琉球外御强邻，内修贡不绝。"[②] 但这种海上贸易往来格局却表明了东亚地区具有航海和贸易实力地区的正常海上贸易渠道的受阻。而且，由这种海上贸易关系所决定的东亚诸国交往关系也陷于不正常的状态中，这对 15 世纪后东亚地区的海上力量的发展无疑起了制约作用。

其三，它引起了明朝海外贸易不断向南方集中的趋势，明朝设立海外贸易的管理机构——市舶提举司，最初于吴元年（1367 年）十二月置于太仓黄渡港。但到洪武三年（1370 年）二月就被停罢，而改设于浙江、福建和广东。其原因，明人徐学聚提出："洪武初，设太仓黄渡市舶司，至今称为六国码头，寻以海夷黠勿令近京师，遂罢之。"[③] 这里的"海夷"，除与朱元璋对抗的张士诚、方国珍的逃亡海上旧部外，也应包括自洪武二年（1369 年）以来频频寇扰苏州崇明沿海的日本海盗。而洪武三年（1370 年）设立的浙江、福建、广东三市舶司，到洪武七年（1374 年）九月，又因为海防问题再次停罢。[④] 明代海外贸易的一个突出特点就是市舶司港口接待海外国家朝贡贸易的分工专门化，即"宁波通日本，泉州通琉球，广州通占城、暹罗、西洋诸国"[⑤]。这种港口分工，不仅仅由于海外国家来华贸易上的地理更近，从明朝方面来说，更主要的是便于管理，以应付日本海盗的海上挑战。其后，明朝市舶司港口的关闭和迁置也都与海防极为相

---

① 《明史》卷 322，列传 210，《外国三·日本》。

② 《明史》卷 323，列传 211，《外国四·琉球》。

③ 徐学聚：《国朝典汇》卷 40。

④ 参见拙作：《明代浙江市舶司兴废问题考辨》，《浙江学刊》，1987 年第 2 期。

⑤ 《明史》卷 81，《志五十七·食货五》。

关。如成化八年（1472年），福建市舶司"迁于福（州），以其地言之，福城为八闽总会之地，其衣冠文物十倍于泉（州），羽冠异类奉赍献琛奔走左右。而受约束者，观三司卫所之制，岂不思藩屏固、刑罚清、武备修，安敢攘外侮之心乎？观府县学校之制，岂不思生齿之繁、财赋之殷、人才之盛然，焉敢启内侵之衅乎！"① 而从这种港口分工上看，从明代开始就已经造成了将中国海外贸易集中于广州的趋势。因为宁波、泉州皆主持一国贸易，且日本被限定十年一次至宁波，使得宁波、泉州的对外贸易极其衰落。到明朝隆庆元年（1567年）和万历八年（1580年），浙江和福建两市舶司也先后裁革，更造成了广东市舶司对外国来华贸易一统天下的局面。必须指出，明朝统治阶级从海防利益出发，人为地把海外贸易向广州港集中，造成了外贸港口与出口物资的主要供给地江浙地区的地理脱离，并不利于长江流域社会经济的发展。而明清时期长江以北沿海地区的海外贸易更是一片空白，更加剧了中国沿海地区南北经济发展的不平衡性。

二

如果说，日本海盗侵略及其对日外交问题对于明前期筹海方略，特别是明朝海外贸易格局有极其显著的影响，那么，欧洲人的早期殖民扩张与在中国沿海活动则对明后期海外贸易产生过很大作用。

第一，欧洲早期殖民者的东来促进了明朝海外贸易方式的变化。

明前期海外贸易方式，集中地表现为通过明朝勘合制度限制的海外国家官方组织的来明朝贡贸易。② 可是，葡萄牙人在发现非洲南端的好望角后，便占据了非洲对明交通的重要海港马林迪（即郑和船队所称的"麻林地"）；1498年，又横穿印度洋来到印度西南海岸的卡里库特港（即与明朝保持朝贡关系的"古里"）；1511年，又侵占了当时中国与印度洋海上交通枢纽、马来半岛西南岸的马六甲（即与明朝保持朝贡关系的满剌加）；此后又侵据苏门答腊等地。葡萄牙殖民势力在印度洋周围和南洋地区的扩张，使得一些与明朝保持朝贡贸易关系的国家或地区被其占领或控制，从而在外部破坏了明朝的朝贡贸易制度。非但如此，葡萄牙殖民者在由马六甲来中国广东沿海后，又如法炮制惯常采用的殖民手段。明朝政府鉴于"佛郎机频岁侵扰"，下令在广东加强海禁。结果，不但葡萄

---

① 高岐：《福建市舶提举司志》，《艺文考》。
② 拙作：《论明代市舶司制度的演变》，《文史哲》，1986年第2期。

牙人在粤贸易严格禁止，而且"有司自是将安南、满剌加诸番尽行阻绝"①，促成明朝政府从内部也加强了对朝贡贸易的限制。

而在明朝朝贡贸易逐渐衰落的同时，由葡萄牙等国所经营的西方对华贸易规模却在不断扩大，并成为明后期海外贸易的一种主要形式。葡萄牙人于1535年混入香山县澳门港；1553年，他们又通过贿赂广东海道副使汪柏，获准在此搭棚暂住。从此，葡萄牙人便以澳门为基地垄断中国对外贸易，积极开展同印度的果阿、日本的长崎、菲律宾的马尼拉以及欧洲、美洲国家的贸易。以澳门—长崎贸易为例，1585—1591年，葡萄牙人每年运往日本的中国商品价值60万~100万克鲁沙多银币；1600—1640年，每年也不下300万比索②。在澳门—马尼拉贸易方面，1580—1642年，葡萄牙人开往马尼拉的商船也有64艘。③ 这些从澳门开出的商船，载有中国的丝织品、瓷器、糖、中药等。后来的荷兰人也不甘落后，他们在窃据我国台湾后，便利用台湾作为经营中国沿海对外贸易基地。甘为霖在《荷兰人侵占下的台湾》曾谈道，"至于荷兰人到达福摩萨（台湾）一事，我们能够说得较为准确明白。他们初次航行来中国的时候，真正的目的是想和中国通商，取得货物运往日本，从而赶走葡萄牙人的势力。"④ 据日本岩生成一教授统计，在明末几年间，由荷兰人运往日本的中国丝以及丝织品，几乎每年都超出了由中国海商运输的数量。其中，1637年的运输量大约相当于中国海商的13倍。⑤ 1640年，荷兰东印度公司总收入为500万两白银，其中150万两为贩运中国商品所得。⑥

欧洲人以中国物品及其他东方物品为货源所进行的世界贸易，为中国出海商人提供了规模空前的市场，刺激了中国商民对外贸易的发展。本来，欧洲人初到东南亚和中国沿海时，曾对中国海商进行野蛮的海盗侵略。但不久，由于他们发现无力打开中国大门，却又急需中国的各种商品，便转而对中国海商采取招诱的政策，从而把中国商民的走私贸易纳入到他们的世界贸易体系。在明代中叶以后，中国海外贸易的一个突出特点是"官市不开，私市不止"。这种"私市不

---

① 林富：《两广疏略》，《请开番舶贸易疏》。

② Boxe. C. R. *The Great Ship from Amacon. Annals of Macao and the Old Japan Trade* 1555-1640, Lisbon, 1959, p. 169; p. 168; p. 4; p14; p108; p. 117; p. 126.

③ 转引自全汉升：《明季中国与菲律宾间的贸易》，《中国文化研究所学报》，香港中文大学，1968年9卷第1期。

④ 厦门大学郑成功历史调查研究组：《郑成功收复台湾史料选编》，福建人民出版社，1982年，第90页。

⑤ ［日］岩生成一：《近世日支贸易数量考察》，日本《史学杂志》第62编。

⑥ Wills. J. E., *Pepper, Guns and Parleys: The Dutch East India Company and China* 1622—1681. Harvard. 1974. p. 11.

止"，正是由于在中国沿海活动的葡萄牙人"挟其重赏，招诱吾民，术无不得，欲无不遂"①。甚至，还积极培植为他们服务的中国"奸人"，"狼狈相倚，表里为奸，从中线索勾连，已非一日。盖将以澳夷为外府，而不惜倾中国议奉之。但知唯利是图，遑问法哉"②。因此，嘉靖以后，中国私人航海贸易迅速发展起来，也成为明后期海外贸易的一种主要形式。除了在中国沿海与西方人进行贸易外，还有不少中国海商前往日本、吕宋以及马六甲等地贸易（具体数字详后），甚至还有不少中国人移居于西方殖民者控制的地区。清人徐继畲曾指出，"中国之南洋……迨（明）中叶以后，欧罗巴诸国东来，据各岛口岸，建立埠头，流通百货，于是诸岛之物产，充溢中华。而闽广之民，造舟涉海，趋之如鹜，或竟有买田娶妇，留而不归者。如吕宋、噶罗巴诸岛，闽广流寓，殆不下数十万人。则南洋者，亦七鲲珠崖之余壤，而欧罗巴之东道主也。"③

第二，欧洲早期殖民者的东来，也造成了中国东南沿海一些历史上无名的港口迅速兴起。在广东有香山县澳门港，在福建有漳州月港，在浙江有宁波双屿港。这些港口，在历史上，甚至在明前期都不曾出名，但为何却在 16 世纪即明后期迅速繁荣，成为中国当时的主要贸易港甚至国际知名的贸易港呢？近年间，一些同志曾从沿海商品经济发展角度论述了明后期上述诸港的兴起和明代海外贸易的发展。但我认为，这只是各港口兴起的一般原因，而不是这几个港口兴起的特殊原因。作为上述诸港的兴起，无一例外都是与早期西方殖民者，尤其是葡萄牙殖民者有关。澳门在 1535 年葡萄牙人驻此后兴起，月港也是在西班牙人占据菲律宾后迅速繁荣，而双屿港更是葡萄牙人在浙江沿海开辟的走私贸易港口。

明后期，在西方殖民者东来以后，为何偏偏造就澳门、月港、双屿诸港的海外贸易的发展与繁荣局面呢？我们认为，海外环境的刺激毕竟还要通过明朝内部的因素发生作用。在西方殖民者来到中国沿海之时，明朝统治者一直采取根本不允许中国商民出海贸易的"海禁"政策，这就使得明朝开放的几个市舶司港口失去了中国内部社会的基础从而日渐衰落，同时又促使以海为生的中国沿海商民千方百计地寻求走私贸易。于是，在一些明朝统治者不甚关注的沿海边岛外港，就成为早期西方殖民者与中国商民进行走私贸易的理想场所；相反，在明朝市舶司港口或传统港口，明朝统治阶级防范甚严，西方殖民者与中国商民的走私贸易无法从这里突破。这样，澳门、月港、双屿诸港才得以迅速崛起。这里，有必要辨明的是，近来一些学者不加分析地引用《明史》所记的广东市舶司在正德时

---

① 陈吾德：《谢山存稿》卷 1。
② 《明清史料》乙编，第 761 页。
③ 徐继畲：《瀛寰志略》卷 2，《南洋各岛》。

从广州移往电白，嘉靖十四年又移往蠔镜（澳门）。其实，清人所修《明史》的这条材料依据《明熹宗实录》卷6，其中记载："正德间移泊高州电白县，至嘉靖十四年指挥黄琼纳贿请于上官，许夷侨寓蠔镜澳"。但不幸却被《明史》作者误解"移泊"为市舶司移置。原来明代广东市舶司曾规定外国进贡船只"湾泊有定所"，所谓正德、嘉靖年间迁移之事也只是外国来粤船只停泊地点的变移，根本不是广东市舶司迁出广州。这在嘉靖时期戴璟《广东通志稿》卷10、黄佐《广州志》卷23、黄佐《广东通志》卷28、胡宗宪《筹海图编》卷3都有广东市舶司仍驻扎广州的记载。显然，明朝统治者从广东省城海防利益出发，对来粤的外国船只的停泊地点采取了严格的限制措施。正是由于这种停泊点的向外港澳门的迁移，才使其贸易发展起来。由于上述诸港是在明代不正常的筹海政策背景下形成的，因此，一旦筹海政策发生变化，这些港口的衰落也就成为必然。1547年，朱纨派军焚毁双屿港，加强了宁波边海岛屿海防，双屿港从此退出了中国海外贸易港口的行列。月港、澳门在清代也由于交通、货物更有利的厦门、广州的对外贸易兴起，或销声匿迹，或日渐衰落。

第三，欧洲殖民者东来的挑战，也促进了朱明王朝对海外贸易管理制度的改革。本来，按照传统，明朝海外贸易的管理通过市舶司机构来执行。但明朝的市舶司制度从一开始就排斥了中国私人海外贸易的合法性，同时又把外国来华贸易严格限定在与明朝保持政治关系的海外国家朝贡贸易范围内。但欧洲人在东南亚地区的殖民扩张，直接破坏了明朝朝贡制度，并且在广东沿海"佛郎机频岁侵扰"，迫使明朝政府在广东严行海禁政策，除严厉禁止葡萄牙人涉足外，东南亚各国的朝贡贸易亦被禁止。结果适得其反，诚如嘉靖八年（1529年）七月两广巡抚林富在《请通市舶疏》中所指出的，"今以除害为名，并一切之利禁绝之。使军国无所资，忘祖宗成宪，且失远人之心，则广东之市舶是也。"[1] 于是，明世宗批准了林富的上奏，"令广东番舶例许通市者，毋得禁绝；漳州则驱之，毋得停舶"[2]，这就同意了广东市舶司的改革。此后，广东市舶司便正式打破"贡舶"与"番舶"的贸易界限，只要外国船舶来粤贸易，一律接受，并征榷关税，以补充财政。并且在关税制度上，为了对付葡萄牙人的欺诈，又从传统的按货物多少的"抽分"制发展为按船大小的"丈抽"制（即吨位税）。又由于他们抗拒不纳，在澳门港还一度实行"包饷制"，即让葡人自己管理，每岁向明朝输纳"额银二万六千两"，后改为二万二千两。由于葡萄牙人大量从广州采购中国货物，广东

① 林富：《两广疏略》，《请通市舶疏》。
② 《明实录》，《明世宗实录》卷106。

市舶司又开始于万历年间对外商征收货物出口税,^① 至此明朝关税制度大体完备。

如前所述,由于葡萄牙人在中国沿海活动刺激了中国商民走私贸易的发展,使中国海商势力急剧发展壮大,终于在嘉靖时期爆发了反对"海禁"政策束缚的武装斗争,即嘉靖"倭患"问题。据戴裔煊先生考察,这场"倭患"的导火线本身就与葡萄牙人在浙江沿海的活动有关。^② 面对着日益恶化的沿海局势,隆庆元年(1567年),福建巡抚涂泽民"在沿海商民纷纷告通海禁"的呼声下,遂"用鉴前辙,为因势利导之举,请开市舶,易私贩而为公贩"^③。终于得到朝廷允许,在漳州月港开放中国商民的出海贸易,并且设立督饷馆(开始为海防馆)负责管理中国"商舶"出海,发给船引,负责抽税,从而开始了明王朝对中国私人贸易的管理。

第四,欧洲殖民者所推行的世界贸易,客观上也促进了明代海外贸易性质的部分变化。本来,明前期以朝贡贸易为主,以走私贸易为辅的海外贸易,仍然是中国土特产品与其他海外国家土特产品交换的跨国长途转运活动。到明后期,由于海外市场的刺激和需要,中国东南沿海的一些业主已能根据欧洲之需来组织生产,从而使明代海外贸易发展为部分地适应世界市场的需求。如丝织业,据外国文献记载:"中国人巧妙地仿照最受欢迎的西班牙款式,以致他们的产品和安达卢西亚五彩的衣服完全一样。"^④ "他们也用丝掺以棉织成一种大马士革式的料子,并且他们模仿欧洲产品现在又织一种全丝的料子。他们的其他纺织品也在欧洲找到一个现成的市场。"^⑤ 又如陶瓷业,我国不但可以仿照印度输往东南亚地区的青花、五彩军持,而且还可以根据欧洲人的民族习惯,为他们制造印有王族徽记和花押字的"纹章器"。在景德镇,人们专门根据西人要求组织设计和生产瓷器,"贩去与洋鬼子载市,式多奇巧,岁无定样"^⑥。因此,在明后期由于海外贸易的刺激,中国沿海地区已出现一些业主为欧洲需要而生产的外向型经济成分。

三

上述考察表明,明后期海外贸易受到欧洲人殖民扩张的强烈影响。然而,更

---

① 参见拙作:《明代市舶司制度与海外贸易》,《中国社会经济史研究》,1987年第1期。

② 参见戴裔煊:《明代嘉隆间的倭寇海盗与中国资本主义的萌芽》,中国社会科学出版社,1982年,第1-4页。

③ 许孚远:《疏通海禁疏》,《明经世文编》卷400。

④ 引自张铠:《晚明时代中国市场与世界市场相互渗透与影响进程初探》,《中国史研究》,1988年第3期。

⑤ [意]利玛窦,金尼阁著:《利玛窦中国札记》上册,中华书局,1983年,第13-14页。

⑥ 蓝浦:《景德镇陶录》卷2,《洋器》。

值得我们大书特书的是，明后期中国在东亚地区海上贸易以至太平洋贸易上仍占有重要的地位。

首先，从亚太地区贸易市场看，中国商品不仅是太平洋两岸而且也是大西洋彼岸的欧洲国家羡慕并追求的目标。葡萄牙人经营的东方贸易前已有述，再看西班牙人经营的从马尼拉到阿卡普尔科的横穿太平洋的大帆船贸易，可以说大帆船就是丝绸之船。因为大帆船的货物以丝织品最为贵重，而这些丝织品几乎全部是中国的产品：如精致的薄纱、广州绉绸、广州花绸、天鹅绒、塔夫绸、细锦缎以及其他各种图案的花缎，还有服装成品和袜子。除此之外，中国瓷器也是帆船上的主要货物。[1] 荷兰人虽然比西班牙人晚来一步，但他们对中国商品的追求与运输，也丝毫不甘落后。经他们输往欧洲的中国商品，据人们估计，生丝：1631年为10 000磅，1633年为7 200磅，1634年为9 600磅，1637年为50 000磅；蔗糖：1622年为220 000磅，1631年为400 000磅，1633年为600 000磅，1636年为1 000 000磅，1637年则达到3 750 000磅。[2] 瓷器，据沃肯估计，由荷兰东印度公司运至欧洲的瓷器，从1604年至1657年间就达300余万件。[3] 而在整个17世纪，由荷兰船运销的中国瓷器则达到1 500多万件。[4] 因此，可以说，没有中国商品，早期西方殖民者所经营的横跨东西方的贸易就会黯然无光。无怪乎1640年荷兰人在评论葡萄牙人的东方贸易时指出："他们获得如此令人目眩的丝货，根本不在于他们的智慧和技巧……而仅仅在于他们借助了中国人卓有成效和富有才华的帮助。中国人提供货源，葡萄牙人专事分销。舍此，葡萄牙人无法将贸易推向前进。"[5] 其实，对于早期在东方进行贸易活动的西班牙人与荷兰人来说，也未免不是这样。他们利用中国商品在世界市场不同地区的差价进行的长途贩运贸易，从中获取了高额利润。西班牙人把中国商品从菲律宾运往美洲过程中，获利在100%～300%之间，荷属东印度公司在把中国生丝运往欧洲过程中，获利则达到320%。[6]

其次，从航海贸易力量来看，中国私人航海力量也是亚太地区海上贸易的重要队伍。以马尼拉进港船只数目为例，据全汉升先生搜集的材料列表（见表1）[7]，可

---

[1] Schurz. W. L. , *The Manila Galleon*. New York. 1933. p. 32.

[2] 引自张铠：《晚明时代中国市场与世界市场相互渗透与影响进程初探》，《中国史研究》，1988年，第3期。

[3] Volken. T. , *Porcelain and the Dutch East India Company*. Leiden，1984. p. 59。

[4] Davies. D. W. , *A Primer of Dutch Seventeenth Century Overseas Trade*. The Hague, 1961, p. 62。

[5] Boxer. C. R. , *The Great Ship from Amacon. Annals of Macao and the Old Japan Trade* 1555—1640. Lisbon, 1959, p. 169；p. 168；p. 4；p. 14；p. 108；p. 117；p. 126。

[6] 引自张铠：《晚明时代中国市场与世界市场相互渗透与影响进程初探》，《中国史研究》，1988年，第3期。

[7] 转引自全汉升：《明季中国与菲律宾间的贸易》，《中国文化研究所学报》，1968年卷，第1期。

知中国船队对繁荣马尼拉市场具有关键作用。在日本长崎，1623 年前后，每年有 30~40 艘中国商船前往；1629 年左右，中国海商的船队有 60~70 艘开往；到 1631 年则高达 70~80 艘。[1] 在东南亚各国的海面上，中国商船也往来频繁。如巴达维亚市场，"实际上主要依靠每年随东北季风开来的中国船队所带来的为印度尼西亚市场急需的各类商品"[2]。

表 1　明末马尼拉进港船只数

年代	总数/艘	中国船数/艘	其中来自大陆的船数（除澳门、台湾外）/艘
1577	15	9	9
1578	33	9	9
1580	50	21	19（来自澳门有 2）
1581	?	9	9
1582	?	24	24
1588	?	48	46（来自澳门有 2）
1589	?	21	21
1596	?	40	40
1597	?	14	14
1599	29	19	19
1600	30	25	25
1601	33	29	?
1602	21	18	18
1603	?	16	16
1604	26	20	15（来自澳门有 5）
1605	23	20	18（来自澳门有 2）
1606	30	27	26（来自澳门有 1）
1607	42	39	39
1608	?	39	39
1609	44	41	41
1610	?	41	41

---

[1]　Boxer. C. R., *The Great Ship from Amacon. Annals of Macao and the Old Japan Trade* 1555—1640. Lisbon, 1959. p. 169；p. 168；p. 4；p. 14；p. 108；p. 117；p. 126。

[2]　引自张铠：《晚明时代中国市场与世界市场相互渗透与影响进程初探》，《中国史研究》，1988 年，第 3 期。

年代	总数/艘	中国船数/艘	其中来自大陆的船数（除澳门、台湾外）/艘
1611	?	21	21
1612	53	?	46
1620	41	28	23（来自澳门有5）
1627	33	28	21（来自澳门有6，台湾有1）
1628	17	12	9（来自澳门有2，台湾有1）
1629	15	6	2（来自澳门有2，台湾有2）
1630		27	16（来自澳门有6，台湾有5）
1631	46	39	33（来自澳门、台湾各3）
1632	32	22	16（来自澳门有4，台湾有2）
1633	36	34	30（来自澳门有3，台湾有1）
1634	37	29	30（来自台湾有3）
1635	49	47	40（来自澳门有4，台湾有3）
1636	36	32	30（来自澳门有1，台湾有1）
1637	57	54	50（来自澳门有3，台湾有1）
1638	20	20	16（来自澳门有3，台湾有1）
1639	39	37	30（来自澳门有3，台湾有1）
1640	11	11	7（来自澳门有3，台湾有1）
1641	16	11	8（来自澳门有2，台湾有1）
1642	41	36	34（来自澳门有1，台湾有1）
1643	32	30	30
1644	12	9	8（来自台湾有1）

但是，我们也应当看到，明后期中国在亚太地区海上贸易的重要地位，并未使中华民族充分利用这种良好时机开拓发展下去，相反却在世界性贸易的漩流中逐渐落伍，最终遭到西方殖民列强用武力从海上打开了中国大门。这种历史悲剧的形成，我们也可以从明代后期海外贸易史中找到端倪。

从明王朝的开海过程来看，明朝政府虽然部分开放海禁，但它的目的并不是为了发展海外贸易，而是为了维护自身的统治和财政收入。既然"海禁"已难以为继，于是明朝政府不得已采取了"于通之之中，寓禁之之法"的谋略。因此，中国出海贸易商人难以得到政府的保护和支持，从而使西方殖民者很容易利用甚至剿杀了中国海商力量。如万历时期西班牙人在菲岛对中国商民制造血腥的大仑山惨案后，明朝当局对于通报情报的西班牙使节，非但不予谴责，甚至在给西班牙总督国书中竟然说："对于在境华人，因多系不良之徒，亦勿容爱怜。"①
从而更加助长了西方殖民者对于中国出海商民的猖獗气焰，中国出海商人一直处
于国内、国外两面受压的悲惨地位，使得中国私人海外贸易始终处于自发的状
态，难以得到稳定的长期发展。

从当时中国社会内部有识之士的筹海思想来看，虽然在嘉靖万历之际朝野上
下曾出现开海呼声，但其论据都是开海可以有利于海防，即使已经研究西学、并
对海外世界有一定了解的徐光启，也只是认为，"愚尝有四言于此：惟市而后可
以靖倭，惟市而后可以知倭，惟市而后可以制倭，惟市而后可以谋倭"②。在这
里，海外贸易仍然从属于海防，却没有看到同时代西方有识之士们所看到的海外
贸易可以促进本国财富的增长。因此，发展海外贸易，并没有被明代的中国社会
所真正认识。

所以，在这种政治背景和文化观念支配下，开海贸易不能不成为短期行为，
晚明时期屡次实行海禁就是证明。况且，这种开海，只是在多山的福建南部的局
部开放，而对于当时中国社会商品经济发展程度较高的江浙地区和珠江三角洲地
区，中国私人出海贸易并没有开放，这就大大降低了海外贸易对中国经济发展的
意义。

原载《海交史研究》1989 年第 1 期（总第 15 期）

---

① 引自萧致治、杨卫东：《鸦片战争前中西关系纪事》，湖北人民出版社，1986 年，第 66 页。
② 徐光启：《海防迂说·制倭》，《明经世文编》卷 491。

明代后期海禁开放后海外贸易若干问题

黄盛璋

一、开放海禁的原因、意义与其引起的变化

明代后期是中国国际贸易史上开始发生巨大变化的时代，特别是作为海外贸易与中外关系史上的转折点，具体的标志就是隆庆元年（1567年）的开放海禁。有外因，也有内因。外因是欧洲殖民主义者掠夺东方的贸易，不断冲开明官方朝贡贸易的锁链，铁门关外的巨大洋流，最后直接冲撞中国南海的大门；内因是国内经济市场与人民生活的需要，商民贸易早已形成向海外发展巨大的潮流，人民的动力成为不可抗拒的力量，远非法令所能禁止，海禁开放正是外因通过内因起作用。1557年葡萄牙窃据澳门是欧洲殖民主义者的贸易在中国沿海正式立足与发生作用的起点标志，而明代后期地方军饷拮据，利用海商增加饷税收入，解决财政开支则是福建地方官吏提出开放海禁的触机。所以总体来说海禁开放是内外因素的结合，是"因势利导"，顺应时代潮流大势所趋的结果。

开放是和禁海相对应的，没有禁海，怎能说开放？明以前只不过是贸易较少约束与自由而已。历史记载海禁虽起于元，但皆为暂时，并未贯彻到底。故先后曾有四次诏令，但从无解禁之文，足以说明海外贸易仍一直进行，未产生多大影响。禁海作为法律与国策执行，始于明太祖先后三令五申，并明订为大明律。前期继位诸帝也都奉为祖宗之法，多次重申严禁，明载于《明实录》者非一，可以为证。所以明后期由严令禁海而变为开放海禁，对明政府说来，也是国策上巨大改变。严格说来，历史上与海禁相对应，真正有法令、制度可据的开放政策，只能从隆庆元年开始。

要废止禁海旧令，首先就需要制订一系列相应法令、制度与具体条例办法；其次，是设立管理机构与执行官吏等等，这是开放海禁最基本的措施，首先应予考明。至于贸易本身，包括商港、商船、商路、商品、商人，我们总括为五商，明代后期远比过去各朝复杂得多，难度也属最大。它除中文记载外，还牵涉葡、

明后期海禁开放后东西洋船引贸易港考订总结表

船引	船数	对音	今地	港口	华侨	备考
中南半岛						
①交趾	4		越南北部（河南）	云屯		明初设云屯市舶司，有抽分场，今云海岛
高趾州	1					
②顺化	2	Thuan-hoá	顺化	顺化（Huế）	有	南圻阮呈之都，贸易主要在广南
③广南	1	Quanam	广南	会安（Faifo）	多	广南省会为会安，狭义之广南。商舶贸易在会安
④新州	1		归仁	归仁		
⑤占城	3	Champa	越南南部	潘郎		《东西洋考·针路》："罗湾头即占城港口"，即潘郎对译
占腊	1			潘里		占城末期国都平顺，临潘里江，港口为潘里
⑥柬埔寨	3	Cambodja	柬埔寨（金边）	金边	多	港口为金边，土名竹篱木，实为一地
篱木	1	Chidomuhk	金边			金边土名，《东西洋考》篱木州以木为城，华人客寓处
⑦暹罗	4	Siam	泰国	大城（Ayuthia）	多	国都"大城"，或阿瑜陀。
马来半岛						
①陆坤	1	Nakhon	六坤	六坤	多	泰语全名那空是贪玛劝，陆坤为第一字简译
②大泥	1	Patany	北大年	北大年	多	
③吉连单	1	Kelantan	吉兰单	哥打巴鲁	有	吉兰丹河口为哥打巴鲁
④彭亨	1	Pahang	彭亨州	北干		彭亨河口为北干，首府为关丹
⑤柔佛	1	Johore	柔佛州	柔佛河口 Lima 岛		柔佛河之岛。也有认为在柔佛河上哥打丁宜或柔佛巴鲁（新柔佛），旧柔佛港口应在河口 Lima 岛
⑥丁机宜	1	Tinggi	丁机宜			《东西洋考》："柔佛……丁机宜相接也。"

续表

船引	船数	对音	今地	港口	华侨	备考
⑫麻六甲	2	Malacca	马来半岛西岸	麻六甲	多	《明史》作满剌加。《东西洋考》及针路内称麻六甲
苏门答腊						
旧港　①吉宁邦	1	Palembang	渤淋邦	渤淋邦	多	为三佛齐旧都，新都在占卑
	1				多	《东西洋考》旧港"俗名吉宁邦"
②哑齐	1	Achi	岛北端亚齐	亚齐	有	15世纪苏门答腊国为哑齐国所灭
爪哇诸岛						
下港　①顺塔	4	Bantam	万丹	万丹	多	下港为华侨意译，似谓顺塔之下港，有华人街
	1	Sunda			多	《东西洋考》："下港一名顺塔"，顺塔指地区名
②交留吧	1	Calapa	雅加达	雅加达	多	亦旧顺塔交留吧，似为顺塔上港，有华人街
③吧喇	1	Panagan				《针路》称"保老岸山"，俗讹称吧喇大山
④思吉港	1	Sukadana		1.锚石、2.饶洞	多	思吉港应在加里曼丹南部，港口锚石、饶洞相连
帝汶岛						
①义里迟问	1	Timor	的摩尔（帝汶）岛	（帝汶）岛美罗港	有	《针路》美罗港，即是池闷
马鲁古群岛						
①米六合	1	Malucca	马鲁老群岛	Tidor岛	有	
②安丁（文）	1	Ambon	安汶	安汶	多	"安丁""丁"应"文"误，安汶有华人街，中国船云集之地
加里曼丹						
①文郎	1	Banjermasin	文郎马神		有	后二字对音不合，当有误，《谈荟》有文郎马神，即此地
高堤里邻	1	Kotawaringin	乌南岸	哥打瓦林因		《针路》"有马神往高兜令银"，即高堤里邻
日隶	1	Jěre?				《爪哇史颂》有Jěre国，当即《诸蕃志》渤泥之日丽

西洋\东洋

文莱

续表

船引	船数	对音	今地	港口	华侨	备考
菲律宾群岛						
①笔架山	1		Babunyan群岛	Calavan岛		
②大港	2		吕宋岛北端	阿帕里（Apari）		
③南旺	2	Laong	拉瓦格（老沃）	南旺		
④密雁	1	Vigan	维甘（美沃）	密雁		
⑤岸塘	1	Candon	维甘南	岸塘		
⑥麻里吕	1	Balinao	吕宋岛西岸尖岬	麻里吕		
⑦玳瑁	2		仁牙因（林加恩）	仁牙因		抓猡有港有湾。东是傍嘉施闷，应是仁牙因湾之港
⑧中邦	1		吕宋岛西岸尖岬			《针路》称"里银中邦"，《顺风相送》称里银大山。当是岛
⑨吕宋	16	Luzon	吕宋岛	马尼拉（Manila）	多	有华人街称"涧内"，西人称Parian
⑩磨老央	1	Morong				
⑪以宁	1	Ilin	明多罗岛南端	以宁	有	1618年怡朗仕有100多华人与土人合婚，人口日增
⑫屋同	2	Oton	巴乃岛、东岸	汉泽山	多	又译屋党，1605年已有相当数目华人居住
⑬高药	1	Cuyo	库尤群岛			
⑭宿务	2	Cebe	宿务岛	宿务	多	1594年已有华侨居住此地，约200人
⑮沙瑶	2	Sayao? Sianib?	民答那峨岛中	沙瑶		
⑯呐哗啤	2	Daptian	同上岛西北岸	呐哗啤		
⑰班隘	1	Kawit	同上岛西南岬	交隘（卡维特）		《针路》："交隘一名班隘"
⑱武运	1	Bohol	波和岛	波和岛?	（有）	无华船记载，仅据本世纪初调查有华侨
⑲福河仑	1	Bukidnon?	同上		（有）	同上
苏禄群岛						
①苏禄		Sulu	苏禄群岛	和鲁（Jolo）		有三大岛，中为Jolo，"商舶所至是峒王地"，或指巴拉望岛

西、荷、英、日等多种文献。同时贸易的区域及其发生的影响也是关涉全世界范围，包括中国商船直接往来贸易的地区，主要为东南亚、东西洋船引之地，既为中国商船常行贸易，也是东南亚主要的商港。限于篇幅，本文仅将船引贸易港考订结果列为一表，作为总结。明后期海禁开放后海外贸易需要一一分为专题进行研究，另撰专篇，陆续刊布。此文仅粗为纲要，也是关涉全世界范围，只是中国商船直接往返贸易的商港，主要限于东南亚各国。本文最后着重考证船引到达的国家、地区诸港口及其贸易情况，其他问题将分作专篇。

二、管理机构

明初开国，仅设市舶司一于太仓黄渡，洪武三年（1370 年）罢太仓市舶司而分置于宁波、泉州、广州，限"宁波通日本，泉州通琉球，广州通占城、暹罗、西洋诸国"。① 七年尽罢不设，永乐元年又恢复洪武三年之制。② 其后泉州港口衰退，番舶多抵福州河口，成化十年（1474 年）市舶司移于福州。③ 嘉靖二年（1523 年）因日本贡舶争使肇祸，宁波撤司闭港，福州市舶亦因之停罢，仅剩广州一处。明之市舶司虽来自前代，但仅管外国贡舶与进贡方物，权限狭窄，与唐、宋、元专管中国与国际间的海外贸易之市舶司，范围、性质均有所变化。

海禁开放，对明政府而言，首先就要考虑管理机构，与执行的官吏及其具体设立的地点。当时不仅只有广州一处市舶司，且其职责专管贡舶，与私舶贸易无关，所以必须另设专门机构，于是月港便应其选。月港之兴起完全由于海外走私贸易，它原名月泉，初时仅为"芦荻中一、二聚落"。明时属漳州龙溪县八、九都地，④ "正由于封畛遐旷，海口孤悬""言司隔远，威命不到"⑤，便于走私者造船贩海，景泰年间已经是"民多番货"，⑥ "成（化）弘（治）之际，两涯商贾辐辏，帆樯云集，称'小苏杭'""货物通行旅，资财聚富商"的闽南巨镇。⑦ 走私贸易是月港兴起的国内基础，但是促成它进一步成为国际贸易港口，则和欧洲殖民主义者东来掠夺贸易密切相关。首先便是葡萄牙。

---

① 《明史》卷 81，《志五十七·食货五》。
② 《明实录》，《明太宗实录》卷 22，"永乐元年八月丁巳"。
③ 泉州市舶司移于福州，是因番舶移于福州河口既成事实，有成化二年、五年、八年等记载，而最后在成化十年，见萨士武：《明代福建市舶司建置考》。
④ 乾隆《海澄县志》卷 7，《兵防》。
⑤ 乾隆《海澄县志》卷 15，《气候》。
⑥ 沈定钧：《漳州府志》卷 15。
⑦ 《广东通志》卷 128，《海澄县志》卷 22。

　　早在正德十二年（1517 年）葡人 Jorge Mascorlanhas 奉满剌加总督之命东航，遂率数舶至福建漳州，调查中国海岸，[①] 差不多与来广州同时。其后因数次在广东肇事，正德十六年（1521 年）广东海道驱逐出境。"有司自是将安南、满剌加诸番舶尽行阻绝，皆往漳州府海面地方，私自驻扎，自是利归于闽，而广之市井萧然矣"，这是嘉靖八年（1529 年）两广巡抚林富的奏文。他甚至感概说："市舶官吏公设于广东者，反不若漳州私通之无禁"。[②] 漳州府海面地方自指月港，这是月港第一次正式登上国际贸易的舞台。林富奏请葡人被允开市于澳门，但他们为"欲避抽税，省陆运，仍由福人导之改泊海沧、月港，浙人导之改泊双屿，每岁夏季而来，望冬而去"，[③] 纷纷"越境，商于福建，往来不绝"[④]。嘉靖二十年（1541 年）葡商人留居漳州达 500 多人[⑤]，漳州正在取代广州之官港，形势已在形成之中，具体的港口就是月港。嘉靖二十六年（1547 年）佛郎机（葡萄牙）率众载货至漳州之月港、浯屿，"漳、泉贾人往贸易焉。巡海使柯乔发兵攻夷船，而贩者不止"，[⑥]不仅非法连武力也无奈之何。嘉靖二十七年（1548 年），月港已经是"东通日本，西接琉球，东南通佛郎机、彭亨诸国"。[⑦]附近海域"每岁孟夏以后，大舶数百艘，乘风挂帆，蔽大洋而下""闽漳之人与番舶夷商，贸贩番物，往来络绎于海上"。月港至此已基本发展成为中外海外走私贸易最大集中地，福建海商"皆由月港出洋"。[⑧]

　　福建地方政府面对现实无法改变，只好因势于嘉靖三十年（1551 年）在月港设靖海馆。三十六年（1557 年）有海盗许老骚扰月港；三十七年（1558 年）又有倭寇往来月港、浯屿间；四十二年（1563 年）只好改为海防馆，设海防同知专理洋务，权同州、县。四十五年（1566 年）索性改月港为海澄县。所谓靖海、海防，名义上为防海治安而设，实际上主要管防的对象就是这些海商及其商舶进出。次年即开放海禁，管理执行的专门机构设于海澄。他们的任务一开始就是如何管理、控制这些海商贸易，检查盘验，征收饷税。海禁初开，商舶事务就全由海防同知管理。万历"穆庙时除贩夷之律，于是五方之贾，熙熙水国，剞劂舻，分市东西两路。其捆载珍奇，故异物不足述，而所贸金钱，岁无虑数十

①　E. Bretschneider, *Medicauae Researche*, Vot. II, pp. 317–319 引葡史家 Basvos 说。

②　顾炎武：《天下郡国利病书》卷 119，《海外诸蕃》。

③　《明史稿》卷 97，《志第四十五下·食货五》。

④　《明史》卷 325，《外国六·佛郎机》。

⑤　［日］小叶田淳：《中南岛通交贸易史研究》，《东亚论丛》，第 4 辑。

⑥　张燮：《东西洋考》卷 7，《饷税考》，中华书局，1981 年，第 131 页。

⑦　《鬆余杂事》卷 3，《章疏增设县治以安地方事》。

⑧　张邦奇：《西亭践别诗序》，《明经世文编》卷 147。

万"①。万历二十一年（1593 年）索性把海防馆改为名副其实的督饷馆，略等全国最高海关，东西洋船引都在此领发，华船出船盘验，丈量船只，征收水饷，以及回船入港征收进口税之陆饷，也全规定在此进行。如此海澄设立总管机构，置官设卡，完全不同于行之数朝之市舶司，就成为开放海禁后第一件革新的大事。

海澄之督饷馆仅为总管理机构，商船出洋之际，船舶具体查验，另有分机构。最初设于厦门，万历四十五年（1617 年）海防通判陈其不便，请在圭屿设立公馆，"饷大夫就此盘验"②。无论出船、回船都必须经过这里盘验，按章纳税，才能放行。

广州市舶司仍然存在，据万历《广东通志》载，它会同海防同知、香山县三方面查验来泊番舶，量船抽税。但它一如过去，广州限外国商船进口，故市舶司所管也和过去一样，仅为番舶往来，而海澄则为中国商舶进出，职掌不同。以上系明政府所定官府准许之商船制度如此。至于走私之船，包括华船与番舶，所在皆有，自非明官府所能控制，且尽量避免官吏耳目，没有记录可查，情况就很难说了。且制度订后之初，执行较严，日久渐滥，有些也势难尽遵。如华船出口，全限一地集中海澄，即使一时实现，势难久行。后期制度日衰，船引之制日滥。尤其到了明末政衰，即使有明文之制度、条例，官吏既防难胜防，无力管束，各处商船就不可能完全照章行事了。

三、贸易制度

（一）船引制度

隆庆开放海禁，"易私贩而为公贩"。首先是建立船引制，发给私贩以官府船引，才能变私为公，《东西洋考》卷 7《饷税考》：

> 隆庆改元，福建巡抚都御史涂泽民请开海禁，准贩东西二洋。盖东洋若吕宋、苏禄诸国，西洋若交阯、占城、暹罗诸国，皆我羁縻外臣，无侵叛。而特严禁贩倭奴者，比于通番接济之邻，此商舶之大原也。

朝贡贸易番舶主要靠勘合为凭，开放海禁华船主要靠船引为凭。船引制的实施史籍没有明确记载年代，但我们可以断定就在隆庆元年开放海禁同时。因为开放海禁首先就要发给船引，船引最初私贩才能变为公贩，获官府批准认可。所以

---

① 张燮：《东西洋考》，《周起元序》，第 17 页。
② 同上书卷 9 "内港水程圭屿" 条，据乾隆《海澄县志》："圭屿公馆，邑令傅公橺建，今毁"。

船引作为制度，是明代后期开放海禁第一标志。

西班牙殖民主义者最早派黎牙实备（M. L. Legaspi）率领舰队侵占菲律宾时，正值明政府开放海禁。1570 年他派遣高第（Martin de Cotti）率领船队第一次抵达吕宋岛马尼拉港口与菲酋苏理曼（Soliman）战，即遇见有 4 艘商船停泊于此，彼等"持有自布上盖有公章的安全文书"，① 盖即最初之船引，时距隆庆开放海禁只有 4 年。其后渐有定制，万历六年（1578 年）总督凌云翼议："将下番船一一由海道挂号，验其文书，丈尺，蕃其货物，当出海面、回藉之候，照数盘验，不许夹带违禁货物"。② 巡抚刘思向疏："一谓漳州澳船须令赴官，告给文，并将货物登记"③。万历二十一年（1593 年）巡抚许孚远海禁条约行分守漳南之移，对于船引有更详细规定：

> 商引填写限定器械、货物、姓名、年貌、户籍、住址、向往处所、回销限期，俱开载明白，商务尽数填引，毋得遗漏，海防官及各州县仍置循环号薄二扇，照引开器械、货物、姓名、年貌、户籍、住址、向往处所、限期、按日登记，贩番者，每岁给引，回还赍送查核，送院复查，贩广、浙、福州、福宁者季终赍道查复，送院复查。④

船引制度由简变繁，数量由少变多，地区亦由不定而至有定，最初只要呈请纳钱，就领船引，但只有 50 份，万历三年（1575 年）增加到 100 份。原来定其地而亦未限其船，⑤ 万历十七年（1589 年）福建巡抚周寀建议把东西二洋航行船只的数量和航行地点，都加以明确规定如下：

1. 东洋计 44 只

吕宋 6 只。屋同、沙瑶、玳瑁、宿务、文莱、南旺、大港、呐哗啤，以上各 2 只。

磨笼央、笔架山、密雁、中邦、以宁、麻里吕、米六合、高药、武运、福河仑、岸塘、吕蓬，以上各 1 只。

2. 西洋计 44 只

下港、暹罗、旧港、交趾，以上各 4 只。

柬埔寨、丁机宜、顺塔、占城，以上各 3 只。

---

① E. H. Blaice and I. A. Robertson, *Philippine Island*, Vol. Ⅱ, PP. 103–104。

② 顾炎武：《天下郡国利病书》卷 100，广东《四引》。

③ 顾炎武：《天下郡国利病书》卷 100，广东《四引》。

④ 许孚远：《敬和堂集》卷 5《海禁条约》。

⑤ 张燮：《东西洋考》卷 7，《饷税考》。顾炎武：《天下郡国利病书》卷 93，福建《洋税》。

麻六甲、顺化，以上各 2 只。

大泥、乌丁礁林、新洲、哑齐、交留吧、思吉港、文林郎、彭亨、广南、吧哪、彭西宁、陆坤，以上各 1 只。

合计 88 只。

台湾鸡笼、淡水则给予广东福宁州、浙江北港捕鱼同样文引，岁四五只或七八只不等，属于中国沿海岛屿。88 只远远不能满足申请者要求，万历二十一年（1593 年）再开海禁，许孚远又根据海道反映，将以前准许航行的交趾、占城等地 12 州各增一引，其名如下：

占陂、高址州、篱木、高堤里邻、吉连单、柔佛、古宁邦、日隶、安丁、义里迟闷、苏禄、班隘。

合上 88 只，共为 100 只。鸡笼、淡水也放宽了，以 10 只为限。万历二十五年（1597 年）巡抚金学增又议增加引数，东西洋及鸡笼、淡水、占坡、高址州等处共引 117 张，请再增 20 张[1]，合为 137 引。"后以引数有限，而私贩者多，增到二百一十引矣。"[2] 据崇祯三年（1630 年）十二月乙已兵部尚书梁廷栋等说："出海的商船约达千计"[3]，此时已属明朝末期，船引制度徒有其名，无船引的私船远比船引为多，合以千计，也不为过。

（二）征税制度

船引也要纳税银，东西洋每引税银三两，鸡笼、淡水及广东引税银一两，其后各增加一倍为六两与二两，为数仍属不多，于是又有水饷、陆饷、加增饷 3 种饷税：

> 其征税之规，有水饷、有陆饷、有加增饷。水饷者以船之广狭为准，其饷出于船商；陆饷者以货之多寡计值征饷，出饷于铺商，又虑有藏匿，禁船商毋辄起货，以铺商所接买货物应税之数，给号票，令就船完结，而后瓷卖焉。加增税者，东洋中有吕宋者，其地无出产，番人率用银钱易货，船多虚回，即有货亦无几，故商贩回澳，征抽水陆二饷，属吕宋船者每船另造银百五十两（后各商苦难输纳，万历十八年量减止征一百二十两）

（1）水饷是按照船的尺寸长短向船主征收，所以又叫丈抽。万历三年

---

① 《明实录》，《明神宗实录》卷 316，"万历二十五年十一月庚辰"。
② 顾炎武：《天下郡国利病书》卷 93，福建《洋税》。
③ 汪楫：《崇祯长编》卷 41。

（1575 年）所订《东西洋船水饷等第规则》凡"船阔一丈六尺，每尺抽税银五两，一船该银八十两，以后船长每长一尺，则每尺税银增加五钱"，东洋船颇小，量减西洋船十分之三。

（2）陆饷是按照进口货的种类向商店征收的，但不像过去市舶司十分抽二的传统征收实物，而按银两计算征数，所以又叫抽银，其税率为十分之二。《东西洋考》卷 7《饷税考》"陆饷"货物抽税则例，是以窥见当时进口货物与价格、税率的一般。尤其从福建海澄进口者，大致齐全。

（3）加增税仅限于往吕宋贸易商船，回船除银外无货物可带，其地米贱，兼可压船，原属免税，后又规定，免税限以五十石，超出者按番米税则每石税银一分二厘①。

广州市舶司仅管外国商船，正德间采抽分制，四年曾十分抽三，十二年改为十分抽二分。嘉靖四十三年（1562 年）庞尚鹏《百可亭摘稿》卷 1 说："（浪白澳）乃番夷市舶交易之所，往年夷人入贡，附至货物，照例抽其十分之二；乃听贸易。"1544 年葡船初到澳门时"依照向例，要承担缴纳百分之二十关税，像从暹罗国来的得到中国皇帝特许的经常海上往来的暹罗人一样"②。又嘉靖末年广东南海人霍与瑕说："澳门番舶外国宝贝（货）山积，皆县官司其榷课"③。但外商来广东，多报货不实，隆庆开放海禁后，广东外国商船亦改为丈抽与抽银制，《粤省贡道图说》卷 4：

> 隆庆五年以夷人报货多奸欺，查验困难，故改为丈抽制，抽银制亦始于是年。④

又《澳门纪略》引王希文奏议，也提到：佛郎机匿名混进，突至省城，拒违禁例，不服抽分。中国过去传统市舶司贸易制度，主要皆为抽分制，或给价收买，丈抽与抽银制皆起于明隆庆开放海禁以后，此制改变自和欧洲殖民主义来中国沿海贸易有关，而抽分之旧制遂废。如隆庆后马六甲商船来广州贸易，除按量征收进口税抽银外，还征收整船的"固定吨位税"⑤，实即丈抽。葡船来广州，初也是抽其十二实物税，如万历《广东通志》卷 69《番夷》说：

---

① 张燮：《东西洋考》卷 7，《饷税考》，第 132 页。

② 《厄士顿教派的先遣队和他们对澳门的发现》。

③ 霍与瑕：《霍勉斋集》卷 11，《贺香山涂母太夫人六十一序》。

④ 引康熙三十四年（1695 年）粤关宜尔格图奏，所据当为海关旧案。

⑤ N. A. P. Meilnk-Roelofesz, *Asian Trade and European Influence in the Indonesian Archipelago Between 1500 and about 1630*, pp. 169-170.

> 番商舟至水次，往时报到，督抚属海道委官封藉之，抽其十二，还贮布政司，变卖或折俸之用，余听贸易。

后因报货奸欺，隆庆五年（1571年）已在开放海禁之后五年，始改丈抽与抽银。而福建海澄议征贾舶商税，还在其后一年，《东西洋考》卷7《税饷考》：

> 隆庆六年，郡守罗青霄以所部雕耗，一切官府所需倚办，里三老良苦。于是议征商税，以及贾舶。贾舶以防海大夫为政。

贾舶自捐丈抽，这是传统市舶司所从来不征的，商税免征，实为实物抽分，而现在改为丈抽二与抽银，并且落后于广东抽夷人之税制一年。说明广东行之在先，海澄实行在后，所以是仿效广东外国商船之法，上引《广东通志》紧接着说：

> 隆庆间始议抽银，檄委海防同知，市舶提举司及香山臣官三面，往同丈量估验，每一舶从首尾两牓丈阔若干，长若干，验其舶中积载，出水若干，谓之水号，即时命工将牓刻定，估其舶中载货重若干，计货若干，该纳银若干，即封藉其数，上海道，转闻督抚，待报征收，如刻记后水号微有不同，即为走匿，仍可勘验船号出水分寸又若干，定估走匿若干，仍治以罪。

所记办法，很是细致，不仅量其船长，而又测其载重，即出水若干。海澄则仅量船长，依长度抽税银，而不测船载重亦不收出水载重之税，已简便得多。正由于夷船狡诈，不服抽分，所以才采取如此周到的丈抽办法。复杂的量测办法显然在前，而海澄丈抽效行前法而已改行简化，两者之间办法多少还有些不一样。同时征税标准当然也另有些差异，如广东对外国商船的丈抽西洋定为九等，后因外商屡请，量减抽三分，东洋船定为四等[1]，详细情况与征收标准今已不太清楚，而这点则是海澄所没有的。

在海澄只征收船舶费与进口商品税，在广东对外商还征收出口税。葡萄牙人于万历六年（1578年）被允许入广州购买中国商品，次年规定要缴纳出口税，不久还设有一税司征收。[2] 万历二十九年（1601年）王临亨来广州审查案件时，亲自看到葡船3艘，每船以30万两投税司纳税，而后才听其入广州城同百姓贸易。[3]

---

① 梁廷枏：《粤海关志》卷22，"康熙二十四年监督伊尔图格奏"。
② 张天泽：《中葡早期通商史》，中华书局香港分局，1988年，第102页。
③ 王临亨：《粤剑编》卷3。

在澳门也设有市舶司征收进出口税与停泊税，与广州同时皆为万历七年（1579 年）。万历四十二年（1614 年）明令规定"凡夷船趁贸货物，俱赴货城（广州）公卖输税"，[1] 但葡商狡猾，过去"不服抽分""犷猂不道"，因此曾被驱逐出境。但不久"其党类更附诸番航杂至明朝贡贸易，鱼目混珠，乘混水以摸鱼"。实行丈抽后，则又改变花样，"番舶到澳，并不进港，抛泊大调、环马、骊洲等处，逃避丈抽，私卖私买，不赴货场，并设小艇于澳门海面，护我私济之船以入澳，乃能役我官船，护货如此以入澳"，包括军需禁品，"夷人善匿亏饷之罪不可掩也"。万历四十二年（1614 年）严通澳之令，出澳门"禁约布告"并通知澳门葡人："凡番船到澳，许即进港，听候丈抽。凡夷船趁贸货物，俱赴货城公卖输税，凡有奸徒潜运到澳与夷，执送提调司究治"。

凡葡船到港，要由澳门葡官通报市舶司，缴纳货单。然后确切日期，由市舶官吏在澳官与船长的陪同下，上船丈量，确定停泊即丈抽税额，船货被估完后也缴纳进口关税，才可运向国外或广州销售。[2] 它也直接取于船商，和海澄之陆饷取于铺商有所不同。至于从万历七年（1579 年）向外国商船（主要葡船）征收出口税，仅限广州出口，这也为海澄所无，究竟多少，尚缺乏具体数字与征收办法。葡船不法，往往"抗丈"，不服丈抽。万历四十一年（1613 年）给事中奏疏就说："往往丈抽之际，有执其抗丈之端"，[3] 或于澳门港口先设小艇接应护私船以入澳门，则丈抽之停泊税与货物进口税，无从进行，以致葡船经常缺额。据香山县崇祯十四年（1641 年）的知县报告，万历二十六年（1598 年）为银二万六千两，后来就只有二万二千两。[4]

四、出航港口

明代前期官府控制朝贡贸易之市舶司，虽有广东（广州）、福建（泉州后改福州），浙江（宁波）三处，但中期因有倭患，实际只存广东一处。开放海禁，明政府又规定中国商船管理出航港口仅集中海澄一处，而广东则仍只管外国商船进出。以中国海岸线之长，地方之大，港口之多，与海外往来贸易地区（国家）之广，现全限华船集中一处，根本不合理。当时华船直接往来贸易除日本一直在禁止之列外，全为东西二洋，海澄以北浙江、福建等地与其港口，南下集中海澄，尚非绕道，有理可说；若海澄以南福建、广东等地与港口，北上集中海澄

---

① 康熙《香山县志》卷 1。
② 张天泽：《中葡早期通商史》，第 101、102 页。
③ 郭尚宾：《郭给谏疏稿》卷 1，"万历四十一年七月二十二日奏"。
④ 李待问：《罢采珠池盐铁澳税疏》，载乾隆《广州府志》卷 53，《艺文》。

后，再南下出东西洋，实违反情理之常，"庸人自扰"。但明朝官吏主要考虑自身与地方之安全，官府管理统治之方便，人民便利与否则置于度外。外国商船限于广州一处，便于集中管理与双方治安之需要，按之事理，尚不违悖。可自实行，而外商尚作弊多端，违反政令。但广东仅有一口，或停澳门，或进广州。葡人初来，私澳门岛屿甚多，随处可泊，也需要集中统一，且贸易中心究在广州。开放以后，管理仅集中广州与澳门两口岸，对外船管理自无不便或难于执行之处，但葡船尚且作伪欺诈。至于中国商船出洋、回洋均集中于海澄，初时迫于法令，厉行只能一时，以后法令稍驰，海澄官吏力所不及之地，至少出航不仅广一处。《天下郡国利病书》卷 120：

> 广州舶船往诸番，出虎头门，始入大洋，分东西二路，东洋差近，西洋差远。

允许私船贸易显非海禁时记录，而自是海禁开放后事，因注文明记：东洋"周岁即回，船有鹤顶、电龟筒、玳瑁等物""西洋两岁一回舶，有象牙、犀角、明珠、胡椒等物"。一岁、两岁，显然亦系明官吏规定。看来海禁开放后，广州亦为主要出航港，回船亦全集中海澄，更难一一实现。不仅事理难行，且回船权操于商船，海澄管理机构，势属鞭长莫及。最多，能控制发引出航之船，无船引之船，愈往后愈多不可胜数，根本不能返航海澄，即有引之船，为偷税、逃税，亦可设法不往此地。《天工开物》卷中《舟车》条"闽由海澄开洋，广由香山澳"，香山澳即澳门，在虎头门外，当进出大洋之口。此书已属明最后一朝之崇祯，广东发航一自广州，一自澳门，官府允许至少已有两处，而皆统于虎头门，回船亦当如此。广州与澳门商货销容之大，远非海澄一县可比，所有回船若全集中海澄，陆饷全取于海澄一地之铺商，此亦势所不能之事。只是明代晚期，制度驰废，官府记录又几全无保存，无可考查。置司设官，虽有福建海澄与广东（广州后设澳门）两处，但记载不全。

嘉靖《东南平倭通录》："时浙人通番，皆自宁海定海出洋，闽人通番，皆自漳州月港出洋"，广人出洋自在广州。传统如此。此虽皆海禁开放以前，开放以后，日本仍在严禁之列，但不论船只、人数、商品种类、数量、贸易额等皆以日本居首，充分证明官方允许船引贸易有很大的局限性。航往日本，必不能自福建月港，而皆发自私港，与辗转掩蔽。胡宗宪《广福浙兵船当会哨论》说："又有一种奸徒，见本处禁严，勾引外省，在福建则于广东之高、潮等处造船，浙江之宁、绍等处置货，纠党入番，在浙江、广东省，则于福建之漳、泉等处造船置货，纠党入番，此三省之通弊也"。此论作于开放海禁之前，此后自有增无减，王在晋《越镌》曾记万历三十七年（1609年）浙江"一岁之间，三获通倭人犯，一是掠泉商之货，至福州港口，复向海澄，泛海开洋，经向日本，盖二十有八人；二为久居定海之闽人纠浙人结伙通番，造船下海，计定海打造番船有六，自在定海出航；三是福清人林清与长乐船户王厚，商造钓艚大船，于是招来商贩，满载登舟，当在长乐即福州港口出航；此外尚有久居于杭之闽人伙同杭人于"六月初二日开洋，至五岛，投倭牙五官、六官听其贩卖则当自杭州出海"。王在晋最后感慨地说："夫漳泉之通番也，其素所有事也，而今乃及福清；闽人之下海也，其素所习闻也，而今乃及宁波，宁海能贩，于今创见，又转而及于杭州，杭之置货便于福，而宁之下海便于漳，以数十金之货，得数百金而归，以百余金之船，卖千金而返，此风一倡，闻腥逐膻将通浙之人弃农学商，弃故都（乡）而入海"。[①] 万历三十七年（1609年）已在海禁开放后四十多年，通倭一直在严禁之列，仍然如此多人出海贸易，且一年之间被官方查获就多达三四起。私航之口就有四处。此时正值开放海禁之最盛年代，连设官置卡之海澄照样违禁贩倭，贩运他国或私从他港出航，自更难于禁绝。甚至告给沿海文引，而航往他处，即使法规严密，也难尽防，万历二十年（1592年）许孚远《疏通海禁疏》就已指出："臣又访得，是同安、海澄、龙溪、漳浦、诏安等处奸徒，每年于四、五月间告给文引、驾驶乌船，系往福宁卸载，北港捕鱼，及贩鸡笼、淡水者，往往载铅、硝等货潜去倭国"，此时密切注意通倭、防倭，私航他国，更难尽防，而文引本身愈往后弊端也愈多。据1634年3月24日《吧城日志》，无文引之漳州商船秘密从安海出航去吧城，据船主报告已知就有两起，凡此都足以说明海澄虽被规定为集中发航之港，但因违反事理、实际从他处发航浙江、福建以及广东所在皆有，明政府法令效力与管理、控制仍属有限。

　　自天启二年（1622年）红毛（荷兰）据澎湖，入厦门、逼圭屿、寇海澄，以后又多次进行海盗式侵扰，海道梗阻，港口近于停闭。到了崇祯六年（1633年）"癸酉洋艘弗集于澄"，官港至此基本失去作用，各处都可以发航出海，更不受规定限制。据岩生氏统计，明清之际中国来日本长崎贸易之商船分别有南京、苏州、舟山、福州、泉州、漳州、安海、潮州、广州等，至少可以代表明末崇祯年间情况，此时海澄管理机构与船引等制度已经没有什么作用，到处可以发航了。

---

　　① 王在晋：《越镌》卷21《通番》。

五、船引诸港

开放海禁主要标志之一就是颁发船引，"变私贩为公贩"。有了船引，私贩就合法化，为官府所允许，凡船引之地一方面代表中国商船常行贸易之处，所以中国商人才申请领用；另一方面也应代表一个国家或一个地区的主要贸易港口。

万历十七年（1589 年）船引不仅规定总数，东西洋各 44 只，且规定各具体地点与其船数，东洋 21 处，西洋 22 处，万历二十一年（1593 年）又增加 12 处船引各一。船引主要变化是数量不断增加，船引地点，先后规定只有此两次，未有改变或增加，至于无船引之私船，不仅数量无法统计，航行地点既不受规定限制，亦无可考查。日本一直在海禁之中，禁令未除，船引虽无日本，但往日本商船与贸易，明代后期却居各地之首，船引商港最主要就是不包括日本。南亚与西亚及非、欧洲航路后期亦为葡、荷等国所垄断，中国商船贸易主要为东南亚，船引基本包括东南亚主要港口。根据西方文献，极少遗漏，但两次规定船引地方。彼此有重出者，如第一次万历十七年所定有下港又有顺塔，而下港一名顺塔（见《东西洋考》），实为一地。第二次与第一次重复更多，如柔佛一名鸟丁礁林，旧港一名吉宁邦，第二次又重新出现。如此第二次之占陂、高趾州，很可能即占城（又名占婆与交趾），商人为增加船引，诳报国地之异名。明地方官吏昧于海外地理情况，昏庸于此可见。

关于船引地名之考订，日本原彻次郎毕业论文《十六、七世纪中国和菲律宾之关系》曾将船引各地一一附以对音（见小叶田淳《明代漳泉人的海外通商发展》引），仅有比订结果，未进行考证。除重复地名误订为二地外，少数地名未尽落实，而已考订者也有一些问题。船引地名多数皆有中外文献，对音、位置皆可找到，需要进行考查落实者有下列几项：

（1）船引仅为国名或大地区之名，港口另有名称，如交趾、广南、占城、柬埔寨、暹罗、柔佛、彭亨、吉连单等。交趾指安南北部，首都河内，但港口实在云屯。广南港口在会安，暹罗港口在大年，柬埔寨港口在金边。吉连丹、彭亨、柔佛皆当河口会海处，吉连丹在哥打巴鲁，彭亨在彭丹河口北干，柔佛则因国都屡迁，究指柔佛河口 Lima 港，或河上哥打丁宜，或哥打巴鲁，各有异说。占城则有两海口，其一《东西洋考》称罗湾为占城港口，即今潘郎；另一港口则为晚期王城平顺之海口潘理。

（2）地名为本地之俗名或古名，现已不存。如柬埔寨港口为篱木、竹篱木，今早已改变。如柬埔寨首都金边，地方土名则为 Chado Muhk 竹篱木，早不存在。

思吉港港口为绕洞，亦早不存。

（3）地名对音，异说不一，如原彻次郎对沙瑶为 Sarigao，张礼千对为 Sayao，陈荆和对为 Sanib。丁机宜也有丁加奴、英得腊其利（lndragari）、哥打丁宜、丁宜（Tinggj）等异名。现据《针路》只能采其地望、对音相近之港。

（4）对音仅指群岛，船引所到之港有待确定者，如米六合、苏禄均为群岛之名。米六合即马鲁古群岛，依据荷兰文献，知华船所到之岛为 Tidore 岛。苏禄群岛有三，中为和鲁（Jolo），但华船所到之岛，《东西洋考》谓为峒王之都，而其傍又有高药，因而也有人认为巴拉望。

（5）地名见于记载，但地望、对音有异议者，如日隶应即《诸蕃志》与《岛夷志略》之日丽，前者为渤泥附近岛屿，后者藤田丰八比定为苏门答腊之 Deli。但对音不合，《爪哇史颂》有 Jeri 国，地望不明，苏继顾以渤泥之 Jeri 岬当《诸蕃志》之日丽，或者近之。

（6）地名不见记载，对音不尽符合，或有问题。如东洋船引之武运、福河仑，可能分别对 Bohol、Bukidnon，但个别音节不尽相合。至于西洋船引之彭西宁，原彻次郎对 Pacei，没有最后一字"宁"音，究在何处？现不能定，有待确考。

关于明清（鸦片战争前）海外贸易的几个问题

陈柯云

近年来史学界关于明清海外贸易的研究取得较多的成果，同时也提出一些值得进一步探讨的问题。比如：有人指出，明清两朝都实行过"海禁"，海外贸易得不到正常发展，这是我国资本主义萌芽发展缓慢，甚至遭到扼杀的最根本原因，并怀疑我国明清时期不发达的海外贸易状况，能否存在资本主义萌芽诞生的土壤。有人反驳说，明清时期相对宋元时期来说，生产工具和生产技术都没有重大突破性的改良和发展，资本主义萌芽为什么不出现在海外贸易较为发达而没有实行"海禁"的宋元时期，而偏偏出现在实行"海禁"的明清时期呢？并举出实例说明，明清时期虽然实行"海禁"，但并未真正达到扼止海外贸易的目的，反而促使民间海上走私贸易繁盛起来。有人又提出疑问，为什么明清时期的资本主义萌芽，在开海时期以及海上走私贸易繁盛时期并没有得到突飞猛进地发展，而在严厉"海禁"时期也并未被扼杀呢？还有人认为，明代的一些所谓"倭寇"，实际是从事海外贸易，正在形成中的资本家阶级，即资本主义萌芽势力……种种疑问和问题也同样在困扰着我。在这里，我想谈谈自己的一点学习体会，企望得到史学界前辈和同行们的指教。

一

马克思说："世界贸易和世界市场在 16 世纪揭开了资本的近代生活史。"[①]海外贸易、海外掠夺和海外殖民曾对资本主义生产方式的勃兴产生过巨大的影响。但是，对于当时西欧一些出现了资本主义生产关系并大力发展海外贸易的国家来说，这种影响并非完全相同。英国是世界资本主义发展的先驱者。英国的海外贸易在 14、15 世纪后逐渐摆脱了外国人的控制。15 世纪初成立了"商人拓业

---

① 《马克思恩格斯全集》23 卷，第 167 页。

家公司"，从事海上货运，而且有武装护航，当时英国商船活跃在西欧沿海各地。16 世纪以来，以经营海外贸易、海外掠夺和海外殖民为目的的对外贸易公司，如西班牙公司、东印度公司、土耳其公司等等，在国王的敕许和保护下纷纷设立。到 18 世纪，英国商船遍布于欧洲、非洲、美洲以及东方，成为"海上霸主"。东印度公司在掠夺印度以及东方中发了横财，并由一个商业组织变为一个兼有军事和拥有领土的组织。7 年战争后的 55 年中，英国从印度掠夺的财富达 10 亿英镑。哈德逊公司在 1670 年创立时，资本仅有 10 500 镑，到 1720 年增至 94 500 镑。50 年间增长了 9 倍，而且还分了许多红利给股东，时人夸称公司利润达 20 倍以上。我们再看 1613 年至 1774 年英国外贸输出输入统计见表 1。①

表 1　1613—1774 年英国外贸输出输入统计

年代	输出（镑）	输入（镑）
1613	2 487 435	2 141 151
1700	6 477 402	5 970 175
1750	12 699 680	7 772 039
1774	15 916 343	1 327 599

从表 1 可以看出，英国的外贸输出额在一个多世纪的时间里激增 6 倍。这段时间正是英国工场手工业获得高度发展并开始进行工业革命的时期，出口的商品基本都是手工工场中生产的产品，其中三分之二以上甚至十分之九都是毛纺织品，说明英国的海外贸易与手工工场的生产是紧密结合在一起的，海外贸易的发达对资本主义生产方式的发展起了很大的促进作用。

法国的海外贸易从 16 世纪到 18 世纪并不亚于英国。法国不仅和欧洲各国有密切的商业往来，而且和西亚、北美、北非、西印度群岛等地的贸易也很频繁。1610 年，航行在地中海上的法国帆船约 1 000 艘以上。16 世纪 20—30 年代，法国光是与近东诸国的贸易额就大约相当于威尼斯及英国的 2 倍。1789 年前，英国贸易额平均为 3 200 万镑，而法国则在 4 000 万镑以上。从 1715 年至 1787 年，英国的贸易增加 3 倍，而法国则激增 4 倍②。当时法国的海外贸易并不亚于英国，但法国资本主义生产的发展却落在英国后面。法国产业革命比英国晚了将近半个世纪。

西班牙是海外贸易素称发达的国家。16 世纪初，它有商船 1 000 多艘，除了

---

① 彭迪先：《世界经济史纲》，三联书店，1950 年，第 161 页。

② 彭迪先：《世界经济史纲》，第 186-188 页。

与美洲殖民地的掠夺性贸易外，同欧洲、非洲及东方的贸易也很活跃，西班牙是最早进行海外掠夺和海外殖民的国家。1521 年至 1544 年间，平均每年从殖民地运回黄金 2 900 公斤，白银 30 700 公斤。从 1545 年至 1560 年数量激增，平均每年运回黄金 5 500 公斤，白银 246 000 公斤。到 16 世纪末叶，世界贵金属开采量中有 83% 归西班牙所有。从 1492 年至 1714 年，它从美洲掠夺了约 353 600 万皮西塔①的金银。这样一个海外贸易、海外掠夺和海外殖民的大国，它的资本主义生产并不因海外贸易的突然扩大而迅速发展，反而发展得比较缓慢。整个 16、17世纪，西班牙的经济呈现一片衰落景象。封建国家和封建贵族不注重发展本国的工场手工业，手工工场和织机的数量陡然下降。以塞维尔城为例，以前城里有16 000 台毛丝织机，到 17、18 世纪，仅剩下三四百台了。更何况这种情况不止一个塞维尔城，在许多城市都是普遍现象。从殖民地掠夺来的高达几亿皮西塔的金银，转眼间又流到致力于发展生产的邻国去了，留在西班牙境内的，总数不到1 亿多②。西班牙的资本主义发展，当时并不因海外贸易的扩大而得到促进，说明海外贸易若不与资本主义工场手工业的生产紧密结合，海外贸易得来的商业资本不投入到生产中去转化为产业资本，则于资本主义生产的发展毫无裨益。

　　从对英国、法国和西班牙 3 个国家的分析，我们至少可以得出这样一个结论：在资本主义萌芽和资本主义手工工场时期，海外贸易必然会促进资本主义发展的这种说法，是不够全面的。在资本主义发展史上是生产决定商品流通，而不是商品流通决定生产。海外贸易只有同生产相结合才会对资本主义发展起促进作用。

　　明清时期虽然施行"海禁"，但并未真正扼止海外贸易的发展。在某些方面海外贸易也不亚于宋元时间。据统计，明末清初中国开往东南亚等地的商船，每年平均约 91 艘左右。明代最高为万历二十五年（1597 年）的 137 艘，到清代1820 年则增至 295 艘③。据木宫泰彦所著《中日文化交流史》《长崎荷兰商馆日记》和《平户荷兰商馆日记》等书记载的史料估计，从中国开往日本的商船，在明末清初的 42 年里，共达 1 111 艘，平均每年 41 艘左右。每年对日本的进出口贸易总额为 217 万两白银。乾隆中期，仅福建一省出航海外的贸易船，每年平均 60~70 艘。西班牙人侵占菲律宾岛以后，中国—菲律宾—墨西哥之间的航路即开，以丝绸为主的中国商品源源不断地经马尼拉中转被运往墨西哥。据菲岛殖民当局的资料，航抵马尼拉港的我国商船，1575 年以后每年 12~15 艘，80 年代

　　① 皮西塔——西班牙银币名，168 皮西塔合 1 英镑。
　　② 周一良，吴于廑：《世界通史资料选辑》，《中古部分》，商务印书馆，1964 年，第 388-392 页。
　　③ 田汝康：《再论十七至十九世纪中叶中国帆船业的发展》，《历史研究》，1957 年第 12 期。

每年约 20 艘，90 年代每年约 30 艘，17 世纪初每年 40～50 艘，最多时曾达 60 艘。从菲岛流入我国的拉丁美洲白银，1585 年以前约 30 万比索，1586 年超过 50 万比索，1596 年达 100 万比索，1602 年达 200 万比索。此外还有相当数量的非法走私贸易无法统计在内。葡萄牙人租占澳门后，澳门变成广州对外贸易的中继港，欧洲商人纷至沓来同中国商人进行贸易。从乾隆十四年（1749 年）至道光十八年（1838 年），外国到澳门的商船达 5 130 艘①。引人注目的是，在清政府严厉"海禁"的不利情况下，郑氏集团开展大规模海外贸易，他们建立了严密的商业机构，有山五商金、木、水、火、土；海五商仁、义、礼、智、信，由户官统领，统一组织对外贸易，从内地收购大量丝织品、药材、糖等运往日本和东南亚等地贸易。郑氏集团于 1654 年曾派 26 艘大型帆船去日本贸易，不幸暴风阻挡未能到达。1655 年又派 24 艘到东南亚等地贸易②。可见郑氏集团在"海禁"下开展的海外贸易的规模。随着国内手工业的发展，明清时期我国输往国外的商品大量增加，其中以丝织品、茶叶、瓷器、糖等为主要出口商品。宋元时期丝织品已成为我国海外贸易的主要商品，明清时期通过海上丝绸之路，中国的丝绸畅销世界各地。日本是中国丝织品的一个主要市场，明末郑芝龙仅在 1641 年六、七两个月内就运往长崎白生丝 25 700 斤、黄生丝 15 550 斤、各种丝织品 140 760 匹③。万历二十七年（1599 年）左右，经澳门运往长崎的中国生丝 2 599 833.7 斤。葡萄牙商人通过澳门——果亚——里斯本航线把中国生丝和丝织品源源不断运往欧洲各国。万历八年（1580 年）至十八年（1590 年），每年运至果亚的丝货，仅生丝就达 3 000 余担，价值 24 万两白银。崇祯八年（1635 年）增加到 6 000 担，价值 48 万两。16 世纪末和 17 世纪前半期，墨西哥有 14 000 人以丝织业为生，其原料生丝来自中国的漳洲和广州，当时墨西哥丝织业的繁荣与我国生丝源源不断的供应是分不开的。清代以后，随着西方各国喝茶风气日盛，茶叶成为我国出口的大宗商品。自 18 世纪 60 年代以来，华茶每年出口平均在四五万担左右。英国东印度公司经澳门输入英国的茶叶，在 1760—1764 年每年价值 80 万两白银，在 1785—1833 年每年值 400 万～500 万两。我国精美的瓷器历来是重要的出口商品，明清以后由于产量和质量的显著提高，更受到世界市场的欢迎。以 1602—1682 年的 80 年间，荷兰东印度公司从我国输出瓷器达 1 600 万件以上。1635 年 8 月 13 日至 31 日仅 18 天的时间，由台湾运抵日本的中国瓷器就达 135 005 件。在 17 世纪下半期，经东印度公司之手每年运往东南亚各国的我国瓷

---

①　梁廷枏：《粤海关志》卷 23-34。

②　［日］杜上直次郎译：《巴城日志》第 3 册。

③　［日］木宫泰彦：《长崎荷兰商馆日记》第 1 辑。

器达 379 670 件。现在东南亚各国明清瓷器的多处出土,也反映出当时华瓷出口贸易的繁荣。当时中外贸易上中国一直保持顺差,日本和西方各国把大量白银输送到中国。据孙毓棠先生的估计,在 1700—1830 年,进口白银总额至少在 5 亿银元以上。这种海外贸易的形势对中国资本主义萌芽的发展来说,应该是有利的。

明清时期的海外贸易虽然有一些发展,但这种发展并非国内商品生产迫切需要开辟国外市场所致,仍然属于贱买贵卖为封建经济服务的转运贸易。明末清初在"海禁"下到日本的走私贸易,至少能获利 10 倍,个别甚至可高达百倍。据顾炎武《天下郡国利病书》记载:"私造大船,越贩日本矣,其去也,以一倍而博百倍之息;其来也,又以一倍而博百倍之息。"就是在开海的情况下,获利也不低于一倍。康熙年间靳辅说:"内地绸丝等一切货物,载到日本等处,多者获利三、四倍,少者亦有一、二倍。"[1] 往南洋的贸易获利不及日本,但至少也在一倍以上。这种高额的利润率不足以促使海商把流通领域的资本转向产业。海外贸易积累起的巨额资金,不是被挥霍浪费掉,就是窖藏、输官、买地、买官消耗殆尽。近年闽南各地屡有发现明清时期窖藏的外国银币,说明海外贸易积累起的商业资本,不少被窖藏到地下,极难投入到生产中去。这种海外贸易的目的,与16 世纪以后西欧一些国家由于资本主义生产的发展积极向海外开辟市场的目的显然不同。当时我国海外贸易的发展对资本主义萌芽的发生发展产生一定的积极影响,但由于绝大部分海外贸易不能与生产结合,属于独立发展的商品流通,因而这种影响尚不能起到直接决定性的促进作用。这是开海走私贸易繁盛时期,我国资本主义萌芽仍不见突飞猛进地发展的根本原因。

马克思说:"商品流通是资本的起点。商品生产和发达的商品流通,即贸易,是资本产生的历史前提。"[2] 发达的商品流通,会使生产日益从属于交换价值,使旧的生产关系逐步解体,使生产越来越具有为交换价值而生产的性质。在封建社会末期,发达的海外贸易的存在,迟早会使商品流通与生产结合,因而对资本主义萌芽的发展起直接的决定性的促进作用。虽然明末清初海外贸易的发展,由于不能与生产结合,对我国资本主义萌芽的发展尚不能产生直接决定性的作用,但到清中期以后,由于海外对中国丝、茶、棉布等产品需求的增加,刺激国内经济作物和手工业的生产,出现了少数海外贸易与生产相结合的实例。鸦片战争前夕,中国的土棉布有一定的国外市场,当时中国又从外国进口棉花,口岸正在广州。一个外国人记述广东佛山当时有"大约二千五百家织布工场""平均每一工

---

① 靳辅:《靳文襄公奏疏》卷 7。
② 《马克思恩格斯全集》23 卷,第 167 页。

场有二十个工人"。生产棉布的可能就是依靠进口的棉花，而产品也主要为出口。说明受海外贸易的刺激，佛山出现的资本主义萌芽性质的手工工场的生产是直接与海外市场紧密联系在一起的①。18世纪以后，由于国外市场对茶叶的需求不断增长，大大刺激了沿海一带茶叶的商品生产。福建武夷茶成为主要的出口茶叶，时人甚至以武夷茶为华茶的总称。茶业中出现的资本主义萌芽也以福建表现得最为突出又典型，武夷山中以雇工经营的茶叶加工工场遍于山区十分之六七的地方。广州怡和洋行行商伍秉鉴，就在武夷山拥有茶山，每年将加工好的武夷茶运往英国②。这是从事对外贸易的商人投资农业和手工业，向生产领域转化，从而促进资本主义萌芽发展的实例。说明海外贸易的发展，终归要引出与生产相结合，从而对资本主义萌芽起直接决定性促进作用的结果。

即使在海外贸易难于与生产结合的明末清初，海外贸易对资本主义萌芽尚不能起直接决定性的影响，但一些间接因素，随时间的推移，会逐渐成为直接决定性的因素。发展海外贸易从而带来的外国的新思想、新文化、先进的科学技术，对整个社会经济的影响也是不容忽视的。"海禁"政策虽然没有达到扼止海外贸易发展的目的，但与西欧英法等国统治集团大力提倡推行海外贸易的景象终归大不相同。中国的闭关政策阻碍了外国先进的科学技术和文化的输入，使统治集团以及士大夫知识分子阶层长期处于闭目塞听的愚昧状态，使中国的科学和生产得不到长足发展，资本主义萌芽发展缓慢。

二

马克思在评述商业的突然扩大和新世界市场的形成，对旧生产方式的衰落和资本主义生产方式的勃兴，产生过非常重大的影响时，提请人们注意：这种产生非常重大影响的情况，"是在已经形成的资本主义生产方式的基础上发生的"，"在十六世纪和十七世纪，由于地理上的发现而在商业上发生的并迅速促进了商人资本发展的大革命，是促使封建生产方式向资本主义生产方式过渡的一个重要因素"。但"正是这个事实"，使人们"产生了完全错误的观点"，使人们看不到这种巨大的促进作用，只是发生在"现代生产方式的各种条件在中世纪内已经形成的地方"。另一方面，资本主义生产方式"所固有的以越来越大的规模进行生产的必要性，促使世界市场不断扩大，所以，在这里不是商业使工业发生革命，

---

①　彭泽益：《中国近代手工业史资料》卷1，三联书店，1957年，第256-257页。

②　蒋薰：《云寥山人文钞》卷4，《武彝偶述》。

而是工业不断使商业发生革命"①。资本主义生产方式已经形成的时期，即资本主义工场手工业成为资本主义生产方式的统治形成的时期，对英国来说，大约16世纪中叶到18世纪末叶，以英国为例，我们考察一下在资本主义生产发展的不同阶段上，海外贸易对资本主义生产方式的影响是否完全相同的问题。

对于资本主义生产来说，只有当海外贸易的输出额大于输入额时才于它有促进意义。前面英国外贸输出输入额的统计表，1613年是英国资本主义工场手工业发展时期，海外贸易输出额略大于输入额346 285镑，说明当时海外贸易对资本主义生产方式的发展有促进作用，但还不能说这种作用很大；1700年是英国工场手工业获得较大发展时期，海外贸易输出额是1613年的2.6倍，差额为1613年1.5倍；1750年是英国产业革命前夜，外贸输出额是1613年的5倍，1700年的2倍，差额为1613年的14倍，1700年的9.7倍。1774年英国产业革命进行之时，外贸输出额比1750年增长约25%，不算很多，但差额为1613年的42倍，1700年的28.6倍，1750年的3倍，差额的增长速度大大超过了输出额的增长速度。从这些计算可以看出，英国的外贸输出额在资本主义生产方式基本形成之后获得大幅度增长。外贸差额在资本主义工场手工业发展初期尚不显著，在资本主义生产方式基本形成之后大幅度增长，而在产业革命这时，更以前所未有的速度增长。说明海外贸易对英国资本主义生产方式的影响，随资本主义发展阶段的不同而不尽相同。在资本主义工场手工业发展初期，这种影响尚不十分显著，在资本主义工场手工业获得较大发展并占统治形式的时期，影响越来越大，而在生产革命时期，随生产力发生翻天覆地的变化，海外贸易也显示了巨大威力。随资本主义生产的步步发展，海外贸易于资本主义生产愈来愈生死攸关。今天若对一个资本主义国家实施"海禁"，将会对它产生怎样可怕的致命打击是不难想象得出的。列宁指出："资本主义是广阔发展的、超出国家界限的商品流通的结果。因此，没有对外贸易的资本主义国家是不能设想的，而且的确没有这样的国家。"② 西欧有些国家，由于自然社会等方面的种种原因，资本主义生产方式在萌芽阶段就几乎完全依赖于海外贸易，但它们仍然会遵循这条规律：资本主义生产越发展，它依赖于海外贸易的程度就越深。那种不管资本主义发展的阶段如何，不管各国具体国情有什么不同，认为海外贸易对资本主义生产方式的促进作用都是完全相同的看法是不够科学的。

明清时期（鸦片战争前），我国仍然处于封建生产方式占绝对统治地位的时期，资本主义萌芽刚刚破土，十分弱小，还远远没有发展到资本主义工场手工业

---

① 《马克思恩格斯全集》25卷，第371-372页。
② 《列宁选集》第1卷，第186页。

统治形式的时期。海外贸易对资本主义萌芽，尚不能如英国 16—18 世纪那样发挥非常重大的促进作用。这也是明清资本主义萌芽在"海禁"时没有被扼杀，而在开海和走私贸易繁盛时期也不见突飞猛进地发展的原因之一。在社会经济发展史上，是生产决定商品流通，而不是商品流通决定生产。明清时期的资本主义萌芽，犹如处在封建生产关系汪洋大海中的几处零星小岛。在生产领域还远远未形成一个资本家阶级的时候，怎么可以设想在流通领域，在从事海外贸易的人中（包括"倭寇"），正在形成资本家阶级，即资本主义萌芽势力呢？流通领域的资本主义生产关系，能够超越生产领域的资本主义生产关系而优先发展的理论，是不符合马克思主义的基本原理。对于流通领域的资本主义萌芽问题应该谨慎，只有当生产领域中的资本主义生产关系基本确立，也就是进入资本主义工场手工业占统治形式的阶段，流通领域才谈得上资本主义生产关系。有人根据清初海外贸易帆船上存在多种职务分工，如船主、船副、舵工、水手等，就断言海运业已出现资本主义萌芽，显然这是不妥当的。这种职务分工从古有之。郑和下西洋时，宝船上的职务分工至少几十种，难道能说郑和统率的船队已出现了资本主义萌芽吗？不能把生产领域的生产工序分工与流通领域的职务分工混为一谈。因此，笔者认为明清时期在海外贸易中还谈不上资本主义萌芽。

三

资本主义生产之所以需要海外贸易，是因为海外贸易可以为它积累资金、准备市场和原料来源。列宁说："资本主义之所以必须有国外市场，绝不是由于产品不能在国内市场实现，而是由于资本主义不能够在不变的条件下以先前的规模重复同样的生产过程（如像资本主义以前的制度下所发展的那样），它必然会引起生产的无限制地增长，而超过以前经济单位的旧的狭隘的界限。在资本主义所固有的发展不平衡之下，一个生产部门超过其他生产部门，力求越出旧的经济关系区域的界限……如果国民经济其他方面的落后使旧区域内的市场缩小了，那么他们将在其他区域、其他国家或古老国家的移民区内去寻找市场。"① 资本主义的发展需要推销产品的市场，但它对于市场的需要不是始终一般大的。处在萌芽时期的资本主义生产方式，由于生产规模较小，还没有使用机器生产，对市场的要求尚不很大。随着资本主义生产不断发展，要求市场也不断扩大，如果国内市场不能满足需要，必须要向国外寻找市场。不管什么国家，不管它在资本主义萌芽阶段是否依赖国外市场，当它的资本主义生产发展到一定阶段，都必然要向海

①《列宁全集》第 3 卷，第 543 页。

外寻找市场。

资本主义发展所需要的市场，既包括国外市场也包括国内市场。因此，在考察海外贸易对资本主义萌芽的影响时，不能不注意国内市场的状况。最早出现资本主义萌芽的地中海沿岸的商业城市，如佛罗伦萨等，由于国内政治分裂，封建势力强大，几乎没有什么国内市场，资本主义萌芽从一诞生就主要依靠国外市场，因此当15、16世纪商路发生改变之后，就给资本主义萌芽带来致命打击。在英国资本主义工场手工业发展时期，开始于15世纪末的"圈地"运动使农民同生产资料分离，国内市场逐渐形成。因此英国资本主义工场手工业发展时期，既存在国外市场，也存在国内市场，这对于资本主义的发展是极其有利的。我们再来看前面所列英国外贸统计表：1750年的外贸输出额比1700年增长近一倍，而1774年比1750年仅增长了25%，也就是外贸输出额的增长速度稍有减慢。1750年至1774年正是英国工业革命开始进行之时，为什么会出现这种现象呢？原来，从15世纪末开始的"圈地"运动，到18世纪尤其是中叶以后，以更加迅猛之势席卷英国。以前"圈地"运动还曾遭到一些朝野人士的反对，此时则受到国家和社会舆论的支持。国会以立法方式扩大圈地规模，曾公布一个《私事条例》，规定："只要圈地人对于指定的地出五分之四的价格，就可强行圈地。"从1700年到1760年国会通过了圈地812 000亩以上的208项法令。从1761年到1801年公布了2 000项法令，圈地达381万英亩。到18世纪末，基本消灭了小土地所有者。由于"圈地"运动更激烈、更大规模地进行，造成英国国内市场迅速扩大，因此1750年至1774年英国外国输出额的增长速度虽然比以前稍有减慢，但并不能说明市场容量缩小了。由于国内市场急剧扩大，国内国外市场的总容量不是缩小而是扩大了。法国的国外市场在资本主义工场手工业发展时期虽然并不亚于英国，但国内市场却比英国狭小得多。16—18世纪，法国境内关卡林立，全国没有统一的度量衡，采地上的封建主对于桥梁、河流和道路要苛征许多通行税，路易十四在1724年就废除了1 200项以上的关卡税收。当时从奥尔良输送一定量的葡萄酒到波尔多，由于途中关卡税收，使得价格至少要增加20倍以上，而当时从中国运货物到法国也不过比原价增加3、4倍。法国的"圈地"运动是局部、零星和不彻底的，不像英国那样连续颁发数以千计法令，并三次颁布总圈地令，凭借国家政权的力量强制进行。法国除18世纪中叶和大革命两次短暂的时间以外，圈地只是分散、零星的活动，没有形成强大的运动潮流。农民与生产资料分离过程比较缓慢，使小农土地所有制得以保留下来，形成小农经营和资本主义大农场经营长期并存的局面。直到1850年，法国的农业人口仍占全国人口的一半或稍多。国内市场的狭小，无疑是法国资本主义发展不如英国的原因之一。西欧不少国家在资本主义萌芽时期国内市场比较狭小，萌芽主要依靠国外市场发展，等到资本主义生产获得一定程度的发展之后才逐渐打开了国内市场。

中国的情况比较西欧一些国家有其独特的地方。中世纪欧洲的封建庄园经济，以一个庄园为一个基本经济单位，除从事农牧业的农奴外，各种工匠一应俱全，自给自足的程度很高，因此西欧中世纪商品经济和商品流通十分不发达。中国封建社会则主要以一家一户男耕女织的生产为基本经济单位。虽然大多数生产资料和生活资料都可以自给，但自给程度远比西欧中世纪封建庄园为差，有些生活资料必须依靠交换才能获得，交换在整个社会经济生活中占有一定的地位。中国封建社会基本处于中央集权的统治之下，货币、度量衡基本是统一的，交通也较发达，因此商品经济和商品流通比起西欧中世纪来说要发达。我国在战国时期就流通各种金属货币，一些商业城市，如临淄就有几万人口。秦汉时，各大城市间有大道或河渠相通。西汉大商人师史运载货物的车辆以百数，转贩郡国无所不至。闻名世界的"丝绸之路"就是汉代开辟的。唐代长安拥有上百万人口，是中国以及世界的商业文化中心。洛阳也是重要的商业都会，"天下之舟船所集，常万余艘，填满河路，商旅贸易，车马填塞"[1]。由于商业繁荣，出现了汇兑票证——"飞钱"。崔融曾说："天下诸津，舟航所聚。旁舸巴汉，前指闽越。七泽十薮，三江五湖。控引河洛，兼包淮海。弘通巨舰，千舳万艘。交贸往还，昧旦永日。"[2] 反映了唐代商业的繁荣，商业网已达于各主要经济区。宋代不仅大城市十分繁华，而且地方性的集市、墟市也有所增加。如两浙有坊墟1 300余处，广东一路有墟市七八百处。[3] 一些集市、墟市又发展为固定的市镇。南宋范成大曾至鄂州之南市，记述道："南市在城外，沿江数万家，廛闬甚盛。列肆如栉。酒垆楼栏尤壮丽。外郡未见其比。盖川、广、荆、襄、淮、浙贸迁之会，货物之至者无不售，且不问多少，一日可尽，其盛壮如此。"[4] 可以看出宋代水陆商道上转贩商货的繁忙景象。元代从威尼斯来到中国的马可波罗，看到中国城市的规模和商业的繁荣惊为天堂。他称元大都为繁盛之城，据说每天运入大都的丝织品就有上千车。而他看到中国流通的纸币可以代替金银在各地使用，更为惊诧，反映出当时西欧的城市和商业的规模是十分可怜的，无法与我国相比。直到16世纪，像巴黎这样的大商业城市也仅有人口30万左右。

我国封建社会的商品经济和商品流通比中世纪的西欧要发达，但这种商品经济是作为自给自足自然经济的补充而存在的，它从属于自然经济。绝大多数的产

---

① 《元河南志》卷4。
② 《旧唐书》卷94。
③ 《咸淳临安县志》卷89。
④ 《吴船录》卷下。

品只是由于商品流通才变为商品，本身并不是作为商品生产的。我国封建社会小农经济的农业和家庭手工业结合得十分紧密，大多数生产和生活资料都可自给。封建政权又一贯采取遏制打击商人及商业资本的政策，更阻碍了商品经济的发展。当自给自足经济满足不了需要，一些生活用品甚至口粮都依靠商人贩运时，朝廷往往下令，减免关税，禁贪官污吏额外索取。当商货开始流通，商人发了财时，朝廷又开始整肃风气、重农抑商了。历史上不断循环出现的那些互相矛盾的"抑商""衅商"敕令，正是这种状况的生动说明。我国封建社会的商品流通虽然不断发展，然而在封建政权的严密控制下总是不能自由发展，因此对当时的国内市场不能过高估计，大量的还是地方性的小市场。就是长距离贩运贸易，也主要是奢侈品和土特产贸易。但是，由于我国人口众多，幅员广阔，土壤气候多样化，各地物产丰富多样，又长期处于大一统局面，交通较发达，货币、度量衡和税则统一，国内省与省之间的长距离贸易，有时相当于西欧国与国之间的贸易，国内市场可供挖掘的潜力是很大的。

明清时期，随着经济作物和手工业的发展，我国商品经济和商品流通有了相当程度的发展，国内市场显著扩大，资本主义萌芽产生和初步发展时期的国内市场，比较西欧14、15世纪来说要广阔一些。许多商品转贩南北，运销全国。明代人李鼎说："燕赵、秦晋、齐梁、江淮之货，日夜商贩而南；蛮海、闽广、豫章、南楚、瓯越、新安之货，日夜商贩而北。"[①] 明代大庾岭商路的开通，使北方以及长江流域的商品可以沿赣江渡庾岭到两广，两广商品亦可沿商路北上。当时大庾岭路上，"商贾如云，货物如雨，万足践履，冬无寒土"[②]。明末来到中国的耶稣会士利玛窦，曾坐轿翻越大庾岭，亲眼目睹了这条商路上繁忙的贩运货物的情景："来自各省的数量多得惊人的商品都拥集到这里（梅岭北麓），这些商品准备越岭运往南方。同样，拥集在岭南的商品也待运往北方。外国到广州的商品，就是通过梅岭运往内地的。旅客过岭，或是骑马或是坐轿。货物是由驮兽或挑夫运送过岭的。挑夫多得不可胜数，每天从早到晚队伍总是连绵不断。这样，南北运输源源不断的结果是岭南岭北两边城镇，确乎成了工业蜂集的地方。还有秩序是如此井然，这如此众多的人与他们携带的望不到头的货物，在短时间内就交易完毕。"[③] 清代长途贩运贸易更有广泛地发展，商品流通路线甚至延伸到边远地区。据资料统计，明万历年间钞关收入约407 000余两白银，而乾隆六十年（1795年）则增至846万两。[④] 反映清代长途贩运的商品流通量有了较大增长。

---

① 李鼎：《李长卿集》卷19。

② （雍正）《江西通志》卷130。

③ 《利玛窦日记》，第261页。

④ 《明史》卷81；昭梿：《啸亭杂录》卷4。

明代一些经济作物栽培区域和手工业发达地区，粮食供给往往不足，要从其他省份调运。徽州地区主要出产木材、茶、纸、墨等，口粮"大半取给于江西、湖广之稻"，"商贾从数千里转输"。① 福建成为茶叶、甘蔗、麻、芋、蓝靛、果木的产区，口粮要上从吴越，下从广东输入。到清代，粮食的大规模长途贩运更加发达。东北、山东等地的粮食，由运河和海路大量运销江南。四川之米顺长江运销下游。湖广等处米又转运至江浙、福建。粮食的长距离贩运的发达，反映了东南地区经济作物和手工业生产的发展。明清时期丝织品的长途贩运也有较大发展。杭州成了丝织品的贸易中心，"秦晋、燕周大贾，不远数千里而求罗、绮、缯、布者，必走浙之东也"②。浙江濮镇的绸，乾隆时，"两晋、山东、山西、湖广、陕西、江南、福建，以至琉球、日本。濮绸之名，几遍天下"③。金陵绸缎，"北趋京师；东北并高句骊、辽、沈；西北走晋、绛；逾大河上秦、雍、甘、凉；西抵巴蜀；西南之滇、黔；南越五岭、湖湘、豫章、两浙、七闽，溯淮泗，道汝洛"④。江苏省吴江县盛泽镇因盛产丝绸而逐渐发展成一个重要工商市镇，"凡邑中所产，皆聚于盛泽镇，天下衣被多赖之。富商大贾数千里辇万金来买者，摩肩连袂，如一都会焉"⑤。其他如景德镇的陶瓷、武夷山的茶叶、佛山的铁器、台湾和广东的糖等等也都是长途贩运的重要商品。

　　明清时期，尤其是清代，史料上不乏记载的海外贸易，有相当数量是属于我国省与省之间、地区与地区间的海运贸易。清代，北方所产的粮、豆、枣、梨等，海运到江浙的每年不下千万石。闽、广所产各种木材和水果，以及蔗糖、花生、烟丝、茶叶、香料、染料等，也由海路先运至上海、宁波、乍浦等港，有些再转运至其他省区。江浙的丝绸、布匹也有很多由海路运销到各地。清代国内海运贸易额至少达 2 600 余万银元。⑥ 一些海商，不仅从事海外贸易，也大量从事国内海运贸易和长距离贩运贸易。著名的福建安平海商，"贾行遍郡国，北贾燕，南贾吴，东贾粤，西贾巴蜀，或冲风突浪，争利于海岛绝夷之墟"⑦。总之，自明中叶以来，尤其清代，由于商品经济的发展，不少商品冲破区域的局限，运销海内，转贩天下。因此可以认为明清时期我国存在着一定的国内市场。虽然由于商品经济发展水平还较低，还不可能形成统一的国内市场，但国内市场的统一趋势在不断地发展着。

---

① 吴应箕：《楼山堂集》卷 12。
② 张瀚：《松窗梦语》卷 4。
③ 胡琢：《濮镇纪闻》卷首。
④ 《同治上江两县志》卷 7，《食货》。
⑤ （乾隆）《吴江县志》卷 5，《物产》。
⑥ 郭松义：《清代国内的海运贸易》，《清史论丛》，第 4 辑，1982 年。
⑦ 李光缙：《景璧集》卷 4。

明清时期我国资本主义萌芽还很弱小，它对于市场的需求还没有发展到怎样大的程度。同时我国又存在着一定的国内市场，就当时来说，可以满足资本主义萌芽发生和发展的需要。我国资本主义萌芽的发生发展，主要依靠国内市场，而不是国外市场。以四川井盐业为例，雍正时四川井盐行销贵州、云南等处，乾隆时行销湖北、湖南、广东、云南等省，并不运销海外。井盐业中的资本主义萌芽完全依赖国内市场而生存。一些传统的大宗外贸商品的销售市场也仍然在国内。我国的丝织业在明代就出现了资本主义萌芽，生丝绸缎又是我国出口的主要商品，然而它的出口，并不是因为国内市场满足不了它的需要才向海外寻找市场。请看下面一段史料：

（乾隆二十九年）"又驰丝斤出洋之禁，并定江、浙、闽、广各省商船配丝数目。先是，奉谕旨：据尹继善等奏覆议驰洋禁丝斤以便民情一折，前因内地丝斤绸缎等物价值渐昂，经御史李兆鹏等先后条奏，请定出洋之禁，以裕民用。乃行之日久，而内地丝斤仍未见减，且有更贵者。可见生齿繁衍，取多用宏，盖物情自然之势，非尽关出洋之故。"① 丝斤绸缎禁出洋后，内地丝价未见降低，且有更贵者，可见由于"生齿繁衍，取多用宏"，丝斤绸缎的生产尚满足不了国内市场的需求。清初在加工茶叶的行业中也出现了资本主义萌芽，茶叶也是我国出口的主要商品，五口通商后，茶叶更是大量出口。自 18 世纪 60 年代以来，每年出口茶叶平均约四五万担。英国东印度公司经营华茶出口的货值，约占历年出口货总值的 80% 甚至 90% 以上。但是，据 19 世纪 40 年代的估计，清代茶叶的出口量却仅占内销量的 9.3%。② 可见茶叶的主要销售市场仍在国内。清代广东佛山的冶铁业中也产生了资本主义萌芽。佛山出产的铁锅、铁钉、铁针、铁镬、铁线以及小五金等，运销国内七省，"每岁浙、直、湖、湘商人腰缠过梅岭者数十万，皆置铁货而北"③。雍正年间，外国船只购买佛山铁锅等，每船少者 2 000 ~ 4 000 斤，多者达 20 000 斤④。据有人估计，明清时期进出口外贸船只每年平均 91 艘，假定广东一带约一半，则 45 艘左右，一年出口铁器最多可达 91 万斤。但康雍乾时期，佛山冶铁业的生铁消耗量约为 5 000 万斤⑤，那么外销量占内销量的百分比连 2% 都不到。虽然这些计算不精确，但仍然能看出我国资本主义萌芽从诞生到初步发展时期主要依靠国内市场，国内市场对于它来说才是具有重大意义的因素。这是中国资本主义萌芽发生发展与西欧一些国家不同的地方，是中国的特殊

---

① 《清朝文献通考》卷 33，《市籴孝》。
② ［英］罗伯特·福钧：《华北三年漫游记》，第 214–219 页。
③ 《明经世文编》卷 369，《上吴自湖翁大司马·军需》。
④ 蒋良骐：《东华录》卷 19。
⑤ 罗一星：《明至清前期佛山冶铁业初探》，《中国社会经济史研究》，1983 年第 4 期。

性。这种情况，甚至直到近代，我国民族资本主义机器工业兴起之后也没有很大改变。中国人口众多，物产丰富多样化的特点决定了他国内市场的潜力很大。就是今天，如果有人因为我国一些电器产品在国际市场上竞争力不大，海外市场很小，就担心国产电器工业发展不起来，大家一定会笑他杞人忧天。富裕起来的10 亿人口本身就是一个广阔的市场。

中国的这个特点，使得资本主义萌芽可依赖国内市场而发生发展，甚至在严厉"海禁"的恶劣环境下，仍然可以生存。这是事物的有利一面。但也不能不看到其不利的方面。正是由于手工业产品的绝大部分可以在国内市场推销，不容易形成海外市场缺乏的危机，就难以产生发展海外贸易的紧迫感，使得明清时期海外贸易得不到充分发展。资本主义萌芽缺乏海外市场的刺激，外国的先进科学技术，先进的思想文化也难以传入中国，造成近代中国的落后局面。这个不利的因素，再加其他一些不利因素，随时间的推移，逐渐酿出从鸦片战争开始 100 年来中国被动挨打受尽屈辱的苦酒。历史的教训是惨痛的。

原载《海交史研究》1989 年第 1 期（总第 15 期）

中国航海史研究的回顾和展望

朱杰勤

一、中国古代航海史的光辉历程

研究中国科技史的大师李约瑟教授说："中国人一直被称为非航海民族，这真是太不公平了。他们的独创性本身表现在航海方面正如在其他方面一样，中世纪和文艺复兴时期西方商人和传教士发现的中国内河船只的数目几乎令人难以置信；中国的海军在 1100—1450 年之间，无疑是世界上最强大的。"① 李约瑟此论可谓持平。事实上也是如此。征之史册，我国航海事业，在 18 世纪中还保持相对的优势，西方各国兵船不敢在我们领海上横行无忌。迨 1840 年及 1860 年两次鸦片战争我国遭失败后，西方殖民者恃其船坚炮利，打开我国门户，使中国陷于半殖民地半封建的悲惨境地。我国航海事业（包括造船和航海技术）就在帝国主义的压制下没有发展余地，与西方资本主义国家比较起来，我们自然显得落后。我们科技的落后，主要是腐朽的封建制度造成的。这个问题已有许多学者提出很好的见解，我们不拟在此进行讨论了。②

有人称中国人是不善于航海的民族，真是无稽之谈。我国是一个海域辽阔的国家，渤海、黄海、东海、南海环绕在我国的东面和南面，与太平洋连成一片。我国河流加起来长达 42 万千米。东南沿海居民熟于水性，也会以河流作为灌溉、交通及捕鱼之用。他们是勤劳勇敢智慧的民族，为着生存和改善生活环境，他们在实践中自然有所发明，有所创造。航海的工具如舟楫之类的发明创造也当然出自沿海劳动人民之手。我们不妨设想：他们长期观察自然界事物，逐渐认识自然界事物的变化和道理。例如他们看见树干、树叶和竹枝浮在水面而不下沉，就逐

---

① ［英］李约瑟著，陈养正译：《科学与中国对世界的影响》，载潘吉星主编《李约瑟文集》，辽宁科学技术出版社，1986 年。

② 例如金秋鹏《试论中国造船与航海技术史中的几个问题》一文（《海交史研究》1986 年第 1 期）对于中国造船和航海技术在近代世界中的落后原因，亦有阐述，可供参考。

渐意识到水是有浮力的。物的重量愈大，就需要更大的浮力，即需要更大更深的水才能承受。关于水能浮物的物理现象，庄子有几句话说得很好："水之积也不厚，则负大舟也无力，覆杯水于坳堂上，则芥为之舟。置杯焉则胶，水浅而舟大也。"最早发明独木舟的一定是濒海而居，熟习水性的人民。他们见到被风吹倒的树，可以浮在水上，就想到利用它作为水上交通运输工具，于是斩伐一条大树干，放在河上，试行乘跨，顺风而行，又以木板为楫，初步试航成功，后世称为独木舟。这是船舶的雏形或嚆矢。《易系辞》说："刳木为舟，剡木为楫，舟楫之利，以济不通。"古人由于海上交通的需要，利用木为原料，创造出舟楫。至于独木舟的出现和发明创造的人，由于书简有缺，难以考证，不过根据考古资料我们认为独木舟的出现，大约在 7 000 年前新石器时代。造舟的人，先秦古籍虽然提到自黄帝时期以下有五人之多，有姓有名，令人难以置信。我国江河之多，沿水居民之众，知水性，善游泳者也随处都是，由于交通的需要，好奇心的驱使，见水上的浮物，就会想到利用木竹作为交通工具的创举，但在原始社会，民智未开，生产力极其低劣，自非个人一手一足之力和朝夕之间所能成功，只有通过集体合作，才能收效。独木舟虽然就地取材，也可以乘人，可是面积狭窄，结构太简，而且不能抵抗水的压力，发明家就进一步把几条大木或竹子平排合并起来，用竹皮条扎实加固，舟之面积可以随意加广或加长了。这种编竹木而成的舟，后称为桴，或称为筏。孔子曾有"乘桴浮于海"之意。桴者即指编木而成的舟，今天在我国大河上常见"木排"或"竹排"长至十余丈，是其遗制。以后各种船舶建造都由独木舟的形式发展而来。在独木舟两旁装上板条，术语称为船舷，我国周代已有船舷之制。舟尾曰舳，即持舵处。舵（柁）是正船使顺上流的工具，大概发明和应用于先秦之际。1955 年在广州近郊出土的汉墓中发现有一只有舵的陶船模型（属于公元前 1 世纪和 1 世纪），可见在公元前我们已知使用船舵。据李约瑟说："后来尾柱舵于 1180 年出现于欧洲。"中国人很早就知道利用风力把船向前推进。风力和风向是容易测验的。孟子说过："草上之风必偃。"风吹草动时，就一看便知。所以船之有帆，发明一定很早，帆本作驸字。许慎《说文》：驸，马疾步也，从马风声。徐铉曰："舟船之驸本用驸，本用此字，今别作帆。"刘熙释名："随风张幔曰帆，使舟泛泛然也。"幔以布为之，或以席亦可。用帆大概始于汉代。马融《广成赋》："张云帆，施蜺帱。"可证。帆柱谓之樯，亦谓之桅，船前立柱曰桅。为了尽量利用风力，船桅和船帆也相应有所增加，从单桅船发展为双桅船以及多桅船，汉代的大船一般是四桅船。东吴万震说："外徼人随舟大小，或作四帆，前后沓载之。有庐木头，叶如牖形，长丈余，织以为帆，其四帆不正向前，皆使邪移相聚，以取风吹，风后者激而相射，亦并得风力，若急则随宜增减之，邪张相取风气，而无高危之虑，故行不避迅风激浪，所以能疾。"[①] 按桅（樯）所以张帆，桅之多少看船之大小而定。到宋代出洋的大船，可以张帆五十幅。宋徐兢《宣和奉使高丽图经》"客舟"条说："大樯高十丈，头樯高八丈，风正则张布驱五十幅，稍偏则用利蓬左右翼张，以便风势。大樯之巅更加小驱十幅，谓之野狐驱，风息则用之。然风有八面，唯当头不可行。其立竿以鸟羽候风所向，谓之'五两'"，"大抵难得正风，故布帆之用，不若利蓬翕张之能顺人意也"。

《南州异物志》所述的风帆的妙用，颇为难懂。中国航海学会编《中国航海史》对此做出科学的分析和说明。此书说：《南州异物志》对风帆驱风技术的叙述分作两个部分。第一部分是说明帆面悬挂位置在驶风中的作用；第二部分是说明帆面悬挂的样式与受风的关系。原文先说到船上"其四帆，不正向前，皆使邪移，相聚以取风吹"一句，清楚地说明了汉代海船在驶风行时，随风向的顺逆不同，相应的布置帆位的情况。有八种风向，即顺风，逆风，左、右侧风，左、右斜顺风，左、右斜逆风。不论风向如何，船工都可以看风向而适当地调换帆面于有利位置，除顺风外，在多帆的船上，可以由斜移的帆面各自迎风，后帆便不会挡住前帆受风。这正是原文所说："不正向前，皆使斜移，相聚以取风吹"的道理。《南州异物志》中还说："风后者激而相射，亦并得风力。若急，则随宜增减之。斜张相取风气而中无高危之虑。"这段文字，着重说明汉代挂帆的样式与受风的关系。要点在于"斜张"两个字上，它说明两种挂帆的样式。一种"斜张"是说前后帆在帆角90°正顺风航行时的排列位置，这是最优的悬挂形式，是前后帆都挂成半平衡纵帆，一个帆的"后边"伸出左舷，另一帆的"后边"便伸出右舷，使主帆不挡头帆受风，两帆向外"斜张相取风气"，头帆虽在风后，"激而相射，亦并得风力"，而充分斜伸出的帆，扩大了受风面积，提高了航速，如遇急风骤变，可以解脱帆索迅速落帆，又无"高危之虑"。[②]

还有一位科技史家指出："我国这种利用八面风力的技巧，远远走在世界前面。十二世纪初，我国航海史已做到只有当头风不可行，其他方向的风力都能利用了。可是西方的帆船要到十六世纪才达到这个水平。"[③]。

除利用风力行舟外，人们还发明一些驾驭船舶的推进工具，如篙、桨、橹等。

① 见《南州异物志》及《太平御览》卷77。

② 参看彭德清、杨熺主编，中国航海学会编：《中国航海史》（古代部分），人民交通出版社，1988年版，第93-97页。

③ 金秋鹏：《中国古代的造船和航海》，中国青年出版社，1985年，第42-43页。

最早出现的推进工具是篙。篙实际上是一条长竹竿，用它支撑水底或岸边的物体，使船朝推力的反方向前进。又可以用来测水的深浅。先秦之际，篙之使用已有文字记载。《越绝书》有"篙工船师"之称。后来为预防竹篙之爆裂，人们在篙的下端包上铁头，并安装了铁钩。汉代许慎说："刺船竹，长二丈，以铁为链。"现在内河航行的船上也装备了篙，篙的尾部都裹以铁而且带有铁钩，船的两旁设有长长的走廊，以便船员来往，用篙撑船。

桨的出现稍后于舟。人们发明了舟，自然考虑到舟的推进工具，也联想到用木制成划船的工具。《易经》说："刳木为楫"，即用利刀削木为楫之意。桨又称为楫、櫂、桡，楫又通作杖。桨的上端作圆杆，下端作板状，以便人掌握和大面积地向后划水。近年在 7 000 年前的浙江余姚河姆渡遗址、5 000 年前的浙江杭州水田阪和吴兴钱山漾遗址中，都发现有早期使用的短桨。经过数千年海上的实践，随着造船技术的进步，作为推进工具的桨，在形式上、功能上，都有很大的改进之处，分述于此。

橹是我国对于世界造船和航海技术史的一项重大贡献。关于橹的形状和使用方法及其优点，金秋鹏作如下的描述：它的形制可以说是长桨的改进。橹的外形有点像桨，但是比较大，支在船尾或船侧的橹担上，入水一端的剖面呈弓形，另一端系在船上。用手摇动橹担绳，使伸入水中的格板左右摆动。橹摆动的时候，船跟水接触的前后部分会产生压力差，形成推力，推动船只前进，就像鱼儿摆尾前进一样。橹以桨的间歇划水变成连续划水，提高了功效。……而且橹巧妙地利用杠杆原理，只要来回摇动橹担绳，就可以推动船只前进，减轻了用桨划水要把桨提出水面的笨重劳动。[1]

橹何时发明，难以稽考。1953 年，在广州发现一汉代的木船模，其中有桨十支，橹一支。汉刘熙在《释名》中说："在（船）旁曰橹，橹，膂也，用膂力然后船行也。"东吴从水路袭击蜀治下的荆州，"使白衣摇橹作商贾人服。"（《三国志·吴志·吕蒙传》）可见汉代行船已经普遍地使用橹了。橹可以设在船旁，亦可设在船尾，橹的数量和大小是根据船之大小称行船的实际需要而定。在航行中帆橹并用，把风力和人力结合起来，更加速船的航行速度。

中国发明之橹在 17 世纪曾引起西方人士的注意和赞美。17 世纪（1687 年）来华的法国教士李明曾对中国帆船使用之橹评论说，中国人一般帆船的划行推进方式跟欧洲人不同。他们把一种长桨（按橹）系结在船上，位置偏在船一侧，有时候还把另一种类似的长桨系结在船首（指首橹）。"他们像鱼类摇尾前进那样，先向外推送长桨，然后再向他们所站的方向拉回，根本不需要长桨提升到水

---

[1] 金秋鹏：《中国古代的造船和航海》，第 23 页。

面上。这项工作在帆船里进行，连续左右横摇，使运动永不中断。而欧洲人把桨提出水面所花费的时间和劳力纯属浪费，毫无价值。"

18 世纪，英国海军曾对橹的作用加以研究，并从中得到了启发。1800 年出现了两叶螺旋桨的螺旋推进器。[①]

在船舶中设置水密隔舱（或称隔水舱）是中国造船技术的重大发明。水密隔舱就是用隔舱板把船舱分隔成为一个一个严密的舱区。船航行中，即使有一两个船舱受到破坏进水，水也不会流入其他船舱，船也不会沉没。进水的舱还可以抽水、堵塞和修理，船还是继续航行。而且隔舱板跟船壳板紧密钉合，隙缝处又用桐油灰密封，起着加固船体的作用，并提高船上人员的安全感。

船舶上设置水密隔舱究竟始于何时？我们认为可以远溯到汉代，因为在广州出土的汉陶船模，已有几个舱房结构，当时造船工匠已知道造船借分舱抗沉和加固横向强度的设计原理。李约瑟也指出这个陶船模是分隔式结构，用横向舱壁来分割货舱，并且说："我们知道，在十九世纪早期，欧洲造船业采用这种水密舱壁是充分意识到中国这种先行的实践的。"[②]

李约瑟认为船上水密隔舱，汉代早已有之，可以出土的汉代陶船之模为证，1800 年后，即 19 世纪早期欧洲造船业采用这种水密舱壁是受中国影响的。所以我们将船舶上水密隔舱的发明时期定为始于汉代，以后被全世界造船业所采用，绝非夸大。元代意大利旅行家马可波罗在其《游记》有关于避水舱（水密隔舱）的描述："其船之最大者，更有避水舱十三所，皆以坚固之木板构成，船或奔礁石，或为饿鲸所击（此事实为惯见，因船夜行，常发为波纹，偶有鲸鱼在傍，见其幻成泡沫，疑为有可食，乃向其狂冲，往往击船至坏），而有裂痕，设水奔入裂处，滚入舱底，而水手乃就受损之处，清所载之货入于邻舱，因夹板甚固密，水不能由一舱流入他舱也。于是可以止塞漏处而归货于原位。"又于卷 2 第 50 页说："钉板皆用铁钉，板边相连，不遗一线。木板不涂沥青，因其人无此物也。惟仍以别物涂其边缘（疑为缝隙），自以为胜于用沥青者。至其制法，可得而言。先以石灰及碎麻，用某种木油（译者按：即桐油之类）搓为一起，三者混合后，则成为胶，以之涂船，颇得其用。"[③]

我国水密隔舱的优点虽然得到马可波罗的宣扬，仍未被西方造船技术家普遍认识和采用。直到 18 世纪末，西方科学技术界才有人赏识、介绍和仿造。1787 年，美国著名科学家富兰克林在关于美国和法国之间的邮船计划的信里写着：

---

① 金秋鹏：《中国古代的造船和航海》，第 30—31 页。

② ［英］李约瑟著，陈养正译：《科学与中国对世界的影响》，《李约瑟文集》，第 258—259 页。

③ 转引自朱杰勤译：《中外关系史译丛》，海洋出版社，1984 年，第 74—75 页。

"它们的货舱照中国的方法隔成各别的舱区，并且把每个舱区都弥缝紧密，以免进水，似乎并没有不方便的地方。"英国专家本瑟姆曾经考察过中国的船舶结构，并且对欧洲的造船学做了改进，引用了中国水密隔舱结构。1795年，本瑟姆受英国皇家海军的委托，设计并改造了六艘新型的船只。在他所写的论文中说，他所造的船，"有增加强度的隔板，它们可以保护船只，免得进水而沉没，正像现在中国人做的一样。"

今天中国经得起考验的水密隔舱结构，已被全世界造船业所承认和接受了。

船的设计和造型也表现出我国造船技术的优越。沿海人民很早已体会到"水能载舟，亦能覆舟"的道理。独木舟是他们利用水的浮力制成的。他们在航行实践中，往往遇到水的阻力，甚至发生覆舟的危险。因此，把船体造成两头狭的瘦长形状来减少水的阻力，便于破浪前进。但船体瘦长，容量不大，也不适合于大规模载运人及货之用，所以要另做各式各样的大船，如果河道浅，浅滩多，就要使用平底船舶。元代由南方运粮到北京就用平底沙船了。如果航行于南海，途中多小岛和礁石，最好采用尖首尖底的海船。尖首尖底利于破浪，尖底吃水深，稳定性好，容易转舵改变航向，便于在狭窄航道和多礁的航道航行。

船的形式，从船首形状来分，可以分成尖首和方首两大类；从船底式样来分，可以分成尖底和平底两大类。中国船型是多种多样的，20世纪50年代估计约有千种之多，都根据船的用途而设计。

南方沿海各省都有制造木船的船厂，其中有技术员和工匠，负担制船任务。凡造船必先有设计图纸（或称船样），官府委托船厂做船，照例发下"船样"，并注明船体和各部件的大小尺寸，还规定了用料、用工及造价。造船原料计有木料（要用坚重结实长大的铁力木或麻栗木材）和钉、铁、油、麻、楻、丝、网纱、篾片、蓬叶等，要官差购买供应。有些官府除发"船样"交船厂造船外，又另作一只小船模，命造船者依样放大若干倍来建造。可见造船的技术人员的负责精神和科学态度，既有船的设计图纸和模型，并指示施工的细节，是船舶设计中一个独创的优点。在这方面，我国造船的作业处于领先地位。明清之际，船上各部件又都有独创的特殊名称，颇为有趣。

　　海船按十二支命名：船头边板曰鼠桥，后两边栏曰牛栏，舵绳曰虎尾，系碇绳木曰兔耳，船底大木曰龙骨，两边另钉湾杉木曰水蛇，蓬系绳板曰马脸，船头横覆被插两角曰羊角，镶龙骨木曰猴楦，抱桅蓬绳曰鸡冠，抱碇绳木曰狗牙，柱桅脚杉木段曰桅猪。[1]

---

① 黄叔璥撰：《台海使槎录》卷1，第15页。

　　这些专有名词都是十分形象和通俗化，使人一望而知是中国人所独创的。

　　车船的创造是我国古代造船技术和航行技术的一大发明。李约瑟说："还要提到最后一项发明，也就是明轮船（车船）。用踏车操作的明轮船的描述是在五六世纪中国文献中开始出现的。"李约瑟所指的，就是唐代李皋曾经设计制造一种战船，船的两侧装置有两个轮桨，使人用脚踩踏，带动轮桨转动，破浪前进，像挂风帆一样快捷。① 这种车船，由于效果显著，宋代水军大量使用，约在1130年，官方就使用工匠高宣制造的车船，它装有二十三个轮子（船两边各十一个，船尾一个），以人力推动，行驶快捷，与杨么率领的起义军战，颇见成效。后高宣被起义军俘虏，表示愿为起义军造船。最后名将岳飞诱使起义部队的车船进入河口湾，利用漂流的水草和树枝缠住轮子，不能动弹，被困败绩。按明轮是依靠人力作为动力的，不适宜于海上远程航行，只便于江河行走，普通帆船配备几个明轮。到19世纪车船还没有完全被淘汰。西人用蒸汽机作为动力的明轮船出现于19世纪初期后，有些西方人士竟然认为中国传统的车船是模仿他们的明轮汽船而制造的，颠倒是非，实际适得其反。李约瑟以科学的态度，如山的铁证，说明车船对西方汽船的影响。"由于向来的那种自鸣得意的心情，西方人曾认为中国的这些船是模仿他们的明轮汽船而制造的。但对中国当时的文献进行的研究表明，根本就不是那么回事。整个情况还有更有意义的特征；在4世纪的拜占庭，曾经提出了一项用牛转纹盘驱动明轮船的建议，但没有证据说明曾经建造过这种船。由于手稿仅仅在文艺复兴时期才被发现，因而不可能对中国造船匠产生什么影响……无论如何，毫无疑问，即使拜占庭人首先提出建议，但是中国人却首次在实际上付诸实践。"②

　　舵桨是行船必需的工具，依靠它来控制航行方向，它的位置在船尾中央，实际是专管控制方向的尾桨。后来在实践中逐步加以改造，桨翼改成短而宽。1955年在广州一座东汉墓中发现一只陶船模型，船尾有一支舵，舵面呈不规则的四方形，面积比较大，简直可以称为真正的船舵，以后造船工匠又创造出各种形式和性能的舵，例如可以垂直伸进水中，在船上舵操纵的"垂直舵"及可升可降，依据水的深浅而调节高低的升降舵、平衡舵等等。舵的发明和使用是我国造船技术和航海技术方面的重大成就，对世界造船和航海事业有深刻影响。李约瑟曾把中国船尾方向舵列为中国向西方传播的机械和技术之一种，并说明西方落后于中国约4个世纪。③ 据有些学者考证：在10世纪末叶以前中国的舵已传入阿拉伯文

---

① 原文见《旧唐书·李皋传》："挟二轮蹈之，翔风鼓浪，疾若挂帆席。"
② ［英］李约瑟著，陈养正译：《科学与中国对世界的影响》。
③ ［英］李约瑟著：《中国科学技术史》（中译本），第一卷第二分册，第549页。

化区域，欧洲使用的舵可能是 12 世纪十字军第二次远征时候引进的。不过，我们认为阿拉伯人在 8 世纪已有商舶来华贸易，多自波斯湾经印度洋，绕马来半岛，以达今之广州。阿拉伯的船员与中国船员大有机会相互参观访问，交换意见。中国船的方向舵，也不难从此传入阿拉伯地区，辗转传入欧洲。这样，中国式船舵传入阿拉伯的时间，可能提前到 8 世纪。

古代远洋船舶的动力主要是风力，顺风还是逆风或暴风，与船舶航行关系很大。这是自然现象，不以人们意志为转移。对风观测的工作实为先务之急。我国三代已有窥测风向的简单方法，汉代又发明铜制的测风器"铜凤凰"和"相风铜鸟"。铜凤凰下面有可以转动的装置，受风的时候头会向着风，好像要飞翔一样。12 世纪，西方才出现与我们测风器相类的候风鸡，比我国晚了近一千年。

至于季风（信风）的利用，汉代通往东亚、东南亚、南亚和西亚的船舶驾长都具有这种知识，这是航海实践的结果，而且有规律可循的。在茫茫大海上，我国古代航海者都非常重视天气预测，以防暴风的突然袭击，并决定海船的行止。他们缺乏气象学的理论知识和观测仪器，只能用自己的肉眼去观察，日看云雾，夜观星月，来预测气象天时的变化，经过多次实践，逐渐摸索出一些规律性的结论。《海外纪略》这部书有说："飓风虽暴，无四面齐至理，辟如北风，飑风转而东，东而南，南又转西，或一日，或三、五、七日，不四面传遍不止，是四面递至，非四面并至也。诸志云：此乃天地之气交逆，地鼓气而海沸，天风烈而雨飘，故沉舟倾樯。若海不先沸，天风虽烈，海舟顺风而驰，同鲲鹏之徒耳。此语良然。六月有雷则无飑。谚云：六月一雷止三飑，七月一雷九飚来。"① 以上所述是沿岸居民及老航海家的经验之谈，行之有效，就编成谚语，或笔之于书，以广流传。明代永乐间出现一本《海道经》（作者未详），内附有观测气象的谚语或口诀，分为占天门、占云门、占风门、占月门、占虹门、占雾门、占电门、占海门、占潮门等各类。虽然文不雅驯，但可供航海者参考。②

中国是最早发现磁铁的指极性并用它来制成指向仪器的国家，早在两千多年以前的战国时期，就出现了指南仪器，称为"司南"。以后经过长时期的研究和实验，发明了人工磁化方法，终于制成了导航仪器指南针。指南针在航海中的应用，在宋代已很普遍了。有关航海的著作，如朱彧的《萍洲可谈》和徐兢的《宣和奉使高丽图经》等书都提到海船利用指南针导航事。关于指南针的发明和应用，中国航海学会编的《中国航海史》第 124～130 页有比较翔实的叙述，读

---

① 《海外纪略》一书的作者朱详，原文亦未见，今由黄叔璥：《台海使槎录》一书转引。
② 《海道经》有借月山房汇钞本及泽古斋重抄本，商务印书馆丛书集成初编亦收入的占天等口诀之后，附有"袁生阳至日记"的字样，可能是姓袁者所编。

者可以参考。李约瑟对于指南针的研制、应用和推广等问题，有深广的研究。他说："毋庸置疑，磁罗盘在中国用于堪舆目的很久以后才被用于航海。但是航海罗盘确是中国人发明，它可能发生在十一世纪以前的某个时期，或更早的时期。"① 李约瑟又在《中国科技史》第 1 卷第 7 章中 "某些机械和其他技术从中国向西方的传播" 表上列出罗盘（磁匙）西方落后于中国 11 个世纪，罗盘针落后于中国 4 个世纪，航海用罗盘针落后于中国 2 个世纪。至于航海用的罗盘针通过什么途径（水路或陆路）传入西方的问题，科技界还没有一致的结论。

指南针传入西方后，在西方世界起了惊人的社会影响。马克思曾把指南针的传入西方作为预告资产阶级社会到来三大发明之一（还有火药和印刷术），指南针打开了世界市场并建立了殖民地。② 李约瑟在《科学与中国对世界的影响》一文更强调说："但是还不止此，因为 15 世纪欧洲航海家手里的罗盘在从 13 世纪开端的航海科学的整个时期占据着重要的地位，它不但使环绕非洲成为可能，而且也发现了美洲大陆。随着大量白银的涌入，市场上不计其数的新商品的销售以及殖民地和种植园的开拓，这就对欧洲生活产生了多么深远的影响。"③ 众所周知，指南针的发明和应用是世界航海技术中一大变革，西方航海家没有指南针导航，非洲的绕航和美洲的发现，是否能够成功是难以想象的。所谓 "地理大发现"，实际是以找寻和掠夺殖民地为目的。新兴的资产阶级对内榨取人民，对外掠夺殖民地，以其所得，作为资本的原始积累，进而逐步建立资本主义来代替封建主义。所以中国指南针的西传，对西方资本主义的发生起着促进作用。

中国在秦汉时期已和朝鲜、日本发生关系，有些中国人驾海船进入朝鲜和日本。公元前 1 世纪汉武帝时期，已有船从广东雷州半岛、徐闻、合浦出海，经东南亚各国，到达印度和锡兰了。印度学者谟克尔吉写过一部《印度航海史》谬说："在五世纪前，中国人没有到过马来群岛，六世纪前，中国人没有航海到达印度、波斯和阿拉伯。" 这种提法纯是无稽之谈，不符合历史情况。根据《汉书·地理志》所说，中国船由日南〔即秦代的象郡，汉武帝元鼎六年（前 111 年）开，属交州。〕障塞、徐闻、合浦三处出海（徐闻、合浦都属合浦郡），三者都是当时南中国的海口。船经历的国家和地区，有都元国、邑卢没国、谌离国、扶甘都卢国、黄支国、回程不国。回程又到皮宗国，最后在日南、象林界着陆。④

---

① 李约瑟著，徐英范译：《中国对航海罗盘研制的贡献》，《科学》，1961 年 7 月，收入《李约瑟文集》。

② 详见《经济学手册》，收入《马克思恩格斯全集》第 45 卷第 427 页。

③ 李约瑟著，徐英范译：《中国对航海罗盘研制的贡献》。

④ 见班固：《汉书·地理志》。请参看拙作《汉代中国与东南亚和南亚海上交通路线试探》一文，收入拙著《中外关系史论文集》，河南人民出版社，1984 年。

以上所列地名，都是 2 000 多年的地名，其沿革一时难以搞得清楚。现在中外学者经过考证，绝大多数都认为黄支为印度的建志补罗（Kanc Kinpura），即今之 Conjeveram。它是达罗毗荼人的国都，在马德拉斯西南 43 英里，此地古称为建志（黄支），补罗之义为都城。此种说法，和者甚多，殆成定论。《地理志》又说："黄支之南有已程不国。"此国按其地理位置而言，非锡兰（斯里兰卡）莫属。除黄支及锡兰外，其余都是东南亚的国家和地区。谟克尔吉的"在五世纪前，中国人没有到过马来群岛，六世纪前，中国人没有航海到达印度"之论，可谓"无知妄作"了。

唐代开辟的远洋航线遍及亚非各地，唐开元年间，贾耽（730—805 年）著有《广州通海夷道》一文，记录了从广州通向南洋、南亚和西亚以至东非的国际航线。中国海船从广州东南海岸出发，经南海（中国海）、印度洋而入波斯湾，直达波斯和阿拉伯，并西至东非之坦桑尼亚。明代郑和七下西洋的壮举，标志着我国航海事业的鼎盛时期，郑和奉命率领 27 000 多人，共乘大船 63 艘，自永乐三年至宣德八年（1405—1433 年），前后 28 年间，遍及东南亚、南亚、西亚（波斯、阿拉伯）和东非，访问了 30 多个国家和地区，表示通好。

我国历代与海外各国通航，船舶无远弗届，主要由于我国的造船技术和航海技术有优良的传统和伟大的成就作为条件。

二、中国航海史研究的过去和现在

中国有悠久光辉的造船和航海的历史。在船舶制造和航运原理方面，中国人都有很多发明创造的东西。例如，船尾的方向舵、水密隔舱以及航海用的罗盘针，对世界造船和航海事业起着巨大和深远的影响。中国船舶之多和质量之优，常受到来华西人啧啧称道。在 18 世纪以前，中国造船技术和航海技术都处于世界领先地位。这是中华民族的伟大文化遗产，也是我们无私奉献给人类社会的一份礼物。我们应该珍重和维护，特别要发扬光大，造福人群。

中国有 2 000 多年的航海史，人们长时期在海上活动，付出巨大的代价，获得宝贵的经验，并创造出无数值得称道的东西。我们如果能够把航海史迹有目的有系统加以整理，公之于世，并考其成败之理，以供世人借鉴，这对于我国事业的发展是有促进作用的。遗憾的是，我国典籍虽浩如渊海，但关于造船技术和航海技术的史料却不多，而且散见于各朝正史、杂史、方志、类书、档案和私家著述中，颇为难找。至于有实践经验的造船工匠和航海驾长的技术是以师傅的口授得来。他们没有课本，只有手抄的口诀，如《指南正法》《海道针经》及《顺风相送》。他们没有舞文弄墨的兴趣，也没有写作的习惯，即使在工作中有心得体会，甚至发明创造，也难以推广，我们无所取材，唯有航海旅行家的游记和回忆还有参考价值。如法显《佛国记》、周去非《岭外代答》、赵汝适《诸蕃志》、徐兢《宣和奉使高丽图经》、汪大渊《岛夷志略》、周达观《真腊风土记》、巩珍《西洋番国志》、马欢《瀛涯胜览》、费信《星槎胜览》、黄省曾《西洋朝贡典录》、张燮《东西洋考》、黄衷《海语》、陈化炯《海国闻见录》、谢清高《海录》等。上述诸书是比较著名，常被引用的有关航海参考书，其中有些书还附有今天失传的东西洋针路，颇为珍贵。其实这些书籍，从广义来看，可以说是古人独具一格和有所侧重的航海史。时至今日，我们航海史研究还未成为既有学术传统，又有科学体系的独创性的专门学科，我们研究航海史的人，就必须继承前人的业绩，努力前进，为执行对外开放政策和促进航海事业，发挥应有的作用。

关于造船技术方面的参考书，有明人李昭祥《龙江船厂志》（《玄览堂丛书续集》）、清代洪亮吉《释舟》（《施阁文甲集》卷3），洋洋万言，解释古代船舶的名称及其制度。明代崔旦的《海运编·船舶考》提供了不少航海应变的知识。元明两代有不少关于海运和漕运以及水利工程之书也常常涉及航海之事，不能列举了。

鸦片战争后，外国的侵略给予我国民族工业很大打击，航海事业一落千丈，航海史研究的风气亦随之不振，虽然如此，但未尝没有有关航海之专著问世，如武堉干的《中国国际贸易史》（商务印书馆1927年版）、冯承钧的《中国南洋交通史》（商务印书馆1937年版）、范文涛的《郑和航海图考》（商务印书馆1943年版）、张礼千的《东西洋考中之针路》（新加坡南洋编译所1947年版）等专著。

在抗日战争（1937—1945年）中，中国经数十年艰难创立的商船和车舰，几乎被日本帝国主义毁劫一空。沿海大城市又被日军占领，内河和远航运输都被封锁，我国航海事业势成瘫痪，航海史研究更无人问津了。抗战胜利后，国民党政府接收了一批敌伪船只，重建江海航队，但又利用它作为发动内战的工具，新中国成立前夕，又把它劫去台湾。

中华人民共和国成立后，航海事业获得空前的发展，建设强大的人民海军和远航船队，兴办了海洋科研事业和航海学校，发展了造船工业，呈现出一片欣欣向荣的景象，同时又为航海史研究提供许多有利条件。实际上航海史研究已经大力进行了。"十年动乱"期间，航海事业的发展受到阻力，航海史研究更陷于停顿。经过拨乱反正后，我国航海事业又有新的更大发展，航海史研究亦有一鸣惊人之势。表现在下列各方面：

第一，与航海史有关的博物馆和学术团体纷纷成立。泉州海外交通史博物馆。1974年8月，福建省泉州湾后渚港出土了一艘我国建造的远洋木帆船（定名为泉州湾宋代海船），船舱内发现有大批香料和其他珍贵文物。这艘古船的出土是我国海外交通史迹的重要发现，是我国文物考古工作的重大收获，为此，福建省泉州海外交通史博物馆特建古船陈列馆来保存陈列这艘木船以供中外各界人士参观和研究。1979 年，博物馆在各方面大力支持下，举办了"泉州湾宋代海船科学讨论会"，获得很大成功。海外交通史博物馆选取有关古船的发掘报告和论文 20 篇编成《泉州湾宋代海船发掘与研究》一书，由海洋出版社出版，公之于世。海外交通史博物馆成立之始，即以海外交通研究为主要任务。由它组织领导下，编写了《泉州港与古代海外交通》一书，1982 年由文物出版社出版，对于航海史和海港史都有重要参考价值。泉州自唐代以来就是中国对外贸易最大港口之一，在宋元时期数以万计的外国人流寓泉州，其中大部分是阿拉伯、波斯、中亚的穆斯林。近数十年来，在泉州发现大批宗教石刻亦以伊斯兰教为最多，并以阿拉伯文为主。我们从此可以看到元明二代的统治者对外来人士的宽厚政策，宗教人士的社会活动等情况。这些石刻保全于泉州海外交通史博物馆，并由博物馆组织人力，编成《泉州伊斯兰教石刻》一书（主撰：陈达生，英文翻译：陈恩明，1984 年宁夏人民出版社、福建人民出版社出版）。泉州海外交通史博物馆和泉州市泉州历史研究会合编的《泉州伊斯兰教研究论文选》一书（1983 年由福建人民出版社出版）。此书与前书相辅相成，珠联璧合。海外交通史博物馆又与海外交通史研究会合编了《泉州海外交通史料汇编》一书，1983 年出版。其中史料除一部分出自文献外，还有一部分是实地调查所得的成果，很有参考价值。海外交通史博物馆还有不少尚未正式出版的科技成果，不能一一列举。

第二，中国海外交通史研究会。该会于 1979 年 3 月 26 日至 4 月 4 日泉州湾宋代海船科学讨论会期间在泉州成立的。当时参加科学讨论会的专家学者提出成立一个全国性的学会来研究中国海外关系史的倡议，获得全体代表的赞同。"中国海外交通史研究会"于是成立了。

该会会址和秘书处设在泉州，同泉州海外交通史博物馆合署办公。会长和理事会主持大计外，一切会务都由秘书处同志负责处理，而秘书处负责同志又是博物馆的得力干部和领导，同时又多是海交史研究会的成员。海交史研究会成立之后，有所发展，并取得一定的成绩，是与海交史博物馆的支持和合作分不开的。

该会在组织有关海外交通史的学术活动、交流研究成果和情报资料、发展会员、扩大研究队伍等各方面，效果显著。它召开有关的学术会议凡 10 多次，举行学术讲座共 30 次，发展了会员 500 余人。更值得一提的是，该会的学报《海交史研究》的出版和作用。《海交史研究》代表着该会的学术成果和学术水平，目的在扩大学术交流，推动海交史研究的发展。该学报创刊于 1979 年。最初每年出版一期，近年改为半年刊，迄今已出版 15 期，约有 300 万字。内容包括有中外关系史、造船史、航海史、水运史、外贸史、海关史等方面的研究，受到中外航海史学界的重视和介绍，影响颇为深远。

最近日本航海史专家关西大学教授松浦章先生寄赠他的大作《中国海事史研究之现状》一文，文中介绍了中国海外交通史研究会及该会会员及其著作。它介绍了复旦大学历史系教授田汝康对于中国帆船的研究及其部分著作《十七—十九世纪中叶中国帆船在东南亚洲》（上海人民出版社 1957 年出版）及在刊物发表的几篇有关航海史的论文。（谨案：田教授已把发表过的论文七篇收入其《中国帆船贸易与对外关系史论集》一书中，1987 年由浙江人民出版社出版），章巽教授的《古航海图考》，郑鹤声先生及其子一钧合编的《郑和下西洋资料汇编》（齐鲁书社），傅衣凌先生的《福建对外贸易史研究》和陈高华、吴泰先生合著的《宋元时期的海外贸易》（天津人民出版社 1981 年版）；还有周世德先生关于造船技术史的几篇科学论文，黄盛璋先生关于古代水运的著作和林士民及陈自强先生关于古代海港史的论文，松浦章教授不惮其烦一一介绍，盛意可感。我们希望我国航海史学界也把各国研究中国海事的情况介绍出来，以收学术交流、集思广益之效。中国海外交通史研究会除出版《海交史研究》的学术刊物外，还出版《海交史研究动态》（与海交史博物馆合办），系通讯性和资料性的不定期的内部刊物。这两种刊物的编辑工作主要由海交史博物馆的工作人员兼任。

第三，航海史研究会。该会成立于 1981 年 10 月，是中国航海学会下设的工作机构，以联合广大航海史研究工作者，总结航海历史遗产，促进航海史研究的发展，为航海事业的现代化服务。研究会的主要任务是开展航海史研究活动，组织有关学术讨论会，交流研究成果和学术情报，组织航海史和各类水运史书（包括港口史、内河航运史及各种专门史）的编写、审定和出版工作，推动有关的学术团体及个人的联系和协作。

中国航海史研究会在交通部、中国航海学会领导下，在各省、市、自治区交通厅、各港务局和有关单位的配合下和各界人士支持下，依靠全体研究和编写人员的努力，八年内就取得较大的成绩，成果累累，列之于下。

《中国水运史丛书》于 1985—1989 年共出版了 16 种：

（1）《广州港史》（海洋出版社）；

（2）《秦皇岛港史》（人民交通出版社）；

（3）《天津港史（古、近代部分）》（人民交通出版社）；

（4）《青岛港史（近代部分）》（人民交通出版社）；

（5）《上海港史（现代部分）》（人民交通出版社）；

（6）《连云港港史》（人民交通出版社）；

（7）《黑龙江航运史（古代部分）》（人民交通出版社内部发行）；

（8）《扬州古港史》（人民交通出版社）；

（9）《北海港史》（人民交通出版社）；

（10）《河北省航运史》（人民交通出版社）；

（11）《招商局史》（人民交通出版社）；

（12）《烟台港史（古、近代部分）》（人民交通出版社）；

（13）《南京港史》（人民交通出版社）；

（14）《江苏航运史（古代部分）》（人民交通出版社）；

（15）《近代山东沿海通商口岸贸易资料》（对外贸易教育出版社）；

（16）《黄埔港史（古、近代部分）》（人民交通出版社）。

纪念郑和专题性史书出版了7种：

（1）《郑和下西洋论文集（第一集）》（人民交通出版社）；

（2）《郑和下西洋论文集（第二集）》（南京大学出版社）；

（3）《郑和研究资料选编》（人民交通出版社）；

（4）《郑和下西洋》（人民交通出版社）；

（5）《郑和家史资料》（人民交通出版社）；

（6）《郑和史迹文物选》（人民交通出版社）；

（7）《新编郑和航海图集》（人民交通出版社）。

此外，还有彭德清主编的大型综合性史书——《中国航海史》三巨册由人民交通出版社出版（1988年）。

中国航海史研究会还创办了一种学术刊物——《中国水运史研究》，已出版了5期。

值得称道的是，中国航海学会与其他有关单位共同发起纪念伟大航海家郑和下西洋580周年之举，并于1985年7月11日在南京召开了纪念大会，对国内外产生很大影响。

这几年来，中国航海史研究会在水运史的研究和编写以及在培养研究队伍方面做了很多工作，取得了较大成绩，对中国航海史研究的发展是有推动作用的。

国内近年来又有两个研究航海史的学会相继成立——"南京郑和研究会"及"徐福研究会"。前者不仅研究郑和的航海事迹及其历史背景和中外关系，而且要对明代航海事业作深入广泛的探讨。它编印有《郑和研究》学刊行世。后者也不仅研究徐福其人，而是通过这个渠道来探索先秦和秦汉时代的中日关系和海上交通，亦有助于航海史研究。

此外还有"中外关系史学会"及"中国太平洋历史学会"都是以航海史作为研究对象之一，从它们的刊物内容就看得出来，值得航海界重视。渡河跨海，非船不行。我国既有航海技术史的研究机构，就应该有造船技术史的研究机构和学术团体。中国造船工程学会船史研究会的成立是令人兴奋的事情。该会成立后不久，即创办《船史研究》学刊，大有可观之处。

中国海事史的个别专题研究如市舶司和海关制度亦比较突出。关于市舶司制度，日本学者研究较早，如藤田丰八著《宋代之市舶司与市舶条例》和桑原骘藏著《唐宋贸易港研究》和《蒲寿庚考》都是先行的著作。可是我国学术界自1980年以来，群起事鸣，相继发表了关于市舶司、海关和海港的论文约计200多篇。1987年11月26日泉州市人民政府在泉州召开"泉州市舶司设置九百周年纪念大会"，并由中国海外交通史研究会、中国海关史研究中心、泉州海外交通史博物馆和泉州海关等单位联合主办一个以"中国历史上的市舶制度与海外贸易"为主题的学术讨论会。中国代表提交论文共76篇。据说中国海关总署通知各省市、自治区各海关组织力量，进行海关志的编写工作，相信不久就会有大批海关志书问世了。值得我们高兴的是：新中国成立前没有综合性的航海史著书出版，可是从1985年开始，就有金秋鹏的《中国古代的造船和航海》（中国青年出版社），中国航海学会编写的《中国航海史》三大本（人民交通出版社），孙光圻的《中国古代航海史》（海洋出版社），汶江的《古代中国与亚非地区的海上交通》（四川社会科学院出版社），姚楠、陈佳荣、丘进的《七海扬帆——中国古代的海外交通》（中华书局）等书相继出版。上列各书，除多卷本的《中国航海史》是集体创作外，其他都是私人著述，而作者又恰是中国海外交通史研究会会员。

新中国成立后，在共产党领导下，我国航海事业获得空前的发展。海事史研究，人才辈出，成果丰硕，承前启后，月异日新，有一日千里的趋势，令人刮目相看。上面汇报的研究情况不够全面，有挂一漏万之处。一则由于我对海事史研究尚未入门，见闻有限，理论空疏。二则由于海事范围甚广，除造船史、航海史、水运史、海港史外，还涉及海军、水产及水下考古等知识，作者限于学术水平和缺乏专业知识，又无闻一知十的本领，有些个别项目的进行情况未能介绍和评议，唯有敬俟高明了。

三、感想和建议

我国深入改革，执行对外开放政策，必然要重视对外交通问题和大力发展我国航海事业。自 1978 年党的十一届三中全会正式作出了把工作重点转移到社会主义现代化建设上来的战略决策后，我国航海事业顿呈现出欣欣向荣、蒸蒸日上的局势。我国海事史的研究在近十年内亦发展迅速，一日千里，取得丰硕成果，上文所述，已见一斑。

我国有数千年的航海经验，在造船技术和航海技术方面，在古代处于领先地位，西方公正有识之士多表示同意。可是有些以欧洲为中心的西方资产阶级学者或别有用心的殖民主义者，漠视中华民族的伟大成就，甚至加以贬词。国内有极少数的无知不学，数典忘祖，受资产阶级自由化影响的人，他们主张全盘西化，以虚无主义对待本国的优秀的民族文化遗产，随声附和，谬论百出。所以我认为中国航海史研究和编写工作必须加强，坚持马克思主义，实事求是地反映历史情况，对于歪曲或误解我们航海历史事实的错误言论，应该大力解释和批判，分清是非曲直，以免谬种流传。向达先生说得好："西欧资产阶级东方学家如法国的伯希和、荷兰的戴闻达所说郑和航海图是以阿拉伯人的地图为蓝本云云，那全是臆测之谈，举不出何种证据。他们的目的无非是要贬低中国人的智慧和科学水平，进行诋毁而已！"[1] 像这种别有用心、颠倒是非、歪曲史实的无稽之谈，应该在批判之列。又有些西方学者认为郑和七下西洋具有侵略性，我们不能不加以驳斥。

我们研究航海史，就必须研究从事航海活动的历史人物。伟大航海家郑和，固然值得大书特书，不在话下。但有些海上亡命之徒，被官府迫害，成为"海盗"，后被招抚，也为群众做过好事，如元代朱清、张瑄主持海运，每年运南方之米数百万石以给北京，"民无挽输之劳，国有储蓄之富"。至明代犹效其制。谈水运不能不谈漕运，也不能不谈海运，朱清、张瑄也应适当的评价。又如明代著名海盗郑芝龙，被招抚后，当 1633 年荷兰殖民者侵略福建沿海地区的时候，郑芝龙率水师应战，展开海战，大获全胜，生擒夷酋一伪王，夷党数头目，烧沉夷众数千，生擒夷众 118 名，斩夷首级 20 颗，焚夷夹板巨艇 5 艘，夺夷夹板巨舰 1 艘，等等。这次反抗荷兰侵略斗争的胜利是空前对敌的胜利。[2] 像郑芝龙反侵略有功的人物是值得表扬的。明代活跃于南海的"海盗"如林凤、林道乾等，既反对封建压迫，也反对西方殖民侵略，有时进行海上贸易，不无可取之处。

16、17 世纪中国的"海盗"，原本是沿海的农民及渔民，为地主阶级所压迫而入海，反抗官府。他们的反封建的斗争，实际上是与全国各地的农民起义一

---

① 向达整理：《郑和航海图》，《序言》，中华书局，1961 年。

② 朱杰勤：《明末中国东南沿海人民击退荷兰侵略者的纪录》，《中外关系史论文集》，河南人民出版社，1984 年，第 345–398 页。

样，统治阶级自然称他们为盗贼。我们如用阶级斗争观点来分析，自然适得其反。全国解放后，出版的研究农民战争的专书和论文之多，难以数计，但却没有一部海上人民反封建、反殖民主义的斗争史，似乎不够全面。作者希望研究海事史的同志们补写一部关于"海盗"的专著。

原载《海交史研究》1989 年第 2 期（总第 16 期）

海交史研究的回顾与展望

陈高华

　　我们的祖先很早就开始了海上活动。在很长的一段历史时期里，中国曾经是一个海上强国。中国人为征服海洋做出了许多重要的贡献，从而在世界文明发展史上写下了光辉的篇章。最近引起热烈讨论的电视片《河殇》认为，中华文明是农耕文明，断言中国"几千年的文化，都凝聚在这黄土里"，并进而由此对中国文化的特性、社会的发展规律做出种种说明。这种看法，是不符合历史事实的。我们祖先的海上活动以及由此而来的在物质和精神方面的创造，是中华文明的重要和不可忽视的组成部分。不了解中国人民的海上活动的历程，实际上也不可能真正认识中华文明的发展历史。

　　在我国，海交史是一门既古老又年青的学科。我们的祖先留下了关于海上活动的许多珍贵文献，举凡海上航路、海外贸易、海外诸国状况以及通过海路进行的文化交流等等，都有详细的记载。这些文献充分反映出中华民族对于科学的认真探索精神。这些文献不仅对研究中国的历史而且对研究亚非广大海域的历史，都具有无与伦比的价值。可以毫不夸大地说，我国古代有关海外交通的大量文献的编著和流传，就是对世界文明的重大贡献。没有这样一批文献，我们就无法对中国人民以及与海洋有关的亚非各民族的海上活动有全面的认识。特别值得指出的是，不少亚非国家和地区的古代历史，正是依靠这样一批文献才得以建立起来的。但是，在 17、18 世纪以后，随着我国海上活动的萎缩，我国学术界对海交史的兴趣也急剧降低了。清代中叶以至民国初年 200 年左右时间内，史学兴盛，名家辈出，而从事海交史探究者，则可谓凤毛麟角。正是在此期间，西方殖民者东来，亚非许多国家和地区纷纷沦为殖民地和半殖民地。西方国家的学术界，为了适应资本主义政治、经济、军事发展的需要，广泛开展对东方的研究，其重要内容之一，即是对中国海交史的研究。由于他们利用近代科学方法，又能收集各种文字的历史文献和考古发现进行比较研究，成绩斐然。20 世纪以来，我国学术界也逐步开展了海交史的研究，在文献整理、史实考订、考古调查以及翻译外国有关学术著作等方面，都取得了一定成绩。冯承钧、张星烺、向达、朱杰勤、姚楠等前辈学者，在这个领域中的贡献，至今嘉惠后学。但是总的来说，在中华人民共和国成立以前，海交史研究在我国学术界是一个相当薄弱的领域，虽非绝学，却可以说是相当冷落的。

新中国成立以后，到 1966 年"文化大革命"以前，由于教条主义和极"左"思潮的影响，我国历史学界把主要力量集中在少数课题上，对于包括海交史在内的许多重要领域，则没有或很少有人问津。即使在这种情况下，仍有一些学者潜心于海交史的研究。其中如向达先生对海上交通史料的整理，吴文良先生的《泉州宗教石刻》问世，以及田汝康先生关于十六七世纪中国航海史的研究，张维华先生关于明代海外贸易的研究，周世德先生关于中国古代海船的研究，等等，都是令人瞩目的。1966 年的"文化大革命"，革掉了一切文化，当然也革掉了海交史研究。十年浩劫，给我们的民族文化带来了沉重的灾难。就在这样困难的情况下，我国的海交史研究者仍然没有完全放弃自己的追求。从 1973 年开始的泉州古代海船的发掘，就是他们努力工作的明证。

粉碎"四人帮"斗争的胜利，标志着我国历史发展进入一个新的时期。这也正是我国思想文化领域中一个新阶段的开始。关于"实践是检验真理的标准"问题的讨论，使中国学术界的思想得到了一次大的解放。教育制度的改进，为学术界提供了一批朝气蓬勃的生力军。中国的历史学出现了崭新的面貌，提出了许多新问题，开辟了不少新领域，发展规模之大，是前所未有的。我国海交史的研究，也正是在这样的形势下，取得了空前的进步。特别需要指出的是，泉州湾古代海船的发现与研究，尤其是 1979 年泉州湾宋代海船科学讨论会的召开，对于我国海交史研究的开展，起了很好的作用。以泉州湾古代海船为中心，我们史学工作者和其他有关部门的研究者对于宋元时期海交史的许多问题，进行了广泛的探讨。与此同时，泉州海交史博物馆的扩建，以及《海交史研究》的创办，都对海交史研究的进一步展开起了有益的推动作用。正是泉州湾古代海船出土并开展研究以后，我国海交史研究进入了一个前所未有的兴旺发达时期。台湾学者李东华说，自从"泉州湾出土宋代海船后，在大陆上引发了研究泉州海外交通史的热潮"。（见《泉州与我国中古的海上交通》一书的"后记"）这是符合实际的，但应指出的是，"引发"的不仅是泉州海外交通史而是整个中国海外交通史研究的热潮。

新时期海交史研究的成就是多方面的，需要认真加以总结。我只想就自己感受比较深的几个方面，举一些例子加以说明。

在资料的整理方面，成绩是很突出的。汪大渊的《岛夷志略》和周达观的《真腊风土记》是两本具有重要价值的海交史著作，经苏继顾先生和夏鼐先生加以校释问世，许多疑难问题都得到了说明。完全可以说，这是两种书的最好的整理本。苏先生没有见到校释本出版便已作古，夏先生在校注本问世后不久也已谢世，但是他们的劳绩是不会被人忘记的。其他如谢方同志近校的《东西洋考》《西洋朝贡典录》等，也是很有用处的。除了专著的整理之外，还有专题资料的辑录。郑鹤声、郑一钧合编的《郑和下西洋资料汇编》，对有关郑和航海的资料作了全面地收集整理。泉州海交史博物馆编、陈达生主撰的《泉州伊斯兰教石刻》一书，搜集了目前所能见到碑刻200余方，说明其来源，描述其造型，并对碑上的外文加以翻译，对一些问题加以考证。无论就搜集的范围，或是整理考订的细致来说，都比前人的同类作品大大前进了一步。这本作品的出版，对于海交史的研究，是有重要意义的。

在工具书编纂方面，陈佳荣、谢方、陆峻岭合编的《古代南海地名汇释》一书，在1986年问世。古代南海是我国海上交通的主要领域，其范围包括今东南亚及其以西广大地区。古代中外史籍中载有大量南海地名，其地望的确定，是海交史研究中经常遇到的问题。在一定意义上，我们可以说，地名的考订对于海交史研究来说，是一项具有头等重要意义的基础工作。这正是海交史研究不同于历史学其他领域的特点之一。但是，多少年来，我国学术界没有这方面的工具书。当年冯承钧先生有志于此，但未能完成。陈、谢、陆三先生合力编成《汇释》一书，填补了这方面的空白。《汇释》包括两个部分，一是汉文古籍中有关南海地名的考订，一是外文古籍和拉丁文还原的南海地名的考订，两者可以互为补充。此书很好地总结了前人的研究成果，同时也不乏编纂者的创见，它的出版，无疑为海交史研究者提供了很大的方便。问世的另一种重要工具书是由朱鉴秋、李万权主编的《新编郑和航海图集》。众所周知，传世的《郑和航海图》对于海交史研究来说，具有十分重要的价值。它提供了海上航线、东西洋地名和航海科技等方面的珍贵资料。这一本图集可以说将以往的研究作了很好的总结。正如章巽先生在序言中所说："近百年来中外《郑和航海图》之研究，颇为不少，无论就科学性而言，或就艺术性而言，皆当推这本新编图集为其首选。"

在研究工作方面，其成果也是令人兴奋的。这一时期出现了许多论著，涉及海交史的许多领域，诸如海上交通路线、对外贸易港口、市舶司和市舶制度、进出口的商品情况、海船制造、航海技术、通过海道的中外文化交流、海上交通的人物与事件等等，其涉及面之广，是前所未有的。这些论著提出了许多新问题，也对不少历来有争论的问题做出了新解释。特别是对于市舶司和市舶制度、海外贸易、郑和航海和海船制造史等方面的研究，比较深入。以海船制造史来说，围绕着泉州湾古代海船和复原郑和宝船的形制问题，历史、考古、航海、船舶制造等方面的专家学者，以不同的角度进行探讨，取得了很好的效果。泉州海交史博物馆编《泉州湾宋代海船发掘与研究》一书及其他有关论文，反映了我们在这方面所取得的成绩。在海外贸易史的研究上，也有比较大的进步。不少研究者开始注意把中国的海外贸易放在世界史的背景下加以考察，例如宋元时期和阿拉伯人海上贸易的关系，16—18 世纪中国与西方殖民者的关系，等等。明代的海外贸易，历来注意官方贸易者多（郑和航海实际上也是一种官方贸易），近年来有的研究者着重对私人海上贸易进行研究，林仁川的《明末清初私人海上贸易》便是这方面探讨的一个重要成果。对于明代的"倭寇"问题，也与海上贸易联系起来进行研究，取得了进展，当然在这方面还存在比较多的争论。对于唐、宋以来的市舶司和市舶制度，也是研究和讨论的热点之一。通过讨论和研究，我们大体上对于中国历史上的市舶司和市舶制度有了比较清晰的认识，尽管还有不少环节需要进一步探究。在海外贸易方面，有不同朝代的综论，也有中国与海外各国、各地区之间关系的专论，但这方面空白尚多。在对外贸易港方面，也有不少研究成果，其中泉州港的研究成果比较突出，其他如广州、宁波等港口的研究也已开始。还应指出的是，与海上交通有关的宗教和民族问题的研究，也有明显的进步。如泉州基督教、伊斯兰教、婆罗门教的流传以及回族的形成，都有专文探讨，有不少新的发现。

在这十余年间，召开了一系列与海交史有关的科学讨论会，如古代外销陶瓷、华侨史、郑和、中外科技文化交流以及古代市舶司制度与海外贸易，等等。这些会议都在不同程度上起到了交流观点、推动研究的作用。正是在这十余年中，一批年青的研究者迅速地成长起来。他们在前辈学者的教诲下，努力学习，刻苦钻研，勇于探索。上面所说的成绩，很大一部分便是他们取得的。今天，我们已经有一支无论从质量上或数量上来说都是相当可观的研究队伍。完全可以相信，有这样一支队伍，今后我国的海交史研究必将取得更大的成绩。

无可否认，我们的海交史研究还存在不少空白点，许多问题的探索还不够深入。总之，还有大量的工作需要去做。根据过去的研究状况，我觉得有几点是特别值得注意的。

一是加强多学科的协作。各学科之间的互相渗透是当代科学发展的重要趋势。对于海交史研究来说，加强多学科之间的协作大为重要。海交史不仅涉及人文科学的许多学科（历史学、考古学、民族学、宗教学、文学艺术等），而且与社会科学（经济学、政治学、法学等），自然科学（地理学、海洋学、医学、生物学等），技术科学（船舶制造、陶瓷工艺、丝绸工艺等）都有密切的关系。例如对海外贸易进行研究，就必然涉及港口、市舶制度和机构、航海路线、海路、贸易物品等问题，而解决这些问题就需具备历史学、考古学、海洋学、船舶制造、陶瓷丝绸工艺等多方面的知识。只有从不同学科的各自角度对海交史上的问题进行多方位的考察，我们的研究才能深入。过去我们已经开始这样做了，今后需要大力加强，大力提倡。特别需要提出的是，我们应积极开展水下考古学的工作。泉州古船的发现，推动了我国海交史的研究。南朝鲜新安海底沉船的发现，在世界学术界引起了轰动。这是近 20 年来海交史研究中的两件大事。如果我们能在这方面有所收获，然后继之以多学科的综合考察，必将为海交史研究放一异彩。

二是努力将中国海交史与世界历史的变迁联系起来考察。海交史与中外关系史有交叉的关系。海上交通，涉及中国与海外地区的关系，因而必然受世界历史变迁的影响。古代罗马帝国的海上活动，中世纪阿拉伯、波斯的海上经营，以及近代西方殖民者对东方的扩张，都与中国的海上交通有密切关系。如果不了解世界范围内海上交通历史的变迁，我们就难以对中国海交史有正确的认识。近年来愈来愈多的我国研究者注意到了这个问题，并力图在这方面有所进步。但是，应该承认，要做到这一点是有相当大困难的。我们对世界海上交通历史的知识并不很多，深入研究更谈不上，例如对于阿拉伯人海上活动的历史，我们就缺乏足够的了解。这样，对于 8—15 世纪中国人在世界范围内海上活动所处的地位，也就难以做出恰如其分的估计。为了研究的深入，必须在这方面做更多的努力。我们应该认真了解当代外国史学界的有关研究成果，同时也应该独立地进行世界海上活动史的研究，以及中国和其他重要海上活动国家在这方面历史的比较研究。只有在开展这些研究的基础上，才能做到真正将中国海交史与世界历史联系起来考察，才能使我国的海交史研究大大前进一步。

三是全面系统地搜集整理中国海交史的资料。我们的祖先留下了极其丰富的海交史文献，我国学术界在搜集、整理海交史文献资料方面做了不少工作，成绩是突出的。但是，我国古代的历史文献浩如烟海，有关海交史的记载散见各处，仍需我们认真去搜集、发掘、整理。资料工作是研究工作的基础，资料工作做好了，研究工作才能前进，这是不言而喻的道理。我们搜集、整理海交史的文献资料，可以有多种形式，可以是综合的，如某个历史朝代的海交史资料；也可以是专题性的，例如中国与海外某国（或某地区）交往的资料，以及古代海船资料、古代外销瓷资料，等等。当然，还可以有对专著的点校或笺证，就像前面提到的苏、夏二先生对《岛夷志略》和《真腊风土记》所做的工作那样。泉州海交史博物馆编成了《泉州伊斯兰教石刻》，引起了国内外学术界的好评，我们衷心希望该馆同志能够再编出《基督教石刻》《婆罗门教石刻》来，也期待着其他文博单位的同志能编出有关海交史的文物图录来。

今年是泉州海交史博物馆建馆 30 周年，也是中国海交史研究会成立十周年，《海交史研究》创刊十周年。一馆、一会、一刊对于中国海交史研究的开展，是有贡献的。在纪念建馆、建会和创刊之时，回顾中国海交史研究走过的曲折路程，以及展望将来的发展，我想是很有意义的。应该看到，由于社会生活各方面的急剧变化，我国学术研究面临着巨大的困难，海交史研究也不例外。但是，我相信，这门学科必将获得更大的发展，因为它研究的是历史上各国、各民族之间的交往，其结果有助于加深世界各国、各民族人民之间的相互了解，因而必然会引起他们的巨大兴趣。社会的需求是学术研究的巨大动力。我们知道，目前联合国教科文组织正在世界范围内组织"丝绸之路综合考察"，有关的文件中指出，丝绸之路首先是各种文明之间交往和对话的手段。丝绸之路分陆道和海道。海上丝绸之路实际上就是中国古代海上交通的道路，因为只有中国，才是丝绸的出产地。把海道与陆道并列，作为"丝绸之路考察"的组成部分，反映出世界各国人民对于历史上各国、各地区人民之间通过海道互相交往历史的强烈兴趣。"海上丝绸之路"考察的计划得到有关国家的热烈响应，阿曼苏丹国提供了财政和物资的援助。我国有关部门也对这一计划明确表示支持。在有关各方面的大力支持下，"海上丝绸之路"考察计划正在逐步付诸实施。根据目前的安排，考察船将在 1990 年 10 月自著名的海港城市威尼斯出发，前往东方。1991 年 2 月到达中国，在广州黄埔港和泉州港（也可能在厦门）停泊，初步打算将在泉州进行科学考察和举行科学讨论会。这次联合国教科文组织发起的"海上丝绸之路"考察是国际学术界的一件盛事，无疑将产生巨大的影响。可以预期，它的实行必将有力地推动我国的海交史研究工作。我国的海交史研究者应该为这一考察做出自己的贡献。

原载《海交史研究》1989 年第 2 期（总第 16 期）

冯承钧对中国海外交通史、
中外关系史研究的贡献

郑鹤声

冯承钧先生，字子衡，湖北汉口人，生于 1887 年 6 月，1946 年 2 月 4 日逝世于北京，是我国近代著名的史学家，也是杰出的翻译家。冯先生幼年赴欧留学，先在比利时中学读书，后至法国攻读法律，1905 年 6 月，受孙中山革命活动影响，曾加入留法学生中的革命团体。1911 年于巴黎大学毕业后，在民国初年回国，曾任湖北外交司参事，黎元洪总统府秘书，众议院一等秘书，教育部秘书、佥事等职，一度在北京大学、中国大学、法政大学任教。1928 年以后，因患麻痹症，行动不便，多在家从事译述。冯先生学识渊博，治学勤奋严谨，精通法、英、德、希腊、拉丁、梵文等文字，以毕生精力从事著述和翻译，除有《中国南洋交通史》《历代求法翻经录》《景教碑考》《元代白话碑》《成吉思汗传》《王玄策事辑》等著作外，又将法国几位著名汉学家关于西域南海的著作，系统地翻译介绍至国内。此外，冯先生还校注了《瀛涯胜览》《星槎胜览》《诸蕃志》和《海录》等中国海外交通重要史籍。冯先生生平译著甚丰，有专著与论文 170 余种，对开拓中外关系史、元史、南洋史等学科的学术研究，作出了重大的贡献。

一

中国与南洋交通史的研究，自 20 世纪初以来，始引起国内外学者的重视。冯先生 1936 年所著的《中国南洋交通史》，为国内系统研究和介绍中国南洋交通史的第一部专著。在此之前，国内外学者对中国与南洋诸国交通往来史实的研究，涉及的方面较少，只对南洋研究中的某些问题进行了考证。当时所说的南洋，就是指明代所谓的东西洋。明初以今苏门答腊岛以西的印度洋及其沿岸地区为西洋，苏门答腊岛以东太平洋及其沿岸地区为东洋。冯先生考证"东西洋之称，似首见《岛夷志略》著录，然至明代始盛行。大致以马来半岛与苏门答刺以西，质言之，今之印度洋为西洋，以东为东洋。"① 扼要地阐明了明代东西洋所指今天的海域，由于中国古代的海外交通，主要出现在东西洋即"南洋"的区域内，冯先生研究中国南洋交通史，也就着重于古代中国与印度洋沿岸及印度洋东邻国家交通往来的历史。在 20 世纪 30 年代，国内学术界对中国与海外诸国关系史的研究工作还刚刚开展，甚至连系统地搜集和整理有关史料的工作也还没有人去做，而中国古籍中有关南洋的资料既零碎又难以解读，使冯先生的研究工作遇到很大的困难。冯先生在准备撰写《中国南洋交通史》的过程中，曾感慨地说："余久志衷辑中国载籍中之关涉南海诸文合为一编，钩稽而比附之，惟此事体大，需时久，虽有志而未能；散见于类书或旧注中之古佚籍，欲排比较勘其文，非穷年经月不可。"② 整理中国古籍所载南洋史料的工作是异常艰巨的，非一人一时的努力所能完成的。当时，在这一领域内，国内只有冯先生等极少数学者在进行拓荒性工作，若等完成了整个史料整理工作之后，再来从事研究、著述，就是耗费毕生精力，未必能竞全功。在这种情况下，唯一可行的，就是选择中国南洋交通史上的重大事件、重要人物，先作一概括的介绍和论述。

　　在《中国南洋交通史》上编中，汉代以汉武帝时的海上通商为线索，考证了汉代南海航行的路线和途经国家，又介绍了汉代掸国、叶调、天竺、大秦等海外国家与中国交通的史实，并参考伯希和、费琅和藤田丰八的考证，结合中国古籍中的记载，对这 4 个国家的地理位置和当时使者的行程，作了较为准确的考证。三国时代以康泰、朱应等出使扶南等国为线索，介绍了三国时吴国孙权数遣使往海南诸国的经过。晋代则着重介绍了法显循海路而归的行程。在中国古籍中，罕有关于南北朝时期中国与南洋国家交往史实的记载，在史料缺乏的情况下，冯先生独辟"南北朝时往来南海之僧人"一章，举出"法显后往来南海间之沙门，行程可以考见者，约有十人"③，并给予介绍。冯先生研究中国南洋交通史，不仅着眼于中外使节的来往，中西海外通商，而且注意到佛教的传播与海路交通的发展之间的关系，是极为密切的。他指出："欲寻究佛教最初输入之故实，应在南海一道中求之。"④ 这是颇有见地的。冯先生把中国南洋交通史的研究，与对历史上中外政治、经济、文化等方面的交往的研究紧密相连，就使中国南洋交通史的研究工作具有了坚实的基础。隋代的南海交通，冯先生以常骏等奉使赤土为主要线索来加以介绍。他考证"此赤土应在马来半岛之中，旧考谓在暹

---

① 冯承钧：《中国南洋交通史》，"序"，商务印书馆，1937 年。
② 冯承钧：《中国南洋交通史》，"序"。
③ 冯承钧：《中国南洋交通史》。
④ 冯承钧：《中国南洋交通史》。

罗境内误也。"① 这里"旧考"是指明张燮的《东西洋考》,张燮谓"暹罗在南海,古赤土及婆罗刹地也"②。冯先生对《东西洋考》这样一部明代研究南海史地的名著并没有盲从,而是通过认真研究常骏等的交通路线,发现了该书中的这一失误,可见他治学的严谨。类似例子很多,说明冯先生在研究中国南洋交通史时,对古籍中的南海史料,不仅下了一番排比校勘的功夫,而且通过自己深入的研究,对其中的一些错误给予纠正。这种科学性的考证工作,帮助人们在利用这些史料从事有关研究时不致失误,对于开拓中国南洋交通史的研究,无疑是一个良好的开端;当时,对加强这一薄弱的学术领域的研究工作而言,是尤其需要这样去做的。

唐代的海上交通,冯先生很明确地指出,是"较前为盛",有了转折性的发展。《新唐书·地理志》后附录的贾耽所记广州通海夷道,是能说明这一发展的重要史料,《中国南洋交通史》中特列为一章来介绍。由于冯先生对贾耽所记载唐代远航印度洋所至各处的今地,作了详细的考证,大体解决了罗越、葛葛僧祇、个罗、胜邓洲、没来国、乌刺国、弗利刺河、未罗国、缚达城等地的地理位置问题,从而使人们可以看懂唐代这条航线是从广州出发,经过珠江口万山群岛、海南岛东北角、越南东海岸、新加坡海峡、马六甲海峡;由此往南则经苏门答腊东南部至爪哇,往西则出马六甲海峡,经尼科巴群岛到斯里兰卡;然后沿印度半岛西海岸行至卡拉奇。在驶离印度半岛后,西行可有两条航线:一条经霍尔木兹海峡,进入波斯湾,沿波斯湾东岸到达幼发拉底河口的阿巴丹和巴士拉;另一条沿波斯湾西岸出霍尔木兹海峡,经阿曼湾北岸到达亚丁附近。由于冯先生的考证,唐代远航阿拉伯的航线大体清楚,就解决了中国海外交通史上的一个重要问题。唐代是中外文化交流比较兴盛的时期,尤其是佛教的传播趋向高潮,往来于南海之上的僧人众多,成为这一时期中国南洋交通中的一大特色。《中国南洋交通史》特辟"唐代往来南海之僧人"一章,介绍了唐代往返于南海之上的僧人凡40人,肯定了他们对于繁兴中国南洋海上交通所做出的贡献。

宋代的南洋交通,周去非所撰《岭外代答》述之较详,赵汝适所撰《诸蕃志》所记亦颇可供参证,冯先生在"宋代之南海"一章中着重予以介绍,对两书中所记一些主要国家及其与中国之间海上交通的情况进行了考证。元代海上交通频繁,冯先生着重介绍了杨庭璧之出使马八儿、俱兰等国,史弼等之征爪哇,周达观之随使招谕真腊,汪大渊之附舶游历南海等重要的航海事迹。在介绍汪大渊的《岛夷志略》时,对该书所著录南海地名,举出53处有今地可考者,具有

① 冯承钧:《中国南洋交通史》。
② 张燮:《东西洋考》卷2,《西洋列国考·暹罗》。

一定的参考价值。在"元代之南海"这一章中，较明显地反映出当时对中国南洋交通史的研究还处于开始阶段，正如冯先生在本书"序例"中讲的那样："是编所辑，以史传及前人曾经研究之舆记为限"，且偏重于地名的考证，就《岛夷志略》而言，对书中所载数百地名也只考证了53处。此外，冯先生虽指出："元代海上交通频繁，盛时至置泉州、上海、澉浦、温州、广东、杭州、庆元市舶司七所以通诸番货易"，却未能从当时中外航海贸易繁盛的史实中，具体阐明元代海上交通"非前代之所能及"①的盛况。另一方面，对元代有代表性的大航海家朱清、张瑄等，也未能注意介绍。由此可见，当时在中国南洋交通史这一领域内，从事填补空白的著述，是难以做到疏而不漏的。《中国南洋交通史》上编以明代郑和下西洋作为最后一章，主要介绍了郑和七下西洋的经过，考证了郑和船队"大鯮"和"分鯮"的航线，介绍了郑和下西洋这一历史事件的概况。

《中国南洋交通史》下编分扶南传、真腊传、阇婆传、三佛齐传、南海群岛诸国传、马来半岛诸国传、印度沿海诸国传，汇集了中国古籍中有关中国南洋交通的基本史料，可独立为一部简略的中国南洋交通史料汇编，为初学中国海外交通史的读者提供了阅读的方便。《中国南洋交通史》一书，对自汉初至明初中国与南洋诸国之间海上交通的基本资料作了初步整理，偏重于航线和地名的考证，理清了中国南洋交通史的基本线索，为进一步研究中国海外交通史打开了路子，其开拓之功，使该书在中国海外交通史研究上占有重要的地位。时至今日，《中国南洋交通史》仍不失为我们研究中国海外交通史的一本必读的参考书。

中国与海外诸国关系史料，除二十四史外国传中的有关海外诸国的记载外，还有一些古代专门著作，是极有价值的原始史料。冯先生研究中国南洋交通史，是从扎扎实实地整理和研究这些重要史籍着手的。他对这些史籍首先做了校注工作。他指出：要"引用其文，非先校勘不可"②；因为这些史籍版本较多，记载互有出入，所述内容又是为人们所不熟悉的古代海外国家的情况，若不先经过一番校勘，整理出一个比较完整正确的本子，不仅不便于研究者应用，还容易将人们引向歧途。《瀛涯胜览校注》《星槎胜览校注》《诸蕃志校注》和《海录注》等书的问世，便是冯先生在校勘中国海外交通史籍方面所做出的一系列成果。基于对郑和下西洋在世界航海史和中国海外交通史上的重要地位有着深刻的认识，冯先生首先选择有关郑和下西洋的基本史籍《瀛涯胜览》和《星槎胜览》来进行校注工作。他指出："郑和统率大鯮纵横印度洋上之时，尚在西方诸大航海家甘马、哥伦布等航海之数十年前。则我华人此种空前航海事业，应为东西交通史

---

① 冯承钧：《中国南洋交通史》。
② 冯承钧：《中国南洋交通史》，"序"。

中之一大事。乃迄今西方史书之述航海家者，不言郑和。而三保太监下西洋事，昔在中国流传委巷，演为戏剧平话者，今几尽湮没而不彰，则此旧事安得不重再提起。"① 冯先生敏锐地指出宣传和阐明郑和航海的光辉业绩，对提高中华民族的民族自尊心和自信心，有着重要的意义，表明他是一位爱国的优秀史学家。冯先生在中国海外交通史研究中，虽然偏重于考据工作，但他是把学术研究与关心祖国的强盛结合在一起的，以发扬民族精神为宗旨，这较之那种为学术而学术的"纯考据"工作，是不可同日而语的。在校注《瀛涯胜览》和《星槎胜览》时，冯先生搜集了所能得到的两书的各种版本。在《瀛涯胜览》的三种版本中，冯先生选取内容最为详赅的纪录汇编本为底本，证以明朝遗事本及国朝典故本之文，三本合勘，复又旁采《西洋朝贡典录》《明史》《三宝太监西洋记通俗演义》等书校勘。在《星槎胜览》的三种版本中，冯先生以较好的罗以智校传抄明抄本为底本，用国朝典故本、上虞罗氏影印天一阁本对校。又因《星槎胜览》一书采摭汪大渊《岛夷志略》之文甚多，复又取藤田丰八《岛夷志略》校注本互证。此外，又另录《星槎胜览》改订本中较好的明刻纪录汇编本之文，与《星槎胜览》原本之文对照，而合成一较完善的校注本。由于冯先生把对《瀛涯胜览》和《星槎胜览》的校勘工作做得尽可能地完善，使校注本成为迄今为止两书最好的版本。

　　冯先生的校注工作做得很细致，以《星槎胜览校注》为例，凡原来内容中源于《岛夷志略》或"删节其文之处，都一一指出，凡脱字、误字之处，也都一一从别本补正；对书中收录的海外诸国地名，不仅指出该地在其他史籍中不同的译称，而且凡能注明今地者，都尽量给予注出。在考证地名时，还纠正了前人的一些错误。如小唄喃国条，对"下里"这个地方，指出"三本皆作下里，罗校改作古里，误。下里城昔在印度西岸 Canannore，今废，元时《马可波罗行记》已有著录"。下里城由于久已废弃，不闻于世，致使罗以智误以为是指古里，说明这个地方当时已鲜有人知。冯先生以其广博的知识，不仅纠正了罗以智的错误，而且进一步从《马可波罗游记》中把此城给找了出来。还有些地名用的是梵名，要知道它是何地同样很困难，经冯先生注出，就易解读了。如古里国条，开首便说其国"去僧伽密迩"，令一般读者莫名其妙，冯先生于下作注："《岛夷志略》作僧加剌，即锡兰山之梵名"。若无此注，则一般读者是很难知道僧伽即锡兰山了。凡此种种，都可见冯先生深厚的学问功底。

　　值得我们重视的是，冯先生在注释地名时，不仅指出了国外一些著名汉学家如藤田丰八等的错误之处，而且对《星槎胜览》原文中的错误也能一一指出。

---

　　① 冯承钧：《瀛涯胜览校注》，"序"。

如在"大唄喃国"条下指出："藤田丰八《岛夷志略校注》以小唄喃当《元史》食货志市舶条之梵答剌亦纳（Fandaralna），殊未知梵答剌亦纳亦作 Pandarani，《岛夷志略》另有专条，译名作班达里也。" 又如麻逸本在今菲律宾民都洛岛，费信误为交栏山西南海中之勿里洞岛，冯先生便在"麻逸国"条注中指出："麻逸首见《诸蕃志》，谓在渤泥（Burneì）之北，盖即 Miat 之对音，今 Mindor。岛之旧名也。是编条首谓在交栏（Gelam）之西，则误以 Billiton 岛当之矣。然其文几尽采自《岛夷志略》，而《岛夷志略》之麻逸在菲律宾群岛中。四卷本改国名作麻逸冻，《明史》作麻叶瓮，皆文不对题也。"冯先生在研究和注释古代南海地名时所采取的这种既不迷信今人，又不盲从古人的科学态度，使他所校注中国海外交通史籍具有较高的学术价值。

校注中外交通史籍中较为困难的工作，就是解决某些特殊的"名物疏释"方面的问题。因为海外各种特产皆有其本国音名，若不知该国语言之对音，则无从注释起。如《瀛涯胜览》"祖法儿国"条，述其国炉烧俺八儿香，祖法儿位于阿拉伯半岛南岸之哈得拉毛，其国通用阿拉伯语，冯先生即注：俺八儿，"阿剌壁语 anbar 之对音，犹言龙诞香也"。再就以地名而论，有的地名为本国语的古译，如不了解这一点，则对此地名便无法注释。如《诸蕃志》之新拖国，冯先生考其为爪哇西顺塔之古译，从而解决了这一疑难地名的注释问题。像这类海外国家特产的名称、海外古国的国名等，如搞不清，或弄错了，则所从事的中国海外交通史研究工作就没有任何意义，或只能"误人子弟"了。冯先生所做的校注工作的学术价值还在于，由于他熟知古代亚洲，特别是古代南洋诸国的历史，使他对所校注史籍中涉及的有关内容，能以追根溯源，作出详细正确的注释。如《诸蕃志》兰无里国、细兰国条中有"南毗管下细兰国"一句，冯先生注释道："南毗指印度西岸诸地，尤特指麻离拔（Malabar）国，本书有专条。麻离拔之侵入细兰，始五一五年，为时久矣。至一一五三年，细兰王 Prakrama Bahu 逐麻离拔人于岛外，而自号楞伽（Lanka）岛之独王，其后复逐注辇（Cola）人于境外，国势遂振。本条谓南毗管下细兰国，殆追述前此受制于麻离拔时事耳。"经这么一注释，就可以避免人们误以为赵汝适所记细兰受制于南毗为当时所发生之事了。

谢清高《海录》一书，是清代海外交通的重要史籍。谢清高一生大部分时间是在远洋航海中度过，到过许多国家，有着丰富的海外诸国知识。晚年以其一生海外见闻，口述而成这部著作，对人们了解清代的远洋航海和海外诸国的状况，具有重要的参考价值。然而这样一部专著，长期以来却鲜为人知。冯先生将《海录》校注出版，就为人们研究清代的海外交通和了解谢清高的航海生活，提供了第一手的史料，有助于填补清代海外交通史和航海史研究的空白。

　　冯先生对《瀛涯胜览》《星槎胜览》《诸蕃志》和《海录》等书所做的校注工作，是他的中国南洋交通史研究工作的重要组成部分。在校注这几种古籍的过程中，对每种书都选取较好的版本作底本，以与现存其他各种版本互为比勘，并博采有关史籍作旁证，把纠谬补正的工作做得尽可能完善。在进行注释时，则注意归纳诸家之说，加以分析研究，择善而从，或匡正旧说的错误；对一些名称特殊的古地名和海外国家物产，冯先生同样凭其深厚的学问功底，作出准确的考释。冯先生充分认识到，要开展古代中外关系史、海外交通史的研究工作，整理中国海外交通史籍的工作是首先要去做的。他以如此认真严谨的态度来从事这项工作，就为研究中国海外交通史奠定了坚实的基础。我们今天研究中国海外交通史，冯先生校注的这几本书，仍是首先要读的基本书籍。

二

　　翻译介绍法国汉学家关于西域南海史地考证方面的学术成果，是冯先生在学术上的一个重要贡献。20 世纪初期，是法国"汉学"的极盛时代，著名学者如伯希和、费琅、沙畹、烈维、马司帛洛等，利用自己比较丰富的语言学知识，无论是在西域南海交通史料的搜集整理，还是在西域南海古史地的考证方面，都发表了许多有价值的研究成果。冯先生不遗余力，将这些成果大多翻译过来，所译论文汇集成《西域南海史地考证译丛》九编，收有西域南海方面的论文共 79 篇，内容涉及历史、地理、民族、语言、宗教、文化、艺术各个方面。法国汉学家所撰写的这些论著，所利用的资料，除了我国的史籍文献外，还广泛利用了相当数量的其他国家的文献资料，并吸收了一些西方学者有关的研究成果。这些方面的内容，当时对我国学术界来说，还是很陌生的。冯先生把这些学术论文翻译介绍过来，就为我国学者研究西域南海史地提供了新的资料，展示了西方学者的观点，使我国学者增长了新知，开拓了眼界。当时，西域南海史地研究，在我国学术界还是一个十分薄弱的环节，冯先生翻译介绍过来的这些学术成果，在我国学术界起到了填补空白的作用，对推动我国学者注意和加强对西域南海史地的研究工作，起到了很大的作用。为了加强中国南洋交通史的研究工作，冯先生将法国汉学家撰写的有关专著，如费琅的《昆仑及南海古代航行考》《苏门答腊古国考》，伯希和的《交广印度两道考》《郑和下西洋考》等，都逐一翻译过来。冯先生清楚地看到在当时国内对西域南海史地研究还相当落后的情况下，翻译介绍法国汉学家关于西域南海史地和中国海外交通史方面丰富的学术成果，对发展我国的西域南海史和海交史研究，是一项基础性建设工作。只有先吸收他们的成果，才能把我国对西域南海史地和海外交通史的学术研究，尽快地提高到一个新的水平。他指出："在今日言考证西域史地不能不检法文、日文之著作。"① 由此，我们对他不惜耗费如此巨大的精力，把法国汉学家有关的学术成果系统地译成汉文，就能充分理解了。

在一般历史研究中，冯先生尤其注意蒙古史的研究，为此他不仅翻译了有关的一些论文，更着力译出牟里的《东蒙古辽代旧城探考记》、色伽兰的《中国西部考古记》、布哇的《帖木儿帝国》、格鲁赛的《蒙古史略》、伯希和的《蒙古与教廷》、沙畹的《西突厥史料》、多桑的《蒙古史》等专著。当时，在我国史学界对中国史的研究中，元史，尤其是西域汗国史的研究，是很薄弱的一个环节，冯先生着力翻译了有关蒙古史的一批专著，就是为了加强我国史学界在这方面的研究工作，其中尤以翻译了沙畹的《西突厥史料》和多桑的《蒙古史》，可谓完成了奠定我国元史研究的基础的两项重大工程。为什么元史研究长期以来会成为我国史学领域内薄弱的一环呢？这是因为研究元史首先要解决语言方面的困难。就攻元史起码要解决的整理元史译名问题而言，正如冯先生所说："必须备具几种条件：（一）要名从主人，（二）要了解西方北方几种语言，（三）要明白汉字的古读，尤要知道元人的读法。"而"从前整理元史的人，好像多未备具这三个条件，所以愈改修愈使人迷离不明"②。再就是有关西域的史料和著述，多用波斯、阿拉伯文书写，我国学者能直接阅读的为数极少。这样，一般从事元史研究的学者，便不能不借重于多桑的《蒙古史》。如洪钧参考多桑《蒙古史》而著《元史译文证补》，以后柯韵态著《新元史》，屠寄著《蒙兀儿史记》，也都是主要依据多桑的《蒙古史》。他们利用多桑的《蒙古史》，并非直接阅读原书，而是转引日本田中萃一郎的译本。但多桑这部书田中氏仅译了前三卷，所余后四卷一直未能译出，而所译部分也不能令人满意，其"译名之乱，使人不能同中国载籍的旧译名共比附"，③ 此外误译之处还不少，实在不足以为依据。由于多桑这部书卷帙过巨，所著录的名称不一致等等，一般翻译者对之往往知难而退，以致此书出版百余年来，没有一部完整的汉译本出现。唯有冯先生充分认识到《多桑蒙古史》对研究元史所具有的重要学术价值，毅然决然，以二三年时间，审慎用力，将全书译完。冯先生在翻译这部书的过程中，还纠正了原书中的不少错误，其中有误写而必须考订的地方，有所引用史料本身有错而多桑沿用不改的地方，有所著录名称混乱的地方，译本中都加按语——给予订正、说明。特别是"对于

---

① 冯承钧：《评〈中西交通史料汇编〉》，《西域南海史考证论著汇辑》，中华书局，1957年。
② 冯承钧译：《多桑蒙古史》上册，"序"，商务印书馆，1934年。
③ 冯承钧译：《多桑蒙古史》上册，"序"。

人名地名、颇为审慎，在翻译时遵循一定之规"，凡人名地名，皆以《元史》《元秘史》两书为主，两书所有的，选用一名，两书所无的，地名一项，尽先采用唐宋明人的译名。人名一项，元代载籍中有同名的，如帖木㟃、不花、阿里、忽都不丁、阿合马、亦思马因、阿老瓦丁、马合谋之类，虽非本人，亦用旧译。元代载籍中无可比附的，则务求合乎元人的译法，不敢以今人的读音，认作元人的读音。① 可见冯先生翻译《多桑蒙古史》，力求使这部书成为一部"信史"，不仅要保持原著的风貌，而且要在人名、地名等具体细节上，尽量与史实相符。从这个原则出发，对《多桑蒙古史》中不少的人名地名，冯先生还额外做了考证和辨误的工作。冯先生翻译《多桑蒙古史》不仅审慎用力，充分发挥了自己第一流的翻译水平，而且融入了自己潜心考证此书的研究成果，因而他翻译的这部《多桑蒙古史》，成为研究元史必读的史籍，对推动我国史学界开展对元史的研究工作，做出了重要的贡献。在翻译《多桑蒙古史》的同时，冯先生又将法国格鲁赛所著《极东史》中的蒙古部分译出，名为《蒙古史略》，为学习蒙古史的一种通俗读物。译完《多桑蒙古史》之后，冯先生又译了布哇的《帖木儿帝国》，这部书实际上可以看做是《多桑蒙古史》的续编。

沙畹的《西突厥史料》是一部在世界上享有盛誉的史学名著，该书不仅在西域史的研究上有很大的贡献，而且对世界史研究也增加了不少珍贵史料，由于原书写作颇历时日，其间随时采取新的考证，致使前后往往失去联络，所采史文亦多遗漏，以后虽有补编之作，仍有不少错误和遗漏。冯先生翻译此书时，针对书中这些不足之处，尽可能地补正原书的错误和遗漏，其新旧考订分歧之处，亦尽量为之整理一致，进一步提高了此书的利用价值。从研究元史的需要出发，冯先生还翻译了另一部世界名著——《马可波罗游记》。在元帝国时期，欧洲有不少的旅行家来过中国，他们回国后大都写有行记，而记载最详、影响最大的莫过于《马可波罗游记》，为研究元史和中西交通史的学者所重视。冯先生在一段时间内，既"专在元史一方面搜集材料"，自然注意到这样"参证元史的一部重要载籍，旧译本中既无完本善本"，② 就有翻译一部较完善的《马可波罗游记》的必要。冯先生着手翻译《马可波罗游记》时，西方学者对这部书已做了不少的整理工作，仅译注本就有数十种。冯先生选择当时较为完备的法国沙海昂所编订的注本予以翻译。沙海昂1899年来华后，曾任京汉路工程师、北洋政府交通部顾问等职。他通晓汉字，因而在注本中不仅参考了西方许多重要版本，采撷诸本注释之长，而且在注释中利用了中国史籍中的资料。冯先生在翻译此书时，删削

---

① 冯承钧译：《多桑蒙古史》上册，"序"。
② 冯承钧译：《马可波罗游记》，"序"，商务印书馆，1937年。

了原书中一些杂芜舛误的部分，并订正了原书中错误的注释。如冯先生指出沙海昂认为《元史》中记载的枢密副使孛罗即为马可波罗是错误的，为此他摒弃"马哥孛罗"的旧译，改称"马可波罗"，这一新译名被沿用至今。此外，对沙海昂原本中注释未详或应注而未注之处，冯先生亦为之补注不少。解放以前所出的《马可波罗游记》的几种译本：魏易、林纾合译的《元代客卿马哥博罗游记》，张星烺所译《马哥孛罗游记》导言和第一卷，张星烺后来另译的《马哥孛罗游记》，李季所译《马可波罗游记》和冯先生所译《马可波罗行纪》，要数冯先生的译本较为审慎和完善，在学术界和读者中的影响也较大。冯先生的译本1935年2月由上海商务印书馆出版后，1954年中华书局又根据商务原版重新印行，迄今仍是我们研读《马可波罗游记》一书译述水平较高，译注内容较为丰富，具有较大参考价值的一种译本。

冯先生在将法国几位著名汉学家关于西域南海史地考证的学术论著系统地译成汉文的过程中，以其对西域南海古代史地渊博的知识，对西域南海的地名作了广泛而深入的探究，在弄清西域南海古地的同名异译以及考证其古今沿革方面，积累了丰富的知识和经验。在此基础之上，1930年冯先生应当时西北科学考察团之请，为考查团内部参考，编写了《西域地名》这部小型地名辞典。《西域地名》收录了古籍中有关西域（包括我国新疆和从中亚细亚向西到地中海，向南到印度洋的广大地区）的710条地名（1980年中华书局所出版陆峻岭增订本把它增补到920条）。在《西域地名》中，冯先生将所录西域古地的同名异译以及古今沿革，根据多种史籍记载和他长期研究的结果一一为之注明，为人们研究中外关系史和新疆、中亚地区的历史，开展对西域南海尤其是对中亚古舆地的考证研究，以及检索西域古地等，提供了很大的方便，学术价值颇高，出版后为国内外学者所推崇。

冯先生研究元史，还从金石书画以及方志内，汇集了当时所能考见的元代白话碑文，并对元代白话语法加以研究讨论，著成《元代白话碑》一书。《元代白话碑》主要收录了白话圣旨碑，计所录之文40篇，按其性质，分为四类，一为无类可归者，计2篇；一为有关释、道两教辩论的诏旨，计9篇；一为保护道教的公文，计16篇；一为保护释教的公文，计13篇。冯先生为什么刻意搜集元代白话碑文呢？因为这是没有经过任何修饰的研究元史的原始资料。而我们所看到的载籍中的一般史料，其文字往往是经过修饰的，这就影响了史料的真实程度。冯先生指出："就词翰方面言，文采固可形其美，但就史料方面言，文饰亦可掩其真。"① 因此，利用元代白话碑来研究元史中的某些问题，所得出的结论会更接近于历史的真实。正如冯先生在谈到白话碑的史料价值时所指出的："欲知当

---

① 冯承钧：《元代白话碑》，"绪言"，商务印书馆，1931年。

时诸汗之语，惟于诸白话碑中求之，或可得其真相。"① 冯先生治史，力求史学研究能够说明历史的真相，因此他对那些歪曲历史真相的史学著作是不能容忍的，这导致他撰写了另一部元史方面的著作——《成吉思汗传》。冯先生在研究元史的过程中，通过阅读一些元史方面的著作，发现其中的问题，深感"修元史者必须：（一）了解北方西方若干语言；（二）明了汉字古读，尤应知元人读法；（三）名从主人；此三条件缺一不可，前之整理元史者三者并缺，所以愈整理而愈支离。"而在"诸改订本中之较差强人意者，要推《蒙兀儿史记》"。除书中"太祖本纪"和"西域列传"中有若干错误外，"其最大缺点，则在不可以数计之汉语外的人名地名考订，其穿凿附会，竟使任何声韵皆可相通；假使其仅限于附注，误人尚浅，然且并著之于本义"②，就不能不对之进行一番"匡谬"的工作了。冯先生原想著文予以纠正，结果写成二部专书，这就是 1934 年由商务印书馆出版的《成吉思汗传》。该书分为 11 部分：一、当时之诸部族；二、成吉思汗先世之传说；三、依附王罕时代之帖木真；四、平克烈乃蛮诸部；五、降西北诸部及取西辽；六、侵略金国；七、西征前之花剌子模；八、西征之役上；九、西征之役中；十、西征之役下；十一、西夏之亡及成吉思汗之死。这本传记概括地叙述了成吉思汗一生主要的事迹，并纠正屠寄《蒙兀儿史记》等书中的若干错误，是关于成吉思汗的一部较好的传记。

三

冯先生早年攻读法律，进而研究中国法制史，又导致他转而研究中外关系史。1926 年由商务印书馆出版的沙畹所著《中国之旅行家》，是冯先生最早的一部译作。在这部书的"译序"中，他说："余从事于中国法制沿革之研究，久焉于兹。所用之方法不专事掇拾书本之记载，故于材料之搜集，颇注意前人所不经意之事物。顾用此种方法，研究之范围既广，而考索之材料亦多。进行愈远，困难愈甚。往往因一事一物之考据，有经年累月尚难详其梗概者。"冯先生由研究中国法制的沿革，逐渐接触到中国历史上与之相关的各种问题，扩大了视野，启迪了思想，注意到外来文化"实影响于中国历史不少"，而这又是前人没有或极少涉及的研究领域。在这一学术领域内进行探索，冯先生更进一步看到，在中外关系史的研究中，中外文化交流对中国文物制度影响的研究，是一个非常重要的课题，然而国内对这方面的研究尚属空白。为了填补这一空白，冯先生从事了一

---

① 冯承钧：《元代白话碑》，"绪言"。
② 冯承钧：《成吉思汗传》，"绪言"，商务印书馆，1934 年。

系列的研究工作。1931 年冯先生出版了《景教碑考》和《历代求法翻经录》两书，便是在这方面所做出的较重要的成果。

景教即基督教，明末出土的唐代景教碑为 7 世纪初基督教传入中国的实证，对研究基督教在我国的传播具有极为重要的参考价值。基督教在唐代的传播，是中外文化交流史上的一个重要问题，然而长期以来我国学者对这个问题却没有给予应有的重视，虽有景教碑这一重要实物资料，却鲜有对之进行研究的。冯先生有感于"二十年来，此唐代景教问题，除一见于《归潜记》外，中西著作无一研究之文"①。遂综合前人诸说，去伪存真，对唐代景教问题进行论证，撰成《景教碑考》这部专著。全书从"碑之发现""清儒考证""唐代之景教""景教碑文"和"叙利亚文人名表"五个方面，对景教碑作了系统的研究考证，论述了景教在唐代传播的经过。冯先生在评议诸种旧说的基础上，再次肯定了唐代所谓的景教，即为今日之基督教这一观点，理清了"景教以六三五年入中国，迄八四五年禁断，共流行唐代者二百一十年"。"晚唐迄宋，其教似已绝迹于中国，逮蒙古入主中国，始又随之以来，而以'也里可温'自号。"这样，景教及其在中国传播的问题，经冯先生的研究和考证，基本上是清楚了。该书所附"大秦考""拂菻考"和"犁靬考"三篇短文，从另一个侧面反映出冯先生对中外关系史的深厚功底。冯先生考证"大秦确为罗马帝国无疑"；首见于杜环《经行记》的拂菻，"必为东罗马无疑"；而"唐书中之拂菻，必非杜环所闻之拂菻""其国在中亚，不在欧西也"；进而指出"唐书中杂凑的拂菻，不可靠也"。对犁靬的考证也很确切，指出"古之犁靬，即指希腊人殖民之地，有时亦专指埃及亚历山大城。此犁靬一名，可与梵文耶婆那（Yavana）一名相对，盖梵名亦泛指一切希腊人所建国也"。大秦、拂菻和犁靬三国，在古代中西交通史上占有重要的位置。冯先生对这三个遥远的西方国家的考证，可以说明古代中西交通发达的程度，对于探讨古代中外关系，可谓解决了关键性的问题。

冯先生既然注意到景教的传入中国所带来的影响，自然更能看到佛教传入中国后，对中国的社会政治和文化生活所产生的深刻而久远的影响。他指出："社会中种种元素皆受进化原则之支配，从未有永存不变之制度文物。信仰既为构成社会之成分，亦自不能违此公例。佛教与中国关系甚密，尤以净土（Amidismc）、真言（Tantrismc）二宗为甚，南北朝以来，社会不少信仰多由此二宗输入，则佛教之如何构成，如何进行，不特为世界宗教史之重要篇目，亦属中国社会史之中间问题。"② 因此，他认为很有必要对中国社会史中之佛教问题，深入地进行研

---

① 冯承钧：《景教碑考》，"绪言"，商务印书馆，1931 年。
② 冯承钧：《历代求法翻经录》，"叙言"，商务印书馆，1931 年。

究。这样，便不能不研究传播于中国境内的佛教的沿革，也就不能不对历代以来传播佛法之僧师，先进行一番系统的了解。冯先生指出："佛教之沿革，为中国社会史极有关系之研究也，但研究之先，不可不先识求法传经之人。"① 为此，他撰写了《历代求法翻经录》一书，专门介绍由汉至唐在传播佛经上有贡献的中外僧师。据冯先生考证，汉时东来译经之僧俗有 10 人，三国时魏吴二国共有外国译经师 10 人；西晋时有外国译经师 6 人，中国西行求法者 2 人；自东晋迄宋初外国译人可考者有 27 人，西行求法者有 46 人；刘宋一代有外国译经师 10 人，西行求法者 50 余人；自元魏至北周，东来译师有 12 人，西行求法者有 16 人；南朝齐梁陈三代。外国译师有 10 人，无西行求法之人；隋代有东来译师 7 人，无西行求法之人；唐代外国译师可考者有 29 人，西行求法者有 50 余人。冯先生所做的这一考证工作，是很费工夫的，却可以使其他研究中国佛教沿革的学者避免为此而经年累月在史籍中扒梳。冯先生说他撰写这部著作，目的是"俾学者免除翻检之劳，且沟通汉译西撰不相连续难以对照之事"。② 凡研究佛教在中国传播的历史，和寻检历代僧人求法归国所记游历诸国之事，是不能不参考这本书的。

　　冯先生早年留学国外，因而较早和较多地接触到西方近代学术文化，使他视野比较开阔，看问题比较敏锐，学术思想也比较活跃。这体现于他在中外关系史研究中，对中外文化之相互交流、相互渗透有着相当深刻的认识。他指出："研究一国之文化，应旁考与其国历史有关系诸民族的事迹，缘历史种族皆不免有文化之互相灌输也。因文化之互相灌输，所以一国的历史，可以补他国的不足。"③ 在我国近代史学家中，冯先生是较早提出这种学术观点，并努力运用于治史中的史学家。较之那些"其所专者，本国之典籍，偶一涉及外国之事，则极疏陋，或陈陈相因，或穿凿附会，无一可取"的学究，或按传统方法治史的学者，在治学方法和识见上是胜过一筹的。基于对中外文化之"互相灌输"有着独到的见解，冯先生尤其注意研究某些有较高学术价值的佛教典籍。他对《释藏》所具有的史料价值非常重视，指出："检寻古今书目，屡见非史部而可供参考之用者不少，《释藏》其一种也。吾人之社会自汉以降，受佛教之熏染已有千数百年，佛教之与中国关系极为密切，举凡社会诸元素，如政治、文学、信仰、制度，莫不受其影响。是以今之欧洲人日本人之治中国学者，常取材于我《释藏》之中。"使冯先生颇感遗憾的是，我国学者在这方面反不及欧美和日俄诸国学者，既认识不到《释藏》的史料价值。又没有注意到外国学者利用《释藏》在学术上取得的成

---

① 冯承钧：《历代求法翻经录》，"叙言"，商务印书馆，1931 年。
② 冯承钧：《历代求法翻经录》，"叙言"。
③ ［法］烈维、沙畹著，冯承钧译：《法住记及所记阿罗汉考》，"序"，商务印书馆，1930 年。

绩。他指出在我国对此学术上"无比之鸿宝""鲜有用科学方法从事整理者";对"法德美俄诸国学者探考寻求之成绩,鲜有人注意及之,良可慨惜也"。① 冯先生从中外学术文化的比较中,敏锐地看到我国学者落后于外国学者的这些方面。他敢于正视这种差距,向学术界大声疾呼,要改变这种状况。这是他善于向国外先进的学术思想和科学的研究方法学习,重视中外文化交流史的研究,所必然要得出的结论。

为了推动国内学术界开展对中外文化交流史的研究,冯先生身体力行,做了许多拓荒性的工作。比较突出的,是对那些于中国的社会政治和学术文化有较大影响的宗教,如佛教、摩尼教、景教等,进行了深入的探讨,同时将外国学者主要是法国汉学家在这方面的研究成果系统地翻译介绍过来。冯先生在这方面的著述,除《景教碑考》《历代求法翻经录》外,还有《昙无游与所译〈大般涅槃经〉前分》《大藏经录存佚考》《历代释藏译经存佚考》等文。译作较多,专著有烈维的《大孔雀经药叉名录舆地考》、烈维与沙畹合著的《法住记及所记阿罗汉考》、烈维的《大庄严经论探源》、伯希和与沙畹合著的《摩尼教流行中国考》、费赖之的《入华耶稣会士列传》等,翻译论文集有《佛学研究》(收有普纪吕司基《佛入涅槃前最后之巡历》、烈维《佛经原始诵读法》、烈维与沙畹合著《印度佛教神职名考》、伯希和《〈那先比丘经〉中诸名考》)。在《西域南海史地考证译丛》诸编中,亦收有不少论述诸教在中国传播的文章,如伯希和的《中国载籍中之梵衍那》、《梵衍那考补注》,马司帛洛的《汉明帝感梦遣使求经事考证》,烈维的《〈大藏〉方等部之西域佛教史料》;伯希和与沙婉合著的《摩尼教流行中国考》,伯希和的《福建摩尼教遗迹》;伯希和的《唐元时代中亚东亚之基督教徒》《〈景教碑〉中叙利亚文之长安洛阳》等文。冯先生的可贵之处,在于他把研究各种宗教在中外的传播,不当做是一种对宗教本身的纯学术研究,而是当做"为中国社会史极有关系之研究",从中外文化交流的角度上,来补充中国载籍中不足的方面,以有助于全面地阐明中国历史的若干问题。他有关的著述和译作,都是为此服务的。就这样,冯先生以其对中外文化交流的历史的深刻理解,为后人深入研究中国海外交通史、中外关系史留下一笔丰厚的学术遗产。

原载《海交史研究》1994 年第 1 期(总第 25 期)

---

① [法] 烈维、沙畹著,冯承钧译:《法住记及所记阿罗汉考》,"序",商务印书馆,1930 年。

朱杰勤教授对中外关系史研究的贡献

卢　苇

我国著名历史学家、已故的朱杰勤教授，毕生从事于历史科研和教学工作，几十年来为祖国培养了不少英才，并在史学研究中获得了显著成就，真正是穷年矻矻，著述等身，乐育英才，诲人不倦。我是 20 世纪 50 年代大学毕业留为助教，因进修亚洲史课程，而投奔于先生门下，从此受益于先生教诲，终生难忘。朱教授学贯中西，博通古今，他的研究领域很广，诸如中国史、世界史、亚洲史、东南亚史、华侨史、海外交通史和艺术史等均有很深造诣，并取得开拓性成就。据我所知，先生在众多研究领域中独钟于中外关系史研究，尤其到了晚年，更以中外关系史研究为其"归宿"。先生一生中，不仅为中外关系史方面留下了一批珍贵著作，更主要是为完善和发展这门学科做出了重大贡献，以下仅就几个主要方面谈谈。

一、中外关系史名称的首创者

我国有研究中外关系史的悠久传统，从司马迁的《史记·大宛列传》开始，以后历朝正史中都有"西域""南海"和"东夷"等列传，其中就包含了中外关系史研究的成果。尤其从 20 世纪初开始，中外关系史更成为世界关注的显学，到了 20 世纪 30 年代，我国更掀起了中外关系史研究的热潮。但是，长期以来在史学研究领域中从未见过有"中外关系史"这一名称。过去在西方，有关这一学科的研究成果是包含在"东方学"和"汉学"中，日本和中国对于这方面研究亦称为"西域史""南海史"或"中西交通史。"我国著名学者如冯承钧、张星烺、向达等诸先生也惯用"中西交通史"这个名词。直到 70 年代末期，朱杰勤教授才正式提出了"中西交通史"名称有许多不妥之处，值得商榷。其理由有三：

第一，一些称为中西交通史著作中，所包含的研究对象并不仅仅限于西方或欧洲。如张星烺的《中西交通史料汇编》和方豪的《中西交通史》等著作，其内容就包含了中国与中亚、西亚、南亚、东南亚和非洲各国关系的史料和历史。

第二，历史上中国对外发生关系的国家和地区，也并非仅限于西方，如中国同东方的朝鲜和日本的关系就很密切，因此，使用"中西交通史"这一名称无法将其包含进去。

第三，"交通史"这一名称亦很含混，使人容易误会为只限于研究交通路线方面的问题。

基于以上各点，朱先生认为应该改称这门学科为中外关系史。为此，他曾专门考证了"交通史"这一名称："交通史"来源于日本史学家的称呼，又被称为通交史（如幸田成友的《日欧通交史》），也有称为"交涉史"的（如岩村忍的《十三世纪东西交涉史序说》）。而古代中国往往把交涉和关系二词作为同义词，先生举出如宋人诗句有："春虽与病无交涉，雨莫将花便扫除"，交涉即关系。"不过我们现代人多数不懂这个词义，不能用于今天，所以最好用中外关系史这个名词"。

朱先生正式提出这一建议，刊在 1978 年中国社会科学院规划办公室第 25 期《情况与建议》上，次年，又在中国历史规划会议上提出，此后先生多篇文章中都谈到这一问题。虽然这一建议是在先生晚年才正式提出，但注意到这一问题却是在他作为研究生的年青时代。按其"自述"文中所谈，早在中山大学作研究生时，他即受到其师朱希祖先生的启发而考虑到这一问题了，而在时隔几十年后才正式提出这一建议，足见先生治学态度的严谨和思考问题的精细。如今"中外关系史"这一名称已得到史学界的公认，从而使这门学科获得了科学的界定，不能不说是先生做出的重要贡献之一

二、第一个提出中外关系史是为经世致用之学

虽然我国有研究中外关系史的悠久传统，但自近代以降，随着国式衰微而日益衰落。加之，研究这门学科的条件亦较艰巨，既要求具备中外历史的基本史实，又要求具有掌握古代汉语和外语的一定能力，因而长期以来这门学科成为我国史学研究中的冷门，越来越受到人们忽视。为了引起人们对中外关系史研究的重视和改变这种冷清的局面，朱先生在晚年，先后撰写了《关于中外关系史研究的几点看法》《怎样研究中外关系史》和《对于中国海外交通史研究的管见》等文，其中特别强调了中外关系史在整个历史学科中具有重要地位和这门学科的重要特点是经世致用之学。

在阐述第一个问题中，朱先生指出："作为一个名副其实的历史学家，就

应该博通古今中外的历史，这样才能谈到'究天人之际，通古今之变，成一家之言'。"而中外关系史正是沟通中国史和世界史的桥梁和纽带，主要是研究中国在世界历史中的地位和作用问题。自古中国就和外界发生密切的政治、经济和文化联系，为了要深入了解中国史或世界史，都不可避免地要探讨和研究中外关系史。先生举例，如佛教对中国影响深远，这是众所周知的，但在"谈到佛教在中国的传播，就不能不涉及中印关系，特别是中印文化交流了"。反之，中国对世界历史影响也是巨大的，先生举出如古代匈奴西迁曾波及古代"蛮族"入侵罗马，从而导致了古代西方奴隶制的崩溃。到了中古时期中国四大发明西传，其结果"对于欧洲封建主义的崩溃和资本主义的发生起了一定的促进作用"。尤其是作为中国史学工作者，不管是研究中国史或世界史，"他们共同关心的是中国在世界历史中的地位和作用问题"，而这恰恰是"中外关系史研究的目的之一"。

为了阐明中外关系史是为经世致用之学，朱先生专门回顾了这门学科发生和发展的历史，认为其关键是它因应了时代的需求和现实密切联系的结果，为此，他举出历史上不断涌现出的鸿篇巨著为例：如汉代为了反击匈奴侵扰边塞的斗争需要，司马迁才写出了《大宛列传》《乌孙传》和《匈奴传》。班固的《汉书·西域传》，也是为了配合汉朝经营西域而作。唐代佛教昌盛一时，中印交往颇为密切，玄奘奉命撰述了《大唐西域记》。宋代中国和朝鲜一段时期加强了友好关系，使节往来不辍，结果出现了徐兢的《宣和奉使高丽图经》。尤其在宋、元、明时期，中国和东南亚关系密切，双方交往十分频繁，经济和文化交流不断，因而宋代有赵汝适的《诸蕃志》，元代有汪大渊的《岛夷志略》和明代有张燮的《东西洋考》。此外，由于明初的郑和下西洋，出现了马欢的《瀛涯胜览》，费信的《星槎胜览》，巩珍的《西洋番国志》，黄省曾的《西洋朝贡录》等重要著作。16 世纪后期，由于中国防倭和援朝抗日，有关日本和朝鲜的著作也纷纷出现。清代前期，沙皇俄国的不断入侵中国，引起了朝野人士的重视，因而出版了何秋涛的《朔方备乘》等书，掀起了研究西北史地的高潮。随着 19 世纪西方殖民主义者加紧入侵我国沿海，于是有魏源的《海国图志》等书出版。总而言之，在我国历史上，因应时代的需求，现实的呼唤，从而迎来了中外关系史研究的热潮，一部部鸿篇巨著不断涌现。时至今日，随着我国对外开放的扩大和发展，中外关系史这门学科也必将由冷门变为热门。

晚年的朱老，就是这样以其饱满的激情和多年的研究经验，总结出了中外关系史是为经世致用之学，尽管这一思想散见于他的几篇文章中，仍不失其为第一个较为深入而全面地提出这门学科的性质和特点。朱老这一精辟总结，无疑也是代表了老一辈中外关系史学家们的心愿：不仅呼吁世人重视和加强中外关系史研究，同时也是对后辈年青学者们的期望，愿他们遵循经世致用的特点，不断进取，重新迎来中外关系史研究的新高潮。

三、体系构思中的新见解

朱老晚年很重视中外关系史新体系的建立，他曾多次谈起过这一问题，记得他谈话的大意是，中外关系史在历史学科中占有重要地位，理应像中国史或世界史成为历史专业中的基础课，遗憾的是至今尚无一本理想的教材或教科书，关键是还没有形成一个能全面而真实反映中外关系史的新体系。据我所知，他从 20 世纪 80 年代初期已着手组织编写一部大型的多卷本的《中外关系史》，必然在体系方面有着精心的思考，惜乎这一工作正在进行中，先生就遽然仙逝而离开我们了。现在仅凭记忆所及，对我感触较深者转述如下，以供参见：

（1）为了深化中外关系史，需要加强丝绸之路研究。古代中国对外发生政治、经济和文化联系，必然要经过陆路和海路交通，也就是陆上和海上丝绸之路。陆上丝路早于海上丝路，陆上最早开辟的是草原之路，以后又兴起了繁荣的绿洲之路。但随着中国北方民族突厥、回纥和蒙古等的兴起，草原之路又再度显示出重要作用。海上丝路虽然晚起，却越来越具有重要作用。先是东西方开辟了通向印度的航路，不久即出现了从中国的广州港通向阿拉伯帝国的巴格达航线；后来中国的泉州港兴起又开辟了通向埃及亚历山大港的直航线路；最后是长江下游的宁波、上海等港口兴起，从而与地中海边的威尼斯、热内亚港的繁荣，交相辉映。从此，海上丝路已成东西方交往的重要途径。一般说来，丝绸之路确能反映出中外关系史的某些规律，但是必须对陆上和海上丝绸之路作整体研究。事实上发生在中外关系史的许多交往，并非单一的经由陆上或海上。以东西方往来的人物为例，不少人来回路线都是不同的，有些是去时走陆路，返回时却是海路，或者去时是海路，返回是陆路，甚至也有去时一半陆程，一半海程等等，总之陆海交叉，各不一样。关于这点，朱老在《对于中国海外交通史研究的管见》一文中有较为详细的阐述，很有启示意义。

（2）古代中国对外发生关系的广大地区中，特别值得注意的是中亚和东南亚地区，这不仅因为它们是和中国关系十分密切的近邻，更主要是东西方交往的纽带和桥梁。作为东西方陆海交通的重要据点，古代中亚和东南亚，既是百货集散中心，又是各种思想文化荟萃之地，它们在沟通中西经济、文化交流中发挥了十分重要的作用。如古代中亚地区，不仅流行于当地的有包括佛教、祆教、摩尼教和伊斯兰教的各种宗教，并有居住在中亚的粟特人和后来被称为萨尔特人，曾经以从事于东西方的居间贸易而驰名于古代世界。同样在古代的东南亚地区，不仅盛行过印度教、佛教和伊斯兰教，而且中国的儒教曾在现今印度支那半岛上的越南获得广泛传播。曾经活跃在古代东南亚的强大国家：扶南、占婆、室利佛逝、三佛齐和阇婆等，都是以从事于南海上的中介贸易而闻名于世。朱老早年就从事亚洲史和东南亚史研究并取得了开拓性成就，因而他在这个方面具有独特的见解。

（3）为了深化中外关系史，还必须加强历史上中外移民活动的研究。古代有不少外来者移居中国，也有许多中国人移居国外而成为华侨。朱老认为，历史上的中外移民，不仅是中外经济文化交流的传导和媒介，同时也体现了古代中国的优秀文明。朱老多次指出老一辈的中外关系史学家在这个方面做出的重大贡献，他高度评价了陈垣先生的《元西域人华化考》著作，具体而充分地阐明了一些外来者如何受到先进的中国文化影响而华化。同时，他主张也要研究已经华化了的外来民如何在传播外来文化中所做出的重大贡献。至于中国海外移民的研究，朱老更是著名的华侨史专家。他对华侨在中外关系史中的地位和作用有着很高的评价，按他原话：华侨"是发展中外经济文化交流的先锋，是沟通中外友好关系的重要渠道"。

（4）朱老主张要全面反映中外关系历史，既要注意和平时期的友好往来，又不可忽视战争时期的相互关系。尽管中外关系中，和平交往是主流，但发生战争的情况亦不少。这不仅仅是反映历史真实的问题，同时也是不忽略古代中外技术、文化交流的另一重要渠道。古代中国许多先进的生产技术，不少是通过战争，特别是被俘虏了的中国工匠传播到海外。如古代中国的铸铁术，就是首先通过"汉使亡卒"而传播到西域。又如汉武帝伐大宛（今中亚的费尔干纳地区），也是因大宛"新得秦人"，将中国的穿井术传到了西域。尤其中国造纸术，就是由于 751 年的怛罗斯（今中亚江布尔地区）大战中被俘的中国军士传播到中亚地区，总之，全面反映中外关系史，对于战争问题亦不必回避，这是朱老生前十分关注的又一重要问题。

以上各点，有些是朱先生在文章中提到，但主要是根据他谈话的记忆，其时先生正在着手组织编写多卷本的《中外关系史》，可惜这一工作未来得及完成，因而把它归结为体系构思中的新见解。

朱杰勤教授于 1990 年 5 月因心脏病突发而逝世于广州，适逢今年是先生逝世五周年，谨奉献上这篇短文，借以表示对他的敬意和怀念。

注：文中引文，均见于朱杰勤教授以下文章：《中外关系史研究的几点看

法》(《学术研究》1982 年第 4 期)、《怎样研究中外关系史》(《文史知识》1984 年第 5 期)、《中外关系史研究与爱国主义教育》(《中外关系史学会通讯》1983 年总第 4 期)、《对于中国海外交通史研究的管见》 (《中外关系史研究集刊》1986 年 10 月)、《朱杰勤自述》(《中国当代社会科学家》第三辑,北京书目文献出版社)、《笔墨生涯五十年》(《书林》1982 年第 1 期)、《青年怎样学习世界史》(《外国史知识》1981 年第 10 期)。

原载《海交史研究》1995 年第 2 期（总第 28 期）